本书获得贵大人基合字（2017）011号资助

光明社科文库
GUANGMING DAILY PRESS:
A SOCIAL SCIENCE SERIES

·法律与社会书系·

法制宣传教育的
发展脉络及当代意义研究

袁珠萍 | 著

光明日报出版社

图书在版编目（CIP）数据

法制宣传教育的发展脉络及当代意义研究 ／ 袁珠萍
著 ． -- 北京：光明日报出版社，2023.2
ISBN 978-7-5194-7109-5

Ⅰ.①法… Ⅱ.①袁… Ⅲ.①社会主义法制—法制教
育—研究—中国 Ⅳ.①D920.5

中国国家版本馆 CIP 数据核字（2023）第 041153 号

法制宣传教育的发展脉络及当代意义研究
FAZHI XUANCHUAN JIAOYU DE FAZHAN MAILUO JI DANGDAI YIYI
YANJIU

著　者：袁珠萍			
责任编辑：李月娥		责任校对：李佳莹	
封面设计：中联华文		责任印制：曹　净	

出版发行：光明日报出版社

地　　址：北京市西城区永安路 106 号，100050

电　　话：010-63169890（咨询），010-63131930（邮购）

传　　真：010-63131930

网　　址：http://book.gmw.cn

E - mail：gmrbcbs@ gmw.cn

法律顾问：北京市兰台律师事务所龚柳方律师

印　　刷：三河市华东印刷有限公司

装　　订：三河市华东印刷有限公司

本书如有破损、缺页、装订错误，请与本社联系调换，电话：010-63131930

开　本：170mm×240mm			
字　数：245 千字		印　张：16	
版　次：2023 年 2 月第 1 版		印　次：2023 年 2 月第 1 次印刷	
书　号：ISBN 978-7-5194-7109-5			

定　价：95.00 元

序 言

袁珠萍博士《法制宣传教育的发展脉络及当代意义研究》的专著即将出版，就选题而言，我认为意义重大且有一定的开创性。该项目成果采用丰富的报刊文献资料，对中国共产党领导下的法制宣传教育进行实证分析，对全面依法治国，做到科学立法、严格执法、公正司法、全民守法具有积极的作用。该项目成果资料翔实，注释规范，观点明确，论据充实，表述顺畅，有一些独到的见解，也彰显了本书作者一定的知识水平、理论功底和科研能力。

法制宣传教育是中国共产党依法治国的重要内容。改革开放以来，法制宣传教育是贯穿中国特色社会主义法制建设的一条主线。从法制宣传教育的视角，认真梳理和研究中国特色社会主义法制建设的理论探索、实践成就和意义，对于全面深化改革与全面依法治国，推进国家治理体系和治理能力现代化，无疑有着重要的理论和现实意义。中国法制宣传教育的历史悠久，中国共产党自成立以来就十分重视宣传教育工作，特别是建立苏维埃政权后，对法制宣传教育尤为重视、着力推行，注重实效。本书客观、科学地揭示中国共产党法制宣传教育理论、制度和实践产生、发展和演变的真实情况、发展轨迹、客观规律，并从这些真实情况、发展轨迹和客观规律，寻找历史的经验和教训，为当前法治宣传教育提供了现实依据。与此同时，中国共产党法制宣传教育对中国传统法制宣传教育既有继承，又有创新，这也主要源自中国共产党法制宣传教育，坚持党的领导，坚持以人民为中心，坚持尊重法律依法办事，坚持原则性与灵活性相结合，依据法律治国理政的突出典范，以法制宣传教育模式宣示了治国理政的归属和依赖，重内容也重形式，重过程也重实效，是中国共产党法制宣传教育的重要内容和特色。因此，中国共产党法制宣传教育收到了前所未有的促进国家统一、民族团结及社会整合的治理实效和实现了对意识形态、言行举止的有效管理，使国家的法律文化状态和民众的法律生活有了明显的改观。

中华人民共和国成立以来，中国共产党人通过艰辛探索，开辟了符合国情的中国特色社会主义道路，形成了中国特色社会主义理论体系，确立了中国特色社会主义制度，形成和完善了中国特色社会主义法律体系。在此期间，在中国共产党的领导下，法制宣传教育全面铺开、重点突破、深入探究、形式多样、成果显著，这也为新时代法制宣传教育体系的建构奠定了坚实基础。我们党历来重视法治、高度重视法治。因此，在建党百年之际全面系统总结中国共产党领导法治取得的重大成就和历史经验，是当前法学研究的一项重大任务。从这个意义上讲，本书研究中国共产党在领导和推动法制宣传教育方面取得的成就和历史经验，是具有重要意义的，现有的中国共产党领导下的法制宣传教育的研究，主要是运用《红色中华》法制栏目材料研究中央苏区法制宣传教育，陕甘宁边区法制宣传教育，以及改革开放40多年来普法方面已有的一些很好的研究成果，但全面系统研究百年来中国共产党领导和推动法制宣传教育方面的研究还不多见。

笔者选题围绕改革开放以来中国共产党法制宣传教育的发展脉络及当代意义这一核心议题，对中国共产党宣传教育工作的重要组成部分——法制宣传教育工作进行历史考察和实证研究，深刻揭示了中国共产党领导的法制宣传教育事业在社会法律治理过程中的成因、状况、特性及其影响，分析总结了法制宣传教育方面的经验教训，揭示了中国共产党法制宣传教育的规律性和特效性，为新时期法制宣传教育体制健全和完善进行了理性思考、提出了实践建议。就其内容而言，包括了党史上的各个历史时期，时间跨度大，紧扣各个历史时期，特别是对近四十年多来党领导的法制宣传教育的主要内容、方式方法、规律特点进行了比较系统的梳理和综述，对其历史意义和历史经验进行了归纳概括，构成写作全文的各章都直接充分反映了这一点。从选题意义和目前法学界在这方面研究成果的不足来看，本选题基本来讲是成功且有意义的：一是弥补了在党史框架下法治体系建设中法制宣传教育方面研究的不足（法学界长期重点关注立法、行政执法、司法等领域，普法方面比较薄弱）；二是充分利用党史文献资料，包括党的十八大以来全面依法治国各项重大决策部署方面的文件资料较为系统地综述法制宣传教育方面的情况，这使得本选题内容反映了研究对象的最新进展；三是作者有意识采用跨学科研究视角，综合党史、法学、新闻传播学知识和方法来处理这个题目，增加了对本选题研究的学术含量，这一点应当予以充分的肯定；四是该成果将为今后的相关研究或普法实际工作奠定基础，随着法治社会建设纲要、法治文化建设指导意见等全面依法治国重大决策部署的推进实施，法治社会和法治文化方面的研究必将成为今后一个时期关注的领域，本课题成果提供了进一步扩展研究内容范围的基础材料。

总的来说，年轻教师在自己的主攻领域中发掘钻研，这都是值得肯定的。当前，法制宣传教育是维持社会秩序的重要抓手之一，中国共产党通过法制宣传教育可以使国家制定的法律法规进入千家万户，使民众知晓法律、认知法律并进一步信任法律，为构建法治国家、法治政府、法治社会奠定坚实基础。本书以中国共产党法制宣传教育为研究对象，正是对基于法制宣传教育可能发挥的维稳功能有着清醒的认识，并进一步推动全面依法治国的社会治理更为广泛地在中华大地上如火如荼地开展。客观地说，这也是本书的重要学术价值。当然，书中难免存在不成熟、不完善之处，如述多论少，即没有从法理学角度或利用相关法制宣传教育理论去分析中国共产党开展法制宣传教育的缘由，缺乏对原因的深入探索。因此，我由衷地希望作者继续潜心钻研，不断探索，有更多的研究成果问世，也希冀更多的学者参与这一领域的研究，为当前我国法治宣传教育工作提供借鉴与参考。

李传兵

2022 年 3 月 28 日

目 录
CONTENTS

绪 论 ·························· 1

第一章 法制宣传教育的历史依据 ·········· **18**

第一节 新民主主义革命时期根据地法制宣传教育 ···· 18

第二节 社会主义革命和建设时期的法制宣传教育 ···· 44

第二章 法制宣传教育的发展脉络 ·········· **67**

第一节 改革开放以来法制宣传教育的历史沿革 ····· 67

第二节 改革开放以来法制宣传教育的理念变迁 ····· 83

第三节 改革开放以来法制宣传教育方法的演变 ····· 87

第三章 法制宣传教育的主要内容 ·········· **93**

第一节 以宪法为中心的法制宣传教育 ········ 93

第二节 宣传促进社会经济发展的法律法规 ······ 135

第三节 宣传与群众生产生活密切相关的法律法规 ··· 150

第四节 宣传党内法规 ·············· 161

第四章 法制宣传教育的基本对象 ·········· **174**

第一节 对国家工作人员开展法制宣传教育 ······ 174

第二节 对青少年开展法制宣传教育 ·················· 179
第三节 对其他人员分层分类开展法制宣传教育 ·········· 183

第五章 法制宣传教育的主要载体 ···················· **190**
第一节 以传统大众媒体为载体 ···················· 190
第二节 网络媒介 ···························· 194
第三节 社交网络平台 ·························· 198

第六章 法制宣传教育的启示及当代意义 ················ **206**
第一节 改革开放以来法制宣传教育的启示 ·············· 206
第二节 改革开放以来法制宣传教育的当代意义 ············ 211

后 记 ································· **222**
参考文献 ······························· **225**

绪　论

一、选题背景及研究意义

（一）选题背景

1985 年 11 月 22 日，第六届全国人民代表大会常务委员会通过的《关于在公民中基本普及法律常识的决议》中，"法制宣传"一词首次被提出，"二五"普法规划、"法制宣传教育"第一次被提出，在之后的普法规划中，"法制宣传教育"的内容不断丰富。自 1986 年开始，我国已经连续实施了七个五年全民普法规划，并已进入"八五"普法阶段。回首过去三十多年，从"一五"普法到"八五"普法，从"拨乱反正"开始在全民普及法律常识到"市场经济就是法制经济"，从"普治并举"到"德法并治"，从依法治理到法治创建，从确立"依法治国"基本方略到"全面依法治国"方略的提出，从"法制宣传教育"到"法治宣传教育"，我国法制宣传教育工作已从启蒙式普及运动走向法治建设实践的成熟阶段。从普及法律常识到突出学习宣传习近平法治思想，宣传《中华人民共和国宪法》（以下简称《宪法》）、《中华人民共和国民法典》（以下简称《民法典》），与推动高质量发展密切相关的法律法规，与社会治理现代化密切相关的法律法规，以及宣传党内法规，这也体现了中国共产党以公民法治素养为重点，促使法治成为社会共识的奋斗目标。

公民对法律法规的知晓度、认同度，直接决定了公民在法治实践的参与度，全社会只有切实提升公民尊法学法守法用法的自觉性和主动性，才能切实维护社会的公平正义，进而推动国家治理体系和治理能力的现代化。2021 年 6 月，中宣部、司法部发布了"八五"普法规划，明确"到2025 年，公民法治素养和社会治理法治化水平显著提升，全民普法工作体系更加健全"①。法制宣传教育作为全面依法治国和推进社会治理现代化的重要抓手之一，使国家的法律法规进入千家万户，通过三十多年的普法实践，中国共产党已经形成了极具特色的法制宣传教育模式，从灌输式到交互式、从显性到隐性、从传统到现代，这也使人们养成符合社会发展要求的法律观念、法律信仰。

　　法制宣传教育是一项重要的战略任务。邓小平曾指出："我们国家缺少执法和守法的传统，从党的十一届三中全会以后就开始抓法制……加强法制重要的是进行教育，根本的问题是教育人。"② 改革开放四十多年，通过法制宣传教育，在全社会基本普及了宪法和国家基本法律知识，及时宣传新颁布的法律法规，增强了全民的法制观念，为促进社会主义市场经济的发展、维护社会和谐稳定以及促进中国特色社会主义民主法治建设，为构建法治国家、法治政府、法治社会，发挥了基础和保障作用。当前，我国正朝着第二个百年奋斗目标迈进，提升全面依法治国的能力，全面建设社会主义现代化强国，满足人民对民主、法治、公平、安全等方面日益增长的需求，将维护人民权益、增进人民福祉落实到法治体系建设全过程，这些都对法治建设提出了新要求。与此同时，学习贯彻习近平法治思想，必须把推进全民守法作为基础工程，从各级领导干部带头到广大群众自觉养成自觉守法、遇事找法、解决问题靠法的行为准则，为全面建设社会主义现代化国家营造良好的法治环境。

　　（二）选题的研究意义

　　当前，我国正处于社会转型期，社会结构的变动、人们思想观念的变

---

①　中共中央 国务院转发《中央宣传部、司法部关于开展法治宣传教育的第八个五年规划（2021—2025 年）》［N］．人民日报，2021-06-16（1）．

②　邓小平文选（第三卷）［M］．北京：人民出版社，1993：163．

化、利益格局的调整，都呈现出多元化的格局。尤其是"互联网+"时代的到来，法治宣传教育与新媒体的结合更加紧密。"八五"普法规划中，在宣传路径上，打造"融媒体"时代的普法新格局，加快数字化普法，建构全媒体普法集群和矩阵，打造高质量"智慧普法"新模式，已经成为法治宣传教育的新路径。在内容上，主要由"六个普法重点、四项保障措施、三项新举措、三项新要求"组成。显然，从"一五"普法规划到"八五"普法规划，从"普及法律常识"到"法治宣传教育"，从一般公民到国家工作人员，从宣传"十法一条例"到宣传一般法规、民法典，从口头宣传到"互联网+"的法治宣传教育，法治宣传教育和普法工作由浅入深，层层递进，已经成为全面依法治国的重要环节。本选题的研究意义主要有两方面。一方面法制宣传教育的深入开展，极大地提升了政府与公民的法律意识，推动了民主法治建设的飞速发展。法制宣传教育的根本目的在于引导人民群众知法懂法用法，而用法的基础在于抓好普法学法。改革开放四十多年来，我国已经顺利完成七个五年普法规划，从"刀治"到"水治"，取得了有目共睹的普法成就。公民在不同的教育阶段，都接受了宪法和国家基本法律知识的普及，全民的法律意识和执法守法的觉悟有所提高，形成遵守法律的社会氛围。国家工作人员在反腐倡廉建设和法制宣传教育中，不断强化党纪和国法认识，夯实了底线思维，为维护社会稳定，营造了良好的法制氛围。但不可否认的是，长期以来，法制宣传教育理论研究弱于实践研究，弱于普法工作研究，法学界长时间在普法方面的研究相对薄弱，随着法治国家、法治政府、法治社会系统工程的全面推进，法治宣传教育已成为全面依法治国的重要抓手。因此，破解法治国家、法治政府、法治社会一体建设的难题，就需要从全民普法到全社会凝聚法治共识，以满足新时代人民群众对普法工作的新需求和新期待。

另一方面，法制宣传教育适应了时代发展的需要，突出了普法工作的重点。比如，突出宪法的宣传教育；始终将国家工作人员作为学法用法的重点；普法对象从关注数量到对其他人员分层分类，强化对特定人群和专门人员的法制宣传教育；普法方式从传统媒介到进入"互联网+"的宣传模式；与此同时，法治文化建设从顶层设计逐步向基层延展，并积极与地方、红色、行业、机关、企业、校园等文化相融合，构筑"一地一特色、一地一品牌"的法治文化成果。本选题除对"一五"到"七五"普法规划内容、对象、载体进行梳理之外，基本上涵盖了党史的各个历史时期，对法制宣传教育的主要内容、方式方法、历史经验和意义进行了归纳概括，主要是为了探寻法治宣传教育的普及规律及其成效，理顺法治宣传教育与普法工作的各种法律关系，建构法制宣传教育的长效机制和评估机制，以实现全民普法对法的需求与供给之间的有效平衡，切实提高法治宣传教育与普法工作的效率，最大限度提升法治宣传教育和普法工作在全面依法治国中的保障功能。

二、相关概念界定与文献综述

（一）相关概念界定

法制有广义和狭义两种解释，就广义而言，是统治阶级按照自己的意志，通过国家机关制定的法律制度以及由此建立起来的法律秩序。而就狭义而言，是被严格遵守的法律。社会主义法制是由社会主义国家机关创制的、体现工人阶级领导的全体人民意志的法律和制度以及一切国家机关、武装力量、各政党和各社会团体、各企事业组织和公民严格依照这种法律和制度进行活动的统一体。①

就法制宣传的概念而言，最早出现在《法学词典（增订版）》一书，书中对法制宣传概念的理解是"向人民群众进行关于维护和遵守国家宪法、法律的宣传教育活动"②。此后，一些学者从不同角度对法制宣传的定义进行了研究。有学者认为："法制宣传是由政府出资，组织多个部门，

---

① 夏锦文. 法学概论 [M]. 北京：科学出版社，2007：10.
② 《法学词典》编辑委员会. 法学词典（增订版）[M]. 上海：上海辞书出版社，1986：61.

利用各种媒体和采用多种形式普及法律、宣传法律，提高公民的法律意识和政府依法执政能力的重要方式。"① 有学者则认为："所谓法制宣传，是指将有关法律的基本精神、具体内容及其实施情况，有意识地散布、传播出去，以期达到一定的教育、影响之目的。"② 另外还有学者认为："法制宣传是指人们通过语言、文字及其他传播媒介将国家的法律、法令和法律规范性文件内容及法律制度的规定，向全体公民所进行的广泛宣解传授、说服教育并使其维护、遵守法律的一切活动。"③ 总的来说，法制宣传就是一种运用各种媒介有目的、有计划地向人们传播法制信息与观念，以影响人们思想和行为的一种社会活动，它不仅涉及国家法律体系原则、精神、规范的具体内容，也涉及法的创制、适用与实现等所有与法有关的现象与活动。

对于法制教育这一概念，在我国主要是指社会主义法制教育，与法律教育、法学教育、法治教育相近似，但又有所区别，法制教育是由国家、社会有目的、有计划地进行，以使人们形成一定的法制观念、法律信仰和法律观念为目的的一种教育。除此之外，也有学者认为法制教育就是"国家对公民实施议定的民主和法制观念和法律知识传授，使公民具有依法行使民主权利、履行义务和依法管理各项工作的素质的教育"④。法律教育是指由专门的学校或其院系进行的关于法的专门教育，它既包括普通的法学专门教育，也包括成人的法学专门教育。⑤ 法学教育则是以传授法律知识、训练法律思维、培养合格的法律专业人才为主要内容的教育活动。⑥ 因此，在一定程度上，法律教育也可以称为法学教育。而对于法治教育，有学者

---

① 董开军. 司法行政学 ［M］. 北京：中国民主法制出版社，2007：309.
② 喻毅，赵英华. 法制宣传学 ［M］. 北京：中国民主法制出版社，1996：4-5.
③ 戴勇才. 法制宣传学 ［M］. 重庆：重庆大学出版社，1992：49.
④ 韩世强. 法制教育机制及其实现形态的理论框架 ［J］. 中国司法，2006（10）：76-79.
⑤ 孙晓楼. 法律教育 ［M］. 北京：中国政法大学出版社，2004：11-15.
⑥ ［美］哈罗德·伯曼. 美国法律讲话 ［M］. 陈若桓，译. 北京：生活·读书·新知三联书店，1988：216-217.

认为是"国家实行民主法治的同时，通过完善的立法以及法治思想将教育关系和与教育有关的社会关系规范化、制度化，从而达到教育法治化"①或是"通过对公民进行有目的、有计划、有组织的'依法治国'方略的宣传和教育，培养和发展公民法治意识用法治意识指导自己行为的一种活动"②。虽然仅一字之差，但人们常常容易混淆，尽管都含有传授法律知识、培养法律意识的内容，但它们的内涵和外延并不相同。

　　法制宣传教育这一概念亦可以称为法制宣传和法制教育的统称。根据《〈中共中央关于构建社会主义和谐社会若干重大问题的决定〉有关司法行政工作的名词解释》中的定义："法制宣传教育就是通过在全体公民中开展以普及法律知识为内容的宣传教育活动，来提高社会主义法制宣传教育，树立法律信仰，尊重法律权威，从而提升全民法律素质。"③ 关于这一概念，有学者认为："社会主义法制宣传教育是指，在党的指导思想下，按照依法治国以及建设社会主义政治文明的需求，向全民普及社会主义法律知识、弘扬社会主义法治理念的一种思想政治教育传播活动。"④ 也有学者认为："法制宣传教育是一种有目的、有计划的社会传播行为，它传播的内容既包括静态意义上的法制，主要涉及国家法律体系、法律制度的具体内容，也包括国家政治、经济社会活动中动态意义上的法治。"⑤ 总而言之，法制宣传教育是一项以政府为主导，以提升社会成员法律意识和法治

---

① 牟延林，吴安新，李琦．教育权利与素质教育关系的法理研究［M］．重庆：重庆出版社，2003：250.
② 王双群，余仰涛．法治教育与德治教育的内涵及意义［J］．理论月刊，2006（7）：186-188.
③ 司法部研究室．《中共中央关于构建社会主义和谐社会若干重大问题的决定》有关司法行政工作的名词解释［J］．中国司法，2007（3）：12-20.
④ 潭丽君．社会主义法制宣传教育研究——以媒介传播为中心［D］．上海：华东政法大学，2013.
⑤ 王进义．法制宣传教育的性质、价值及创新初探［J］．中国司法，2004（10）：65-68.

观念，营造社会法治氛围为主要目的的社会系统工程。①

（二）国内外研究综述

法制宣传教育是全面依法治国的基础性工作。打造共建共治共享的社会治理格局，需要深入开展法制宣传教育，提升公民法治素养，推动全社会遵法学法用法。当前，着力提升法治宣传教育的针对性和实效性迫在眉睫，"八五"普法规划明确提出在充分利用传统法治宣传教育媒介的基础上，建设融"报、网、端、微、屏"于一体的全媒体法治传播体系，实现中央到地方法治宣传网络平台对接。当前，加大普法工作力度，就必须深入开展法制宣传教育、普法宣传教育机制研究，打造全民尊法学法守法用法的社会氛围，夯实共建共治共享的社会治理格局，这也是切实保障社会公平正义，提升法治促进治理体系和治理能力现代化效能的必行之举。

1. 国内研究综述

"七五"普法规划从内容上实现了"法制"宣传教育到"法治"宣传教育的转变。当前，国内学术界对中国共产党法制宣传教育研究的主要著作有《法制宣传学》（2003）、《法制宣传教育和依法治理工作的研究与思考》（2005）、《法制宣传教育理论与实践》（2012）、《法制宣传教育全覆盖的理论与实践》（2014）、《法治宣传教育工作机制研究》（2016）、《"总体法治宣传教育观"的理论与实践》（2016）等。近几年代表性学位论文有《"中国普法"微博的法制宣传教育研究》（2016）、《新媒体时代法治宣传教育创新研究——以涉法网络舆论引导为视角》（2017）、《新媒体环境下法制宣传教育模式研究》（2018）、《"大普法"格局下法治宣传教育创新研究——基于网络法治热点事件的分析》（2018）、《新时代开展法治宣传教育的新思考》（2019）、《法治宣传教育中新媒体应用策略探析》（2021）。这些著作和论文对法治宣传教育做了不同时期和不同层面的研究，逐步形成了法治宣传教育与新媒体相融合的研究趋势。

---

① 董国路．法制宣传教育应加强理论研究提高科学水平［J］．中国司法，2009（2）：
31-32.

从研究内容来看，当前国内中国共产党法制宣传教育研究主要集中在以下六方面：一是法制宣传教育方法路径研究。牛克等（2003）运用大量法制宣传观点、方法、规律、个案，探讨了我国法制宣传教育实践经验。王祥生（2012）介绍了发放资料、面授教育、咨询服务、板报展览、远程法制教育、手机宣传、公益广告等法制宣传教育的基本方法，探讨了其他方法及其创新。二是法制宣传教育机制研究。张洪亮（2016）以特定地区的个案研究，探讨法制宣传教育的实现机制，揭示了我国普法教育机制存在的问题并寻找对策。杨劲松（2017）提出要在筑牢系统化普法理念的基础上，突出示范性、先导性、服务型、参与性，打造精准化普法模式，建立常态化推进机制。三是法制宣传教育功能意义研究。喻毅等（1996）在概括前人法制宣传实践经验和理论研究的基础上，介绍了我国社会主义法制宣传教育的发展轨迹、决策方法、规律体系、科学地位、功能作用和研究意义。四是法制宣传教育的内涵研究。张光东（2014）阐释了法制宣传教育的内涵，认为法制宣传教育是以法律知识和法治信息为特定内容，是一种宣传活动，是一种教育手段，是一种社会动员。五是法制宣传学体系研究。刘一杰等（1991）从不同的侧面对社会主义法制宣传学的有关地位、作用、方式、方法、组织和管理等理论与实践问题进行了探讨和概括。戴勇（1992）比较系统地论述了法制宣传学的研究对象和研究方法，分析了法制宣传的发展概况、本质、原则、组织机构主体、效果等内容，初步构筑了法制宣传学科体系的框架。六是法治宣传教育的理论及实践研究。莫纪宏（2016）提出的"总体法治宣传教育观"强调普法工作中的主体责任，强调改变传统意义上的法治宣传教育模式，提升普法工作的质量和实效，形成法治宣传教育长效机制。陈思明（2016）从理论界定、法治宣传教育静态、动态的工作机制阐释立法、执法、司法、守法等环节的普法工作机制特点。

2. 国外研究综述

国外学者关于中国共产党法制宣传教育研究主要集中在以下四方面：

一是中国法制宣传教育方式及经验研究。哥本哈根商学院亚洲研究中心主任柏思德（Kjeld Erik Brodsgaard）等（2018）在《新中国成立以来中国共产党：组织、意识形态及前景的变革》一文中，在政党意识形态和宣传这一部分探讨了中国共产党通过报纸、杂志、电影、电视、广播、出版物、互联网及社交媒体等方式宣传法制建设的经验教训；探讨了在媒体的多元化与市场化条件下，中宣部在法制宣传教育和法制的普及中起到的重要作用。二是新媒体对中国法制宣传教育影响研究。美国宾夕法尼亚大学教授雅克·德里斯勒（Jacques Delisle，2016）在《互联网、社交媒体和变化中的中国》一书中，探讨了中国网络空间与其社会、政治、法律体系和外交关系之间的变化关系，肯定了互联网和社交媒体对中国法律体系和法治宣传教育的促进作用。三是中国法制宣传教育创新研究。新加坡国立大学教授迈克尔·道德尔（Michael W. Dowdle，2008）认为中国法律体系呈动态发展，且中国现今法学教育的目标和框架已经远离传统法学教育的主导模式，因此中国的法治宣传教育应该冲破传统法学教学法的局限性，采取类似临床医学教育模式的"临床法学教育"，通过"临床"式法制宣传教育实践激发法学院学生的积极性，开放、自主和创造性地学习。四是传播形态融合研究。加拿大著名传播学家马歇尔·麦克卢汉（Marshall McLuhan，1964）在《理解媒介——论人的延伸》一书中通过对不同媒介的比较，结合多种文化现象，勾画了一种电子媒介文化社会的图景。美国马萨诸塞州理工大学伊契尔·索勒·普尔（Ithiel De Sola Pool，1983）教授在《自由的科技》一书中最早提出"媒介融合"这一概念，主要指电视、报刊等传统媒介的融合。美国麻省理工学院的尼葛洛庞帝（Nicholas Negroponte，1997）教授在其著作《数字化生存》一书中描述了信息技术的基本概念、趋势和应用、巨大的价值和数字时代的宏伟蓝图，阐释信息技术与媒介的融合将对时代和人们生活的影响和价值。美国新闻学会媒介研究中心主任安德鲁·纳齐森（Andrew Nachison）强调"媒介融合"是各媒体之间及传统媒介与新媒介的合作和联盟。

除此之外，法制宣传教育的提法通常被视为纯粹的"中国式问题"。因此，除了在公民教育的文献中涉及国外学校法制教育方面的少量文献外，国外基本找不到相关文献。在国内，也有一些学者对欧美法制教育、法律教育有所研究，如吴殿朝、崔英楠、王子幕主编的《国外高等教育法制》，书中介绍了美国高等教育法制、英国高等教育法制、德国高等教育法制、法国高等教育法制、日本高等教育法制等。在书中作者认为欧美国家教育法制已经较为完善，主要体现在：成文法、教育法占主体地位，判例法为辅；教育的法律体系日趋完备，法律制度更为细密；教育法律的执行、监督制度日趋成熟，以及教育司法制度比较健全四个方面。秦树理在《国外公民教育概览》一书中列举了美国、英国、澳大利亚、法国、德国、俄罗斯公民教育的主要内容，其中美国的法制教育的核心概念包括法律、权力、公正、自由和平等，通过美国宪法与权利法案、美国独立宣言、联邦党人文集、著名最高法院判例等文献，让公民认识自由权与平等、统一与多元、权力与公正、自由与秩序、权利与义务等基本的概念，通过这种方式，帮助公民理解法律，使他们遵从立宪民主，为社会公正做贡献，广泛、积极、负责地参与公民生活，尊重人类的基本尊严和权利等。刘佳在《法律教育学》一书中，在研究本国的法律教育的同时，并对美国、英国、韩国、日本等一些国家的法律教育作了概述。

再就是国外更多呈现的是法制教育的研究成果，有别于国内法制宣传教育研究，但各国不同的法制教育模式也取得了显著的成效，国外法制教育普遍隐藏于政治教育中，通过公民教育强化法律意识。比如，法国以教授公民资格为核心，包括权利义务教育、民主生活教育和国家政体知识教育、爱国主义教育等，并将法制教育与思想道德教育相结合，将日常生活加以法律规范。再如美国通过将一些思想教化、道德提倡的东西纳入法制化，实现人们的公共责任与义务的规范化，从思想道德教育的角度对公民进行法制教育，以期培养公民法律素质。与此同时，通过家庭、社会、宗教等渗透法制教育。

（三）国内外研究的不足与趋势

随着"八五"普法规划的颁布，我国法制宣传教育工作已经走过了三十多年的历程，通过对中国共产党法制宣传教育历程的梳理和总结，可以发现相关研究成果日益丰硕、研究方法日趋多样化、跨学科性、研究类型更加注重实用性等特征。国内现有的研究成果也存在一些缺陷，如有现有专著学科界限强、学理性较弱等特点。国内学者对中国共产党的法制宣传教育作了探索性研究，并试图构建法制宣传学体系框架，为我国法制宣传教育的研究提供了较翔实的资料，提供了较科学的研究方法和范式，为新时期法制宣传教育的理论研究和实践提供了宝贵的经验，打下了坚实的研究基础。但是，受当时各种条件所限，现有研究更多是对法制宣传教育做了基础性研究，对党的法制宣传研究与法制宣传教育研究没有进行科学的区分，对党的法制宣传教育研究缺少纵深研究，对党的法制宣传教育缺乏深层次、系统性、全面性的探讨。此外，当前国内学者对国外学者关于我们党的法制宣传教育最新研究关注不够，本书将会在现有研究的基础上，对研究资料进行补充，对研究方法进行拓新，对研究进行视域扩展，与时俱进地加强系统性研究和学理性研究，以丰富这一领域的研究成果。

国外学者对中国共产党法制宣传教育的方式、经验、教训和创新做了一定研究，为本课题研究提供了新的研究视域和新的研究方法，也为本书进行的国际国内比较研究，以及探索法制宣传教育成效提供了资料支持。但遗憾的是，国外学者对本课题的研究并不多，虽然比较好地抓住了研究新内容和新方法，但研究碎片化倾向比较明显，法制宣传教育作为中国共产党宣传工作的重要环节之一，在中国特色社会主义民主法治发展进程中，扮演着重要的角色，东西方在研究范式和关注点上更多地基于国家的现实需求。因此，国外学者也难以从中国法制宣传教育的历史长河中去思考。并且，国外学者的研究学科边界属性较强，在较大程度上对于中国法治建设领域中的普法教育抑或是法制宣传教育没有深入的研究。因此，不能很好地抓住中国共产党法制宣传教育的本质内核、发展和创新。本课题将在汲取西方学者的研究视域、研究方法和前瞻立意的同时，立足我国的社会发展的现实，全面深刻地分析党的法制宣传教育的国内外背景、途径、意义、历程、发展创新及当代意义。

三、研究思路与研究方法

（一）研究思路

本书共分为六个章节来进行阐述。

第一章主要介绍改革开放以来中国共产党法治宣传教育的历史依据。主要分为两个部分来进行阐述：第一部分主要写新民主主义革命时期中国共产党根据地的法制宣传教育，具体论述了这一时期法制宣传教育的主要内容、主要路径及主要经验。第二部分论述社会主义革命和建设时期中国共产党法制宣传教育，针对这一时期的历史特点，将这个阶段分成了两个不同时期，一个时期是中华人民共和国成立初期，这一时期法制宣传教育处于初步发展阶段；另一个时期是社会主义建设以后到改革开放前期，这一时期，法制宣传教育处在停滞和低谷的阶段，最后，论述了这一时期中国共产党的法制宣传教育的特点及启示。

第二章主要写改革开放以来中国共产党法制宣传教育的发展脉络。这一章主要从三方面论述。第一部分是梳理改革开放以来中国共产党法制宣传教育的历史沿革，从四个阶段做阐述：法制宣传教育的恢复和"健全社会主义法制"宣传教育阶段（1978—1984）、进入全民普法教育阶段（1985—1996）、"社会主义法治"宣传教育阶段（1997—2012）、"全面依法治国"宣传教育阶段（2012年至今）。第二部分是论述改革开放以来中国共产党法制宣传教育的理念变迁，主要有四种转变：从"以法治国"到"依法治国"、从"法制建设"到"法治建设"、从"普及法律常识"到"弘扬法治精神"、从"法制宣传教育"到"法治宣传教育"。第三部分主要论述改革开放以来中国共产党法制宣传教育方法的演变，主要总结了三点演变：从灌输式到交互式、从显性到隐性、从传统到现代。

　　第三章主要写改革开放以来中国共产党法制宣传教育的主要内容。根据"一五"普法规划到最新的"八五"普法规划，根据不同时期的普法规划，特安排了四个部分的内容：第一部分写以宪法为中心的法制宣传教育，由"七八"宪法的宣传教育、现行宪法草案及现行宪法的宣传教育、关于现行宪法五次修改的宣传教育、"一五"到"七五"普法规划中的宪法宣传教育四个部分的内容构成。第二部分论述宣传促进社会经济发展的法律法规，主要包括：宣传整顿和规范市场经济秩序的法律法规；宣传与推动高质量发展密切相关的法律法规；宣传民法典。第三部分主要是宣传与群众生产生活密切相关的法律法规，包括宣传维护社会和谐稳定的法律法规、宣传保障和改善民生的法律法规两部分内容。第四部分是"七五"普法规划和"八五"普法规划中提出来的内容，宣传党内法规，根据党内法规的内容，分为宣传党章及相关法规、宣传党的组织法规、宣传党的领导法规、宣传党的自身建设法规、宣传党的监督保障法规。

　　第四章主要写改革开放以来中国共产党法制宣传教育基本对象。这一章根据"八五"普法规划所做的架构安排，主要由三部分组成。第一部分是对国家工作人员开展法制宣传教育，包括对国家工作人员开展法制宣传教育的主要内容，以及对国家工作人员开展法制宣传教育的意义两方面内容。第二部分是对青少年开展法制宣传教育，包括对青少年开展法制宣传教育的主要内容，以及对青少年开展法制宣传教育的意义两方面内容。第三部分是对其他人员分层分类开展法制宣传教育，包括对农民开展法制宣传教育的主要内容，对企业管理人员开展法制宣传教育的主要内容，对其他人员分层分类地开展法制宣传教育的意义。

　　第五章主要论述改革开放以来中国共产党法制宣传教育的主要载体，结合新民主主义革命时期到当下所广泛使用的宣传媒介，主要分成了三个部分来进行论述：第一部分是介绍传统媒介以及传统大众媒体在法制宣传教育中的特点；第二部分是介绍网络媒介在法制宣传教育中的特点；第三部分是介绍当前社交网络平台及社交网络平台在法制宣传教育中的特点。

这部分内容也是本课题的创新点，通过对在各大平台上的官方公众号的观察，分析当下法治宣传教育在传播手段上的革新和演进。

第六章主要写改革开放以来中国共产党法制宣传教育的启示及当代意义。主要分为两个部分进行了总结：第一部分是改革开放以来中国共产党法制宣传教育的启示，在法制宣传教育的全过程中，提出要处理好继承与创新的关系、处理好内容与形式的关系，以及处理好宣传效果与长效机制的关系。第二部分是改革开放以来中国共产党法制宣传教育的当代意义，主要论述了改革开放以来中国共产党法制宣传教育的实践意义和理论意义。

（二）研究方法

主要采取以下四种研究方法：

一是文献研究法。围绕选题，通过搜集和分析相关的文献资料，跟踪和吸收最新研究成果，及时了解该选题研究的理论、手段和方法，以及研究动向和发展趋势。从相关的研究中受到启发，找到本选题的研究思路，使研究建立在可靠的材料基础上。

二是史论结合法。本书力求"史"与"论"有机结合，但针对不同章节、不同内容，其侧重点又有所不同。对于改革开放以来中国共产党法制宣传教育，以文本"史"料梳理为主，客观展现不同时代的历史情形和理论根源。对于改革开放以来法制宣传教育的每一个主题的内容变化情况及其成效，以"论"为主，结合相应的历史背景和时代特色进行客观评析。

三是比较研究法。本书以重要历史时间和事件作为分期标准，并结合不同的阶段特点对其做出客观评价。从横向角度，设计相对固定的模块，即指导思想、时代背景、表现形式、具体做法、阶段特点、经验教训等，考察不同历史阶段、不同历史条件下，发生了什么变化以及为什么发生变化，对比不同历史阶段中国共产党法制教育的基本内容、主要特点和经验教训的异同。

四是跨学科研究法。西方控制论的奠基人维纳说过："在科学发展上可以得到最大收获的领域是各种已建立起来的部门之间被忽视的无人区。"① 本书本质上具有跨学科和多学科交叉性质,横跨马克思主义理论与思想政治教育、法学、教育学和新闻学等学科领域。学术依托或背景主要是党史、法学、新闻学等多学科门类和知识。

四、拟解决的主要问题及研究中的重难点

(一) 拟解决的主要问题

法制宣传教育是一个长期而艰巨的工程。从"一五"普法规划到"八五"普法规划,在中国共产党的领导下,在总结以往的宣传经验的基础上,中国共产党开辟了具有中国特色法制宣传教育模式,从"以法治国"到"依法治国",从"法制建设"到"法治建设",从"普及法律常识"到"弘扬法治精神",从"法制宣传教育"到"法治宣传教育",每一次转变都是社会主义建设的写照,法制宣传教育随着国家政策方针的走向,在目标上、原则上、内容上、方法上不断地进行调整,这也为研究提供了较好的素材。

本研究的初心主要基于两方面:一方面,长期以来,法制宣传教育理论研究弱于实践研究,弱于工作研究。另一方面,"法制宣传教育"就其概念上,具有交叉学科的性质,可以帮助拓展学科领域。这些年,学界在这一领域上研究的成果较少,"法制宣传工作""法制宣传学"与"法制宣传教育"有相近之处,但又有明显区别。再者,前期的研究基础也提升了这项课题研究的可行性。结合研究出发点,本研究拟解决的问题有:一是进行学术梳理,尤其是对新民主主义革命时期、中华人民共和国成立以后、改革开放以来,筛选中国共产党领导下开展法制宣传教育的经验教训;二是结合中国共产党法治化建设进程,梳理我国重点领域的立法进程;三是结合不同时期的"五年"普法规划,观察和分析不同时期宣传对

① [美] N. 维纳. 控制论 [M]. 郝季仁, 译. 北京:京华出版社, 2000:20.

象、宣传媒介的演进。

（二）研究中的重难点

一是全面梳理中国共产党法制宣传教育的历史演进和逻辑演进，把握理论与实践精髓，探索中国共产党法制宣传教育的时代价值；二是探讨中国共产党法制宣传教育的长效机制的理论创新与实践创新，归纳中国共产党法制宣传教育的经验和教训，研究结果为日后研究典型欧美国家法制宣传教育模式作积淀，并提出新时代中国共产党法制宣传教育的中国方案。

除此之外，在章节写作上，第二章第三部分对改革开放以来中国共产党法制宣传教育方法的演变进行了总结，提出了从灌输式到交互式、从显性到隐性从传统到现代的转变，在阐述过程中需要做深度思考，阐明现状与发展趋势。在第三章第二部分增加了宣传民法典的内容，作为"八五"普法规划新增的内容，这一部分主要是在民法典颁布前后，对全国的一些宣传活动做了一些论述，资料的收集与运用，易给人造成堆叠及拉历史线条之感，这也是这部分内容需要重点把握的地方。在第三章第三部分增加了宣传党内法规的内容，这一部分主要是参照党内法规知识，作为"七五""八五"普法重点内容，需要重点把握，写作构思也有一定的难度；第四章在框架安排上主要参照"八五"普法规划，但内容上是在总结七个"五年"普法规划下展开的，随着法治宣传教育内容和普法对象的增加和调整，增加了写作的难度。再就是第五章的内容是在总结以往宣传媒介的基础上，所进行的全新的尝试，除了数据和些许概念，本章的写作更多基于笔者的观察，以及对当下互联网媒体的了解，结合了抖音、微博、微信等相关平台，并进行细致观察而得出的结论，这也是本书的亮点之一。最后是结合以往法制宣传教育的经验，提出了在今后开展法治宣传教育的过程中，要处理好继承与创新、内容与形式、宣传效果与长效机制的关系。

总而言之，本书的写作需要翻阅海量的文献资料，一部分内容还不够精练。在宏观内容上，基于本研究的跨学科属性还有一些欠缺。一些章节在写作的过程中写作难度较大，如"宣传党内法规"，各大媒体的宣传更多是围绕已颁布或宏观层面的党规而谈，要不就是对一些重要条例进行报道，在这部分写作中很难把握。再就是，本书写作竭力突破了自己以往的研究范式，可参考借鉴的成果较少，笔者虽竭尽全力地创新，但依旧存在一些目前还未克服的问题，如没有很好地将法律史、新闻传播学、党史相融合，体现了跨学科研究的短板，这也是今后努力和知识面重点延展的方向。

第一章

法制宣传教育的历史依据

新民主主义革命时期，中国共产党在根据地开展民主法制建设，苏维埃政府颁布一系列法律法规，为我国苏维埃政权法制建设奠定了基础。与此同时，为了在根据地自上而下普及法律法规，中国共产党在有限的条件下积极开展法制宣传教育。通过报刊中的法律专栏、出版书籍、创作标语、壁画等丰富形式，增强了根据地广大干部群众的法制观念，为苏维埃政权的稳定及中华人民共和国法制宣传教育提供了借鉴经验。

第一节　新民主主义革命时期根据地法制宣传教育

从建立第一个革命根据地到建立苏维埃政权，中国共产党经历五次"反围剿"斗争后，历经长征，最终到达陕北成立边区政府，随着红色版图的扩大，中国共产党在艰苦卓绝的斗争中，在荡涤旧有法制体系的影响下，借鉴苏联的立法经验，广泛开展了民主法治建设，创立和完善了司法制度，颁布了宪法大纲、婚姻法、刑法等配套政权的法律、训令及条例等。为了维护根据地的安定，中国共产党围绕不同时期的中心工作，从党员干部到人民群众自上而下地开展法制宣传教育，对普及法律知识、维护社会稳定起到了重要作用。

一、新民主主义革命时期法制宣传教育的主要内容

中国共产党在新民主主义革命时期，从大革命失败后，为了打造一支

纪律优良的军队，就开始在红军内部进行法制建设。中央苏维埃政权确立后，中国共产党依据苏联的法律体系，相继建构了以《中华苏维埃共和国宪法大纲》为核心的基本法律法规，形成宪法、组织法、土地法、刑事法、婚姻法等法律法规。到陕甘宁边区时期，在边区政府的领导下，各个根据地结合社会治理需要，陆续颁布了一系列具有法律效应的纲领决议，对于夯实和维护中国工农武装政权起到了重要的作用。为了向根据地群众普及法律知识，新民主主义革命时期开展了卓有成效的法制宣传教育工作，使中国共产党的政令法规深入人心。

（一）中央苏维埃政权以前的法制建设

大革命失败后，中国共产党进行武装起义，对工农红军进行改编，红军内部主要由工农红军、农民自卫军、纠察队、一些俘虏组成，不同阶层的士兵，有着一些恶劣习气，军队里充斥着一些自由散漫、打骂士兵、强拿强要等不良风气。为了打造一支纪律优良的人民军队，红军在积极作战的同时，健全军事法制，及时整肃了军队中的歪风邪气，保障了军队的发展壮大。苏维埃政府成立以前，在各个革命根据地，根据革命斗争的需要，中国共产党制定了相应的法律法规，并组建司法机关，处理根据地各类案件，对维护根据地人民的合法权益，打击反革命、维护根据地治安起到了重要的作用。

1. 红军的法制建设

这一时期，军队的法制建设主要体现在以下五方面。第一，军队内设有士兵委员会，具有军队管理、监督纪律、监督经济、进行群众运动以及进行政治教育的职能，尤其是在收入支取上，进行严格审查，保证各军待遇物质的平等。第二，纪律严明。1928 年毛泽东在"三大纪律"的基础上增加了"六项注意"。1929 年又在此基础上进行修改，并补充了两项内容。自此，红军中"三大纪律""八项注意"就成为红军的行动准则和军事法规。第三，对地主的政策。中国共产党在土地革命中，从最初没收一切土地重新分配，到没收地主土地，查抄地主财产作为军费，并分给底层农民，对于罪大恶极、臭名昭著的地主乡绅进行逮捕，通过审判处以死刑。第四，优待俘虏政策。毛泽东在《井冈山的斗争》中提道："尤其是新来的俘虏兵，他们感觉国民党军队和我们军队是两个世界。他们虽然感觉红军的物质生活不如白军，但是精神得到了解放……红军就像一个火炉，俘虏兵过来就马上就熔化了。"① 对于愿意参加红军的俘虏进行登记；对于不愿意参加的，发放路费准许回家，对于受伤的俘虏予以救治。红军优待俘虏的政策，对于瓦解白军士兵和吸收更多武装力量起到了积极作用。第五，对于土豪走狗和反水人员的政策。对于土豪走狗主要采取批评教育的方法，召开群众大会宣布过错，由保人和本人对错误行为作表态并当众释放。对于反水，即叛变人员，采取不同的政策进行处理，对于普通民众的反水既往不咎，积极规劝；对于富农、土豪劣绅反攻倒算行为，坚决镇压，严肃处理。1929 年，朱德、毛泽东发布了红四军的政治主张和各项政策，随后其他红军纷纷效仿，提出了军队的政治纪律和纲领。红五军提出的十条政治纲领，成为湘鄂赣边区革命根据地惩治反革命的法律依据。红一军进一步整合了红军的要求和纪律，在军队内实行官民平等、经济公开、不杀俘虏等政策。并将"八项注意"增加到了"十项注意"。这一系列的纪律，使得红军区别于任何旧式军队，提升军队凝聚力的同时，为革命根据地的安定发展奠定了基础。

2. 宪法性文件和政权组织法的出台

1927 年 11 月，江西省委颁布了《江西苏维埃临时政纲》，规定"没收地主土地及耕种工具分与无地贫农和退伍士兵；没收私人一切大企业及大生产机关……没收外人在本省内设立的教会、教堂、学校、医院等；取消以前反动政府与外人订立的侵害中国主权的不平等条约；反动政府所借外债及内债，凡有损害本省苏维埃利益者，不负债还之责"② 。除此之外，还颁布了《江西省苏维埃临时组织法》，明确界定了选举权和被选举权的阶

---

① 毛泽东选集（第一卷）[M] . 北京：人民出版社，1991：65.
② 彭光华，杨木生，宁群 . 中央苏区法制建设 [M] . 北京：中央文献出版社，2009：9.

级界限，规定在省市县设立主席团和秘书处，成立专门的委员会处理财政、军事、土地、司法、建设、外交等事务。1929 年 7 月，中共闽西第一次代表大会通过的《苏维埃政权决议案》中指出："一区中有三个乡苏维埃以上，即可成立区苏维埃，一县中有三个区苏维埃以上，即可成立县苏维埃"①。截至 1929 年 10 月，相继有四个县成立了苏维埃政府、区级的苏维埃政府达到五十多个，乡级苏维埃政府则达到四百多个。1930 年 3 月，闽西第一次代表大会在福建龙岩县召开，并通过了《苏维埃政府组织法案》，对选举权和被选举权、选举程序、选举办法，各级政府组织系统作了详尽的规定。同年，湖南省工农兵代表大会通过了《湖南省工农兵苏维埃政府暂行组织法》，规定了组织原则及省、区、乡组织法、选举法共 41 条。1931 年 7 月，鄂豫皖边区也通过了《鄂豫皖区苏维埃临时组织大纲》。

3. 土地法的颁布

1926 年 7 月到 1927 年 2 月，湖南、湖北等省的农民运动进入高潮，把土豪劣绅、不法地主当成了主要攻击对象。1927 年 2 月，毛泽东历时一个多月前往湘潭等五县进行实地考察，写下了《湖南农民运动考察报告》（以下简称《报告》）。这篇《报告》指出，目前从中国中部、南部和北部各省兴起的农民运动，发展迅猛异常，并"将冲决一切束缚他们的罗网，朝着解放的路上迅跑"②。《报告》强调了农民运动对中国民主革命的重要性。秋收起义后，毛泽东率领部队到达井冈山开展土地革命，进行根据地建设。1928 年 10 月，毛泽东参与制定了《井冈山土地法》，首次以法律形式保障了农民对土地占有的权利，但《井冈山土地法》也存在几个缺陷，如"（一）没收一切土地，而不是只没收地主阶级的土地；（二）土地所有权属政府，而农民只有使用权"③。1929 年 4 月，红四军到达兴国，

---

① 彭光华，杨木生，宁群. 中央苏区法制建设［M］. 北京：中央文献出版社，2009：10.
② 毛泽东选集（第一卷）［M］. 北京：人民出版社，1991：13.
③ 毛泽东选集（第一卷）［M］. 北京：人民出版社，1991：51.

根据中共第六次全国代表大会精神颁布了《兴国土地法》，把《井冈山土地法》中"没收一切土地"修改为"没收一切公共土地及地主阶级的土地"①，并将没收的土地分配给无地或少地的农民，这也是对《井冈山土地法》做出的原则性改正。1929 年 7 月，中共闽西第一次代表大会通过了《土地问题决议案》，提出这一时期的土地政策"应该是抓着雇农、贫农，联合中农，反对富农"，"没收土地的标准，是没收地主阶级的土地"，"没收地主阶级及富农所余出佃的土地，主要的是平分给失地及少地的农民"，"分配土地，按人口平均分配"②。1930 年 3 月，闽西第一次代表大会通过了《土地法案》，并确定了抽多补少、抽肥补瘦的方针。1930 年 5 月，又颁布了《土地暂行法》，一定程度上纠正了此前立法中的"左"倾错误。1930 年 6 月，红四军前委和闽西特委在长汀南阳召开联席会议，毛泽东主持了会议，会议通过了《富农问题》决议案，在"抽多补少"土地分配原则上，增加"抽肥补瘦"的原则。1930 年 8 月，中国革命委员会出台了《苏维埃土地法》，到 1931 年上半年，根据地基本实现了土地从归苏维埃所有改为归农民所有，随着土地革命的深入开展，中国土地革命路线基本形成。

4. 民事、刑事立法

（1）婚姻法的颁布。1930 年闽西颁布了《婚姻法》，1931 年湘赣苏区通过了《鄂豫皖工农兵第二次代表大会婚姻问题的决议案》，并制定了《婚姻条例》，这些婚姻条例，重视保护女性儿童，一定程度保护了妇女婚姻自由的权利，使一些妇女从封建压迫中解放出来。

（2）劳动立法。1928 年 7 月，中共六大通过了"十大政纲"，确立了八小时工作制、失业救济、增加工资、社会保险等原则，各根据地开始执行这一准则，并在此基础上，1930 年 3 月，闽西第一次工农兵代表大会通过了《闽西劳动法》，同年 5 月，在苏维埃区域代表大会上进一步通过了

---

① 毛泽东选集（第一卷）[M]. 北京：人民出版社，1991：83-84.
② 邓中夏全集（下）[M]. 北京：人民出版社，2014：1561-1562.

《劳动保护法》。

5. 建构司法制度，完善诉讼制度和司法程序

1927 年 11 月，中共在上海建立中央特科，设立总务、情报、保卫三科，主要目的是了解敌人的动向，保护中央领导机关的安全；在红军设立政治保卫机构和肃反委员会，各个根据地在此基础上，先后设立政治保卫局、革命法庭、赤色民警局、内务委员会等司法机构。为了完善司法程序，1930 年 5 月，闽西苏维埃政府颁布了《裁判条例》，规定了县、区、乡各级政府兼任审判机构，死刑必须经由县级政府批准；1931 年 9 月，鄂豫皖苏区政府颁布了《革命军事法庭暂行条例》，明确规定了革命军事法庭的职能，以及审判罪犯、民事或刑事案件的适用程序。

（二）中央苏维埃政权的法制建设

苏维埃政权确立后，为保护新生的政权，各级苏维埃政府先后制定了宪法大纲、政权组织法、土地法、选举法、婚姻法等法律法规，逐步形成了新民主主义法制体系，在根据地基本上做到了有法可依，为根据地法制建设奠定了基础。

1. 宪法的颁布

1931 年 12 月，苏维埃临时政府公布了《中华苏维埃共和国中央执行委员会布告（第一号）》，在布告中明确了中华苏维埃共和国与"中华民国"的区别，指出：苏维埃政府"是建筑在苏区和非苏区几万万被压迫被剥削的工农兵士贫民群众的愿望和拥护之上的，它具有绝大威权"①。并提出了要制定政纲宪法、政纲、组织法等法令和决议。1931 年 11 月，《中华苏维埃共和国宪法大纲》（以下简称《大纲》）颁布，全篇 17 条，确立了中华苏维埃政权的国体、政体、基本任务，确定了对外政策的基本方针，以及工农群众在政治、经济、文化上的各项政策。《大纲》规定："苏维埃政权属于工人、农民、红军、兵士及一切劳苦民众的……所有工人、农

---

① 中华苏维埃共和国中央执行委员会布告（第一号）［N］. 红色中华，1931-12-11（2）.

民、红军兵士及一切劳苦民众都有权选派代表掌握政权。"① 随后，中央苏区各类报刊积极宣传"在苏维埃法律面前一律平等"的原则。《大纲》指出："苏维埃政权领域内的工人、农民、红军兵士及一切劳苦群众和他们的家属，不分男女、种族、宗教，在苏维埃法律面前一律平等，皆为苏维埃共和国的公民"②。《大纲》作为中国共产党制定的第一部宪法，对工农群众各项权利的确认，极大地鼓舞了广大群众的革命斗志。

2. 组织法、选举法的颁布

1931 年 11 月，中央执委会通过了《划分行政区域暂行条例》《苏维埃地方政府的暂行组织条例》。同年 12 月，苏维埃政府发布了《关于苏维埃建设重要的训令》。1933 年 12 月，通过了《中华苏维埃共和国地方苏维埃暂行组织法（草案）》。1934 年 2 月，中央执委会在总结革命政权建设经验的基础上，结合苏维埃政权现有的组织体系，在"二苏大会"后，颁布了《中华苏维埃共和国中央苏维埃组织法》等。关于选举立法，苏维埃共和国成立后，政府在《宪法大纲》的基础上，颁布了《中华苏维埃选举委员会工作细则》《中华苏维埃共和国选举委员会工作细则》。1933 年 8 月，中央执委会颁布了《苏维埃暂行选举法》，总共九章共五十九条，以法律的形式确立了选举的程序、组织、原则等内容，是广泛民主的集中体现。

3. 刑事实体及刑事程序立法

中华苏维埃政权确立以前，闽西苏维埃政府相继发布了《闽西惩治反革命条例》《反动政治犯自首条例》。中华苏维埃共和国成立后，中央执委会相继颁布了《处理反革命案件和建立司法机关的暂行程序》（第六号训令）、《关于肃反工作检阅决议》。1933 年 3 月，中央执委会颁布了《关于镇压内部反革命问题》（第二十一号训令）等。1934 年 4 月，中央执委会正式颁布了《中华苏维埃共和国惩治反革命条例》，这一条例成为各个根

---

① 中共中央文件选集（下册）[M]. 北京：中共中央党校出版社，1983：464.
② 韩延龙，常兆儒. 中国新民主主义革命时期根据地法制文献选编（第 1 卷）[M]. 北京：中国社会科学出版社，1981：13-16.

据地打击和处理反革命案件的法律依据，对打击反革命、稳定根据地社会安定起到了重要作用。关于刑事程序立法，这一时期主要通过了三部法令：《中华苏维埃共和国中央执行委员会训令（第六号）》（1931年12月）、《裁判部暂行组织及裁判条例》（1932年1月）、《中华苏维埃共和国司法程序》（1934年4月8日），这些训令、条例、程序构成中央苏维埃的刑事程序法，4月17日，《红色中华》全文刊载了《中华苏维埃共和国司法程序》。

4. 民事立法

（1）关于土地立法。1931年11月，"一苏大会"以先前《土地法草案》为蓝本，颁布了《中华苏维埃共和国土地法》，全文共十四条，是中华苏维埃政权颁布的首部土地法，主要内容包括："废除封建地主阶级土地所有制；规定无代价地没收地主、军阀、官僚的土地，按照人口与劳力混合或适合于当地贫雇农利益办法，将土地分配给农民；中农按照自愿的原则参加分配；宣布废除一切租佃契约和高利贷债务等。"①《中华苏维埃共和国土地法》被认为是中国共产党在土地革命时期"施行时间最长、贯彻地区最广、影响最大的土地法"②。随后各个根据地先后颁布了土地的法规，如江西苏维埃《对于没收和分配土地的条例》（1931年）、赣东北《苏维埃土地分配法》（1932年）、福建苏维埃《检查土地条例》（1932年）、川陕苏维埃《关于土地改革的报告》（1933年）、《没收和分配土地暂行条例》（1934年）等，这些法规的颁布使农民摆脱了封建土地所有制的束缚，使农民成为土地的主人，极大地调动了农民革命生产的积极性。

（2）关于婚姻法。苏维埃政权确立后，对根据地封建婚姻制度进行改革，颁布了《中华苏维埃共和国婚姻条例》，1934年4月，在原有条例的基础上作了相应的修改，颁布了《中华苏维埃共和国婚姻法》，该法共六

---

① 李伟民. 法学辞源［M］. 哈尔滨：黑龙江人民出版社，2002：421.

② 张西坡，韩延龙. 中国革命法制史［M］. 北京：中国社会科学出版社，2007：544.

章二十一条，包括男女婚姻自由的原则，废除一切包办强迫婚姻，并禁止买卖婚姻等内容，还对离婚后子女和财产处理作了规定。婚姻法废除了封建婚姻制度，建构了新民主主义革命时期新型婚姻制度，开创了婚姻制度改革的新纪元，深受各个根据地适龄男女的拥护，为中国共产党日后婚姻立法提供了借鉴。

（3）关于劳动立法。这一时期代表性的法规主要有《关于实施劳动法的决议案》（1931年）、《中华苏维埃各级劳动部门暂行组织纲要》（1932年）、《中华苏维埃临时中央政府劳动部训令（第一号）》（1932年）、《中华苏维埃共和国劳动法》（1933年）。立法对劳动法的适用范围、雇用劳动者的手续、集体合同与劳动合同、工作时间、休息时间、劳动保护、社会保险等方面作了规定，劳动法保障了工人阶级的利益，对于调动工人阶级的革命积极性有促进作用，但劳动法颁布后，第五次反"围剿"战争开始，法律实际执行面相对有限。

5. 经济立法

（1）关于农业立法。为了发展农业生产，苏维埃政府组织劳动互助队、耕田队，组织劳动力参加生产，颁布了一些指示、训令，以辅助农业生产，主要有《劳动互助社组织纲要》《开荒规则和动员办法》《犁牛合作社组织大纲》等。

（2）关于工业立法。苏维埃第一次代表大会通过了《中华苏维埃共和国关于经济政策的决议案》，将掌握在帝国主义手中的经济命脉收归国有；对中国资本家、企业现存产业不实行国有，但要由工人监督生产；再就是要保障红军的供给。1934年4月，《苏维埃国有工厂管理条例》发布施行，11条规定确立了工厂的管理明细，如"在厂长之下，设工厂管理委员会，由厂长、党支部代表、团支部代表、工厂其他负责人、工人代表等5至7人组成，厂长为当然主席。工厂管理委员会内组织'三人团'由厂长、党支部代表及工会代表组织之，以协同处理厂内的日常问题"①。

（3）关于商业立法。中华苏维埃政府在商业上明确规定，严禁商人投机和提高价格；严禁与非苏维埃区域贸易，杜绝对外贸易垄断，同时进行贸易监督，以保障苏维埃地区必需品的供给。这一时期商业立法主要体现在合作社企业的立法，如《合作社暂行组织条例》（1932年）、《发展合作社大纲》（1933年）、《合作社工作纲要》（1933年）、《粮食合作社简章》（1933年）等，这些条例、纲要规定了合作社的作用和性质、经营方法等。为了保护小商人贸易，保护商店，鼓励根据地商人和白区商人的商贸活动，苏维埃财政部鼓励合作社与当地商人进行必需品的商贸活动，以维持苏区的经济稳定。此外，苏维埃政府为鼓励私人资本投资和矿产开发，还颁布了《工商业投资暂行条例》和《矿产开采权出租办法》。

6. 金融、财政和税收立法

（1）关于金融立法。苏维埃第一次全国代表大会在《中华苏维埃共和国关于经济政策的决议案》的基础上，成立了国家银行，并建立地方银行和信用合作社，以统一币制，进行现金出口登记，并通过了《中华苏维埃共和国国家银行暂行章程》《中华苏维埃共和国国家银行往来存款暂行规则》《中华苏维埃临时中央政府关于合作社暂行组织条例的决议》《发展合作社大纲》《中华苏维埃共和国国家银行定期抵押放款暂行规则》《发展合作社大纲》《中华苏维埃共和国国家银行往来透支暂行规则》等法规。

（2）关于财政和税收立法。苏维埃政府先后出台了《中华苏维埃共和国暂行财政条例》《财政部暂行组织纲要》，统一财政训令，以此明确各级财政部的机构设置、人员配备及职能。随后，《国库暂行条例》《统一会计制度》《会计规则》《财政机关交代规则》相继公布，对审计、预决算作了严格要求。在税收上，苏维埃政府的税收种类主要分为四种：商业税、农业税、工业税、关税。在立法上，商业、农业税配套了相应的税则，如

---

① 中华全国总工会政策研究室. 中国企业领导制度历史文献［M］. 北京：经济管理出版社，1986：40.

《中华苏维埃共和国暂行税则》（1931 年）、《土地税收细则》（1932 年）、《关税征收细则》（1932 年）、《农业税暂行税则》（1933 年）等，为促进苏区经济的发展，工业品出厂免税，关税由免征或征收至 100%，主要由苏区供需决定。

7. 教育、拥军优属立法

（1）教育立法。1931 年 11 月，中央苏维埃政府成立后，设立了教育人民委员部，作为专司教育管理的领导机构。1934 年 4 月，教育的各种章程、法规、办法等，相继制定出 24 个教育规章，以及《兴国乡村的教育》经验材料汇编成册，并定名为《苏维埃教育法规》。这一时期颁布的一系列法律法规的主要内容有：学校教育法规、教师队伍法规、教育行政法规、学生组织法规、社会教育法规、学前教育法规，如《中央教育人民委员部第 1 号训令》《江西省第一次教育会议的决议案》《教育行政纲要》《高级师范学校简章》等。

（2）关于拥军优属立法。中央苏区政府对拥军优属立法极为重视，1931 年 11 月，中央苏维埃第一次全国代表大会通过了《中国工农红军优待条例》。1932 年 2 月，中央政府《执行红军优待条例的各种方法》（第九号训令）。同年 9 月，中央政府人民委员会通过的《对于赤卫军及政府工作人员勇敢参战而受伤残废及死亡的抚恤问题的决议案》。1933 年 10 月，中央内务人民委员会通过了《关于城市红军家属优待办法》。1934 年 1 月，中共中央通过了《关于优待红军家属的决定》《优待红军家属礼拜六条例》。

8. 通过反对贪污浪费的法令

1934 年 1 月，毛泽东在中共中华苏维埃第二次代表大会上指出："应该使一切政府工作人员明白，贪污和浪费是极大的犯罪。反对贪污和浪费的斗争，过去有了些成绩，以后还应用力。"① 项英也发表了《反对浪费，

---

① 毛泽东选集（第一卷）［M］．北京：人民出版社，1991：134.

严惩贪污》的文章，中央工农检察委员会也发出了《怎样检举贪污浪费》《训令第二号》等文件，坚决惩处机关以及地方武装中的异己分子，坚决打击贪污腐化，抵制贪污浪费。在中央执行委员会《关于惩治贪污浪费行为》的训令中明确了针对贪污的处罚条例，对机关、国企以及团体，"凡利用自己地位"贪污公款，作了明细的惩处规定。死刑量刑在"五百元以上者"，"三百元以上至五百元"量刑为"二年以上五年以下"，"一百元以上三百元以下者"量刑在"半年以上二年以下"，"低于一百元"则判处"半年以下的强迫劳动"①。对于涉案者及时惩处并公诸报端，以警示干部和群众。在这一时期，"左祥云贪污案""于都事件""瑞金唐仁达案"三起案件都在《红色中华》进行了全程报道，这也体现了中华苏维埃政府法律的公正公平。

（三）陕甘宁边区法制建设

"七七事变"后，国共实现了第二次合作，中华苏维埃共和国西北办事处改组为陕甘宁边区政府，先后开辟了十八个敌后抗日根据地，建立起乡、县、边区各级抗日民主政权。② 陕甘宁边区的法制建设继承了苏维埃时期的法律体系，"建立了一套全方位从立法到司法、从实体法到程序法，从审判机关设置到审判人员任用的人民司法制度"③。1938 年 3 月，陕甘宁边区政府成立了法令研究委员会。同年 8 月、10 月，又先后成立了地方法规委员会和法制委员会。1939 年 1 月，陕甘宁边区政府成立法令审查委员会。这一时期，陕甘宁边区政府颁布了具有法律效应的纲领、决议、决定、法令，在处理各式案件中作相应的案件裁决参考。

1. 通过宪法性的文件

主要有：《陕甘宁特区政府施政纲领》《陕甘宁边区抗战时期施政纲

---

① 中华苏维埃共和国法律文件选编［M］. 南昌：江西人民出版社，1984：224.

② 冀明武，罗宏阳. 中国法制史［M］. 长春：吉林大学出版社，2014：283-284.

③ 梁星亮，杨洪，姚文琦. 陕甘宁边区史纲［M］. 西安：陕西人民出版社，2012：153.

领》《陕甘宁边区施政纲领》，这些纲领内容大体相同，在规定上有细小差异。除此之外，还有各个根据地也颁布了施政纲领，如《晋察冀边区目前施政纲领》《巩固与建设晋西北的施政纲领》《晋冀鲁豫边区政府施政纲领》等。其中，《陕甘宁边区施政纲领》又名"五一施政纲领"，是陕甘宁民主政权的根本大法，共二十一条，集中体现了中国共产党在抗日战争时期的宪政主张，全面体现了中国共产党的基本路线和基本方针，是边区民主政治建设最重要的准则。例如，在政权建设上，提出了"三三制"原则，并将"俸以养廉"原则写入《陕甘宁边区施政纲领》。除此之外，重视法制建设、保障人权都是陕甘宁边区政权建设的重要内容。1946 年 4 月，第三届参议会第一次大会通过《陕甘宁边区宪法原则》，主要包括政权组织、人民权利、司法、经济、文化五个部分。随着解放战争的深入，各根据地制定相应的政纲，1948 年 8 月，《华北人民政府施政纲领》颁布，纲领主要由两部分组成。一是确定了解放区人民政府的基本任务，如建设为战争和生产服务的民主政治，培养干部，吸收有用人才等；二是规定了实现上述基本任务的具体方针。

2. 土地法、经济立法

（1）关于土地法。陕甘宁边区政府推出了一系列土地法规，如《陕甘宁边区土地条例》（1939 年）、《晋察冀边区租佃债息条例》（1943 年）、《陕甘宁边区地区条例》（1944 年）等。这一时期，在土地政策上，停止没收地主土地，实行"地主减租减息、农民交租交息"的方针。1946 年 5 月，陕甘宁边区颁布了《关于反奸清算与土地问题的指示》（"五四指示"），将减租减息的土地政策调整为没收地主土地分与农民，在根据地进行土地改革。1947 年 10 月 10 日，经中央批准，《中国土地法大纲》正式颁布，各解放区统一施行。

（2）关于经济立法。这一时期陕甘宁边区先后颁布了《商业税暂行条例》（1941 年）、《营业税修正暂行条例》（1941 年）、《奖励实业投资暂行条例》（1944 年）、《陕甘宁边区关于保护工商业的布告》（1948 年）、《关于新解放城市职工工资薪水问题的指示》（1949 年）、《关于私营企业中劳资纠纷问题的指示》（1949 年）、《劳资关系暂行处理办法》（1949 年）等。① 这些法规主要涵盖农业、工商业、劳资关系等，目的在于发展合作经济，保护私营经济，抑制市场投机行为，这些法规对中华人民共和国民商法、经济立法提供了有益的借鉴。

3. 刑事立法、婚姻法

（1）关于刑事立法。这一时期陕甘宁边区通过刑事立法惩治汉奸成为最主要的内容，解放战争后期的刑事法规更多在于对反革命的惩处，罪责自负、反对株连，采取惩罚与改造相结合的方针等，具有代表性的法规有《陕甘宁边区抗战时期惩治汉奸条例（草案）》（1939 年）、《惩治盗毁空室清野财物办法》（1941 年）、《惩治贪污暂行办法》（1942 年）、《陕甘宁边区刑法总分则草案》（1942 年）、《山东省惩治战争犯罪及汉奸暂行条例》（1945 年）、《危害解放区紧急治罪暂行条例》（1946 年）、《破坏解放区革命秩序治罪办法》（1947 年）、《惩治战争罪犯命令》（1948 年）、《中国人民解放军布告》（1949 年）等。

（2）关于婚姻法。主要有《陕甘宁边区婚姻条例》（1939 年）、《晋西北边区婚姻条例》（1941 年）、《陕甘宁边区继承条例》（1942 年）、《晋察冀边区婚姻条例》（1943 年）等。这些条例明确了"男女平等"的原则，规定了结婚、离婚的条件，并对继承权做了明确的规定。解放战争时期，先后又颁布了《陕甘宁边区婚姻条例》（1946 年）、《修正山东省婚姻暂行条例》（1949 年）等②，进一步细化了离婚的细则，尤其是对于干部离婚进行从严限制，对少数民族的婚姻习惯予以尊重等，这些婚姻条例为中华人民共和国婚姻法的颁布奠定了基础。

---

① 李希昆，张树兴．中国法制史［M］．重庆：重庆大学出版社，2002：209.
② 李希昆，张树兴．中国法制史［M］．重庆：重庆大学出版社，2002：214-215.

二、新民主主义革命时期法制宣传教育的主要路径

苏维埃政权成立后，中国共产党在废除了国民党时期的法律法规，学习和借鉴苏联经验的基础上，颁布了一系列的法律法规，并通过报刊专栏、专门的红色报刊，以及出版法律书籍、法律知识读物开展法制宣传教育，向党员干部和人民群众普及了法律知识，歌颂真善美、抨击伪丑恶，为根据地创造了一个安定团结的社会氛围。

（一）开设法制专栏、创办法制报刊

新民主主义革命时期，为了使更多的党员干部、人民群众尽快地了解和知晓根据地的法律法规，报刊成为宣传普及法律知识，进行法制宣传教育的重要媒介。1927 年，南昌武装起义后，中国共产党开辟了井冈山革命根据地，创办了工农政权的第一份报纸——《红军日报》。《红军日报》从创刊到停刊共出版了六期，时间虽短但具有较大的影响力，刊载过中国共产党十大纲领、土地革命纲领及红三军团相关的启事、布告及外埠新闻等。与此同时，《红军日报》陆续刊载了《湖南省工农兵苏维埃政府暂行土地法》《湖南省工农兵苏维埃政府暂行劳动法》等法规，有力地宣传了无产阶级法制。

1931 年 12 月，《红色中华》创刊，由王观澜担任第一任主编。1934年 1 月，瞿秋白担任《红色中华》主编并兼任国立苏维埃大学校长和《红色中华》的社长。《红色中华》以教育、组织群众参加根据地工农民主政权建设和革命战争为主要宗旨①，该报版面设置包括社论、文件等版块，涵盖"要闻""苏维埃建设""红色区域建设""党的生活"等栏目，其中"工农民主法庭""红角""铁锤""警钟"等栏目，是法制宣传教育的重要版面。《红色中华》作为根据地创办的党报，苏维埃政府利用其发行量大、传播快的特点，一些司法文件在上面都有报道，如《中华苏维埃共和

---

① 蒋成德. 中国近现代作家的编辑历程［M］. 北京：中国书籍出版社，2019：261.

国宪法大纲》《处理反革命案件和建立司法机关的暂行程序》《纠正放松肃反的错误》《关于镇压内部反革命》《中华苏维埃惩治反革命条例》《中华苏维埃共和国最高特别法庭判决书 特字第一号》等都曾刊登于《红色中华》。再者,《红色中华》还会对一些法规、条例进行相应的解释,利用报纸营造有法可依、有法必依的社会氛围。1932 年 4 月,《红色中华》刊登了《谭震林同志写给人民委员会的信》、中央执行委员会《关于军事裁判所暂行组织条例的解答》,以及《关于婚姻条例实施的几个问题的解答》,这对于人们加深对法条的认知起到了积极作用。除此之外,《红色中华》还开设一些专栏,如"苏维埃法庭"专栏会刊登一些专门的案件或致信批示。例如,1932 年前后,专栏刊登了《可耻的一生——瑞金裁判部依法办案》《杀媳烹羹的杨嘉才枪决了》两个影响特别恶劣的案件及其判决结果,此外还刊登了时任最高法庭主席何叔衡给地方裁判案件的批示信。"铁锤"专栏主要以贪腐为主,1933 年 5 月刊载了《贪污腐化分子滚出去》的文章,揭发了国家银行出纳袁雨山、刘道彬等人,贪污腐化的问题,专栏报道了该事件的全过程及惩治结果。"突击队"专栏曾报道过地方裁判部部长李衣禄侵吞救济款、生活作风不检点的问题,通过揭发党员干部的腐败现象和歪风邪气,教育了广大党员干部和人民群众。除此之外,当时较为知名的报纸还有《斗争》《红星报》《工农报》《革命与战争》《铁拳》等。《红星》和《青年实话》设有"铁棍""警钟""红板""黑板"等专栏,一方面表彰好人好事,彰显社会道德情操;另一方面批评坏现象,对广大民众尤其是党员干部起到警醒作用。

除一些报纸设置专栏外,为了配合根据地法制宣传教育,1930 年,福建闽西苏维埃政府创办了法庭机关报——《法庭》,该刊着重刊登法律、训令、判决动向等。类似湘赣根据地专门创办宣传法制的刊物——《革命法庭》。1932 年,中央司法委员部创办了《苏维埃司法》,面向苏区各省、县裁判部发布,刊登重要的法规、命令、条例,通报司法部门工作动态,除此之外为加强与读者的互动,还设立自我批评、问题征答等专栏,为读者答疑解惑。这一时期，江西省政府还创办了《司法汇刊》（最终更名为《江西省苏裁判部半月刊》），主要刊登江西省裁判部的训令、批示、判决书、工作安排等内容。为了配合民主政治建设，介绍选举工作的进程，苏维埃政府还创办了《选举运动周报》《选举运动画报》等。此外，有关部门还曾出版过宣传红军家属优待条例、土地法、劳动法等专门法规的画报刊物，也发挥了很好的宣传教育作用。

抗日民主政权时期，1939 年和 1940 年，陕甘宁边区开展了两年民主选举活动，以推进边区民主政治建设，进而推行全国宪政运动。在此期间，陕甘宁边区运用报刊社论、通讯，还有读者来信等，集中对陕甘宁边区民主选举进行报道。其中，《晋察冀日报》发挥了突出的作用，如刊登了《县区组织条例》《参议会组织条例》《选举条例》等法规性文件，向党员干部和人民群众宣传了中共建立敌后根据地人民民主政权的方针政策。为了辅助选举，《晋察冀日报》还登载了《关于建立地方参议会的意见》《加紧宣传与推动农村普选活动》《切实完成村级普选活动》等社论，为根据地顺利推进民主选举做了广泛和有效的舆论宣传。抗战胜利后，土地改革成为这一时期宣传的重中之重，解放区各报刊刊登了《关于公布中国土地法大纲的决议》《中国土地法大纲》等重要文件。广泛宣传党的土地政策，并揭发旧式封建土地所有制、地主对农民的剥削，以及一些地主的抗拒和破坏土改的行径。为了宣传党的土地政策，晋冀鲁豫《人民日报》开辟了《农民的呼声》专栏，反映农民对土改的感想与意见；《晋绥日报》报道了土改的地主的违法行为，就汾阳县地主杀害农民郭四颗，抵制土改行为做了典型报道，并发动群众揭发破案，缓和农民和地主矛盾的过激行为。通过报刊和相关法制专栏的宣传，使根据地法律法规深入人心。

（二）出版法律书籍、刊物

1932 年 4 月，苏维埃政府成立了中央出版局总发行部。随后，各个机构相继设置了发行部、发行科室、发行所、新闻、编审、印刷机构，中共中央、中央政府部门、红军、中央群众团体、地方党政群团等报刊相继创办，根据地这一时期出版各类书籍多达几百种，出版的读物面向广大党员干部和人民群众，也出版了一些法律法规读本，这一时期颁布的宪法、组织法、经济法、刑事法、行政法等方面的律令50余种，向党员干部和人民群众普及了法律知识。这一时期印发普及较多的单行本和汇编主要有《劳动法、土地法》（1930年）、《中国工农红军优待条例》（1931年）、《中华苏维埃共和国选举细则》（1931年）、《中华苏维埃共和国的经济政策》（1931年）、《中华苏维埃共和国婚姻条例》（1931年）、《地方苏维埃政府暂行组织条例》（1931年）等法律法规文本。与此同时，为了便于学习贯彻党和政府颁布的各项方针政策、法律法规，中央政府出版了有关法律法规汇编，影响较大的有《二苏大会文献》和《苏维埃法典》，各自收入了中华苏维埃共和国土地法、婚姻法、惩治反革命条例等法律法规。1934年4月，中华苏维埃共和国中央教育委员会又出版了《苏维埃教育法规》，收录了中央政府颁布的24个教育规章。

1937年1月，中央政府转战延安，成立陕甘宁边区政府，这一时期先后出版了近四百多种书籍。具有代表性的有《陕甘宁边区施政纲领》《选举文件》《陕甘宁边区乡选总结》《民政汇编》（一卷至五卷）、《陕甘宁边区重要法令汇编》《陕甘宁边区各种税收条例》等。除此之外，为了使青少年掌握法律常识，苏区出版了《苏维埃公民》《红军识字课本》《儿童唱歌集》《工人千字课》《共产儿童读本》等读本。

（三）动员群众参与审判，开展"同志审判会"

通过人民调解开展法制宣传教育。为了更好地起到法制宣传教育的作用，根据地及各解放区在宪法相关法规的基本准则下，坚持人民自行调解为主、审判为辅的原则，尤其是在民事纠纷上，主张让群众自己解决自己的问题，让群众在调解过程中加深对相关法律条文的了解，政府裁判部门从旁进行监督、公证，通过这种方式，使广大群众加深对法律的认知和了解，充分体会到了法律的公平公正，极大地调动了群众利用法律解决纠纷的积极性，为营造根据地社会和谐起到了重要作用。

通过巡回审判开展法制宣传教育。1932 年 6 月，中央执行委员会颁布了《裁判部暂行组织及裁判条例》，要求"各级裁判部可以组织巡回法院，到出事地点去审判比较有重要意义的案件以吸收广大群众来场旁听"①。条例施行后，各根据地先后将巡回审判作为处理各类案件的组织条例在司法机关中实施。具有代表性的是时任陕甘宁边区高等法院院长马锡五及"马锡五审判方式"，"马锡五审判方式"就是"巡回审理，就地办案"的集中体现。除此之外，根据地解放区还规定在审判前事先征求群众意见，对于有证据的正确意见，接受商讨后进行开庭审理；对于错误意见，审判机构负责向群众解释。通过让群众全程参与审判的方式，增加了司法的公正性和透明度，大大提升了人民群众对法律的认知。

实行人民陪审，开展"同志审判会"活动。《裁判部暂行组织及裁判条例》指出："法庭须由工人组织而成，裁判部长或裁判员为主审，其余二人为陪审员。……陪审员在陪审期间，得暂时解除他的本身工作，并须保留他原有的中等工资，陪审完了之后，依旧回去做他的原有工作。"② 在合议庭讨论及在审判过程中，如陪审员中出现不同意见，可以记录并用信封呈递给上级裁判部，在审理案件时进行参考，这种方式扩大了审判程序的监督范围，从而提高了断案效率。为了发扬司法民主，中央苏区开创"同志审判会"的审判形式，这一形式来自苏俄，"是一种工人群众自我管理和自我约束的组织"③。主要是召集机关、工厂等涉事案件的工作人员，组织成立"同志审判会"，对违法分子进行审判，利用这种形势查处苏维埃机关中的贪污腐化分子，具有代表性的案件是"袁雨山、刘道彬贪污案件"。这种形式实质上是群众大会，由群众推举同志会成员为审判委员，

---

① 彭勃. 中华监察执纪执法大典（第 3 卷）［M］. 北京：中国方正出版社，2002：47.

② 彭勃. 中华监察执纪执法大典（第 3 卷）［M］. 北京：中国方正出版社，2002：47.

③ 栗劲，李放. 中华实用法学大辞典［M］. 长春：吉林大学出版社，1988：636.

最后的结果依旧需要苏维埃法庭进行裁定。与此同时，中央苏区重视妇女社会地位的提升，在裁判审理过程中，吸收妇女参与审判工作。1933 年 10 月，《红色中华》中登载了《劳动妇女开始做裁判工作》，文章指出："吸收劳动妇女的裁判工作，是建立边区新区工作和扩大航红军的好方法之一。所以，以后裁判都要注意吸收积极的劳动妇女，给劳动妇女很好的培养和提拔，来充实裁判机关的组织。"[1] 此外，苏维埃司法机关及各裁判部还开展各种司法培训班和训练班，提高司法人员素质。

（四）运用集会、演讲、标语、壁画、话剧等艺术形式

通过一些官方组织开展的群众集会、演讲等活动进行法制宣传教育。如召开批判恶霸地主等剥削阶级的批判批斗诉苦大会，并以典型的案例批判封建反动法理，以此宣传苏维埃、边区政府所颁布的法律条例。另一种方式是通过学术会议，进行法制宣传教育。1933 年 6 月，马克思主义研究会举行首次学术演讲，由唐开元主讲《中华苏维埃共和国劳动法》，后续该学会还举办过数次学习法律知识报告会。1933 年，中央苏区司法人民委员部要求，各级党组织做好司法的解释工作。

通过标语、口号、布告、壁画等宣传品，结合歌谣、戏剧等文艺活动，开展法制宣传教育工作。苏维埃政府指出："我们的宣传品必须简单、明了，为大众所了解；把握着群众脉息的跳动，鼓动和提高他们的革命情绪。"[2] 各根据地在这一时期，利用多种形式进行法制宣传教育，以一些口号、标语、漫画等形式，以通俗易懂、朗朗上口的语言，宣传法律知识。"打倒包办婚姻，禁止虐待童养媳""实行男女平等，实行婚姻自由""反对老公打老婆""穷人不打穷人""优待白军俘虏"等诸如此类口号标语，不胜枚举。再就是通过歌谣、话剧等文艺形式开展法制宣传教育。1931 年 11 月，苏维埃政权建立，颁布了各项法律法规后，文艺工作者创作了许多

---

① 中华全国妇女联合会妇女运动历史研究室．中国妇女运动历史资料（1927—1937）［M］．北京：中国妇女出版社，1991：308.

② 苏区文艺运动资料［M］．上海：上海文艺出版社，1985：247.

红色歌谣，如"打起锣鼓响咚咚，分田丈地要用功，昔日当牛今做主，支援前线记心中"①。1934 年 4 月，《中华苏维埃共和国婚姻法》颁布后，苏区的工农剧社推出了"有了婚姻法，婚姻得自由，妇女得解放，光棍有老婆"的宣传民歌；当《土地法》颁布后，"有了土地法，老依有田作"的民歌在群众中广为流传。1927 年冬至 1935 年年底，以江西革命根据地为中心，兴起了"红色戏剧"，文艺工作者结合当时的革命形势，编撰《二七惨案》《豪绅末路》《两个面孔》《年关斗争》等话剧。1931 年，苏维埃政府成立后，又相继翻译编写了《最后的晚餐》《黑人吁天录》《父与子》《阶级》等剧目。卢沟桥事变后，《保卫卢沟桥》《重逢》《汉奸的末路》《弟兄们拉起手来》等剧目相继出现。从 1937 年到 1949 年期间，延安戏曲剧目达 137 个，形式较为多样，这些话剧不仅丰富了根据地解放区人民的精神生活，同时也拓宽了法制宣传教育途径。

三、新民主主义革命时期法制宣传教育的主要经验

新民主主义革命时期的法制建设是在半殖民地半封建的时局下进行的，中国共产党处于局部执政的状态，在革命根据地进行探索，苏维埃政权时期，摸索出一条工农民主法制的道路，为陕甘宁边区和抗日民主政权提供了宝贵经验。新民主主义革命时期也是中国共产党法制建设的初创和形成阶段，是与中国革命实践结合的宝贵产物，为中华人民共和国成立后的政权建设和法制建设提供了借鉴依据。这一时期的法制宣传教育，以基本法为主要内容，各级机关、部门做了广泛的动员，传统的宣传媒介得到充分运用，也开创了法制宣传教育的先河。

（一）新民主主义革命时期法制宣传教育的主要经验

第一，为根据地政权建设提供了法律保障。苏维埃政权作为新民主主义革命时期的新型政权，从诞生之初，就把立法工作放在重要位置。"国

---

① 严帆. 峥嵘岁月［M］. 北京：作家出版社，2009：16.

家没有法制，就不能成为国家。"① 1931 年 11 月，《中华苏维埃共和国宪法大纲》颁布后，相继颁布了一百三十多部法律法规，涉及民事、刑事、土地、经济、金融、劳动等各个领域，创立了符合苏维埃共和国国情的司法、立法、组织原则，建构了符合法制规范的审判制度和审判程序，使得苏维埃政权及陕甘宁边区政府、各个根据地在各项社会治理工作中有法可依。与此同时，中国共产党在苏维埃政权和陕甘宁边区时期，司法机关克服了重重困难，积极地推动中央立法工作的开展，积极而富有成效地打击了一批破坏中国革命、破坏根据地建设的反革命分子，积极反对贪污浪费的行为，通过立法对反革命分子及贪污浪费的涉案人员进行处分，保护了根据地人民群众的生命财产安全，有效地实现了根据地的有序治理，树立了中国共产党人在群众中的威望。根据统计，从 1932 年 2 月至 1934 年 10 月，中华苏维埃临时最高法院审理复核的案件就达 3000 余件，涉及刑事、民事、军事，对维护根据地的安定团结做出了重要贡献。②

第二，为中华人民共和国提供了初步的依法执政的经验。苏维埃政权建立后，中国共产党先后制定了一系列法律、法令，建构了中央到地方的各级司法机构，如最高法院和各级地方审判机构，开启了人民司法的先河。根据毛泽东在法制建设上所体现的实事求是，体现人民权力及"法律面前人人平等"的思想。新民主主义革命时期，中国共产党在立法执法上始终坚持群众路线，力图使人民群众感受到中国共产党在国家治理及社会治理中的公平正义，本着服务群众的原则，就地办案、巡回审理，秉承"依靠群众、相信群众"的原则，实行人民群众自行调节，审判为辅，积极征求人民群众的意见，使人民群众参与案件审理的全过程，调动人民积极性的同时，使人民群众学习法律知识，尊重法律。这一时期，《红色中华》《红星》《斗争》及《青年实话》等党报发挥了重要的宣传作用，通

---

① 董必武在军事检察院检察长、军事法院院长会议上的讲话［N］. 人民日报，1978-10-19（1）.
② 谱写新时期人民司法事业的华彩乐章［N］. 人民法院报，2009-06-16.

过对一些大案要案及群众关注的民生案件进行报道，强化人民群众对法律红线的认知，教育人民群众的同时，也起到了预防犯罪的作用。董必武曾指出："在过去国内革命战争的各个时期……制定了许多代表人民意志和符合革命利益的政策法令……不可避免地带有地方性，但却有力地保障和促进了革命事业的发展。"① 再就是中华人民共和国成立以后司法制度及法律原则，基本上沿用和完善新民主主义革命时期的制度模式，如审判制度、审判方式，以及党报及新闻媒介在法制宣传教育中的运用，都体现了依法治理、依法执政的原则。

第三，培养了一批司法人才，丰富了中国共产党的宣传工作理论。法制宣传教育包括法制宣传教育原则、法制宣传教育规划、法制宣传教育机构、法制宣传教育内容、法制宣传教育对象、法制宣传教育工作者、法制宣传教育媒介、法制宣传教育方法、法制宣传教育效果。苏维埃政权时期，中央司法部门专门设立培训班，对选拔的青年司法工作人员进行集中学习，通过下级裁判部门人员到上级裁判部门进行见习的方式，提升司法工作人员的专业素养，通过这种方式提升了苏区司法工作人员的法律素养和裁判能力，也为中华人民共和国司法事业积蓄了一批司法干部人才。1933 年 12 月，《中华苏维埃共和国地方苏维埃暂行组织法（草案）》中，明确了"市苏维埃"的分类，"选举委员会委员九人至十三人"，"工农检查委员会""工农委员会""七人至九人"②，经过两次选举由十人以上提议、半数选民同意方可通过。1933 年秋，苏维埃政权达到繁盛时期，"辖福建、江西、闽赣、粤赣 4 省，共 60 余个县"③。中华苏维埃政府管辖下区一级的政权达到 600 多个，从事司法裁判的工作人员达 2000—2500 人，形成了一支相当规模的司法干部队伍。一些人在中华人民共和国成立后，在司法阵线上继续贡献力量。除此之外，陕甘宁边区相继成立了法学会、

---

① 董必武．董必武政治法律文集［M］．北京：法律出版社，1986：475.
② 中华苏维埃共和国法律文件选编［M］．南昌：江西人民出版社，1984：67.
③ 舒龙，凌步机．中华苏维埃共和国史［M］．南京：江苏人民出版社，1999：132.

创办了业余法律学校，其中在 1942—1946 年期间，延安大学专门设立司法学院，设系开班，培养了大批的司法干部，这些司法干部将自己所学的革命法律，广泛地运用在司法工作中。

第四，广泛运用舆论宣传工具，增强人民群众对法律的信服力。新民主主义革命时期，在中国共产党的领导下，根据地充分利用报纸刊物、电台、培训等形式开展法制宣传教育，不同于传统的形式，较为亮点的是，开始使用广播电台。1940 年 12 月 30 日，延安新华社开播，并向陕甘宁边区各个根据地广播了《陕甘宁边区施政纲领》。除新闻之外，还包括"评论、时事、文化、娱乐等丰富多彩的内容，宣传了党的政策"[1]。这一时期，延续了中华苏维埃政权时期的司法，对于一些案件都会张贴裁判书，并通过广播电台，向民众广播典型案件，已达到法制宣传教育的作用。与此同时，通过文艺作品生动刻画了反面案例，来实现对人民群众的法律教育。由于农民的文化水平有限，在法制宣传的过程中，中国共产党人运用话剧、街头剧、独幕剧等形式，使人民群众能够通过戏剧形式了解法律如何保护自身权益。例如，赵树理的《小二黑结婚》就主要刻画了封建包办婚姻对年轻人的荼毒，讲述了两个年轻人冲破封建传统最终结成夫妻的故事。再如《刘巧儿》也是以评剧的形式，抨击了封建包办婚姻制度。《我要做公民》则是传递男女平等的法律原则。通过内容新颖、主题鲜明的话剧形式，让人民群众在艺术作品及其通俗易懂的表现形式中，普及法律知识，增强了人民群众对法律的信服力。

第五，充分重视人民群众在法制宣传教育中的作用。中国共产党自建立中华苏维埃政权开始，在立法上始终坚持群众路线，人民调解制度就是在群众路线的基础上应运而生，法制宣传教育坚持以人民为中心走群众路线，就必须充分发动群众，通过法制宣传教育，落实中国共产党各项法律的宣传工作。在新民主主义革命时期，立法工作主要由中央执行委员会、

---

[1]　房成祥，黄兆安. 陕甘宁边区革命史［M］. 西安：陕西师范大学出版社，1991：310.

司法人民委员部等司法部门制定法律法规，始终遵循各级政府审判机关与群众相结合的原则，将审判机关的判决全过程置于人民群众的监督之下，将政府的法令落到实处。1933 年 5 月，中央司法人民委员部颁布了《对裁判机关工作的指示》，强调裁判机关要注意多数群众的意见，强调要重视审理案件过程中的群众反应以及所引发的社会效果，要求各级法庭开庭前张贴告示，引导人民群众积极参与审判。并在此基础上制定了人民陪审员制度，各级部门中以民主形式对提名陪审员进行选拔，贯彻"人民陪审员能把人民群众的生活经验和知识、道德观念带到法院里来运用"①。为了充分动员群众参与审判，司法机关还创立了"马锡五审判方式"，在一些根据地，在审理案件以前，甚至会提前与群众进行沟通和交流，充分征求群众意见，对反对意见中的合理性进行积极的修正，对于不正确的意见也会进行充分的解释，通过释法使群众学习到国家的法律法规。

（二）新民主主义革命时期法制宣传教育的启示

第一，法制宣传教育必须置于党的绝对领导之下。毛泽东曾指出："离开了群众的宣传、组织、武装和建设革命政权等目标，就失去了打仗的意义。"② 中国共产党的宣传工作必须在党的领导中展开，绝不能"司令部对外"，脱离人民群众。毛泽东还指出，为了克服"单纯军事观点"的倾向，必须纠正"在宣传工作上，忽视宣传队的重要性"③，"红军的宣传工作是红军第一个重大工作。若忽视了这个工作就是放弃了红军的主要任务"④。应该把宣传工作列入党和红军工作的重要议事日程。1932 年 11 月 28 日，张闻天在《论我们的宣传工作》一文中提道：要"争取广大对的工农群众领导"，要"把宣传鼓动工作的转变提到全党的面前"⑤，不仅强调了党的领导在宣传工作中处于主导地位，也体现了宣传工作的重要性。

---

① 董必武. 董必武政治法律文集［M］. 北京：法律出版社，1986：539-540.
② 毛泽东思想年编：1921—1975［M］. 北京：中央文献出版社，2011：36.
③ 毛泽东文集（第一卷）［M］. 北京：人民出版社，1993：79.
④ 毛泽东文集（第一卷）［M］. 北京：人民出版社，1993：96.
⑤ 张闻天选集［M］. 北京：人民出版社，1985：14-15.

总而言之，新民主主义革命时期的法制宣传教育，也充分体现了在党的领导下，中国共产党人强大的社会动员力，以及对于法制宣传工作的重视。

第二，法制宣传教育要坚持正确的舆论导向。法制宣传教育是推进根据地法制建设的一项重要工作。党的领导是中国共产党法制建设的政治保证，正确的舆论导向是法制宣传教育得以顺利进行的保障。土地革命时期，中国共产党的工农政权亟待通过革命解决困扰劳苦大众的历史性问题，解决封建主义与劳苦大众之间的矛盾。因而，需要充分调动根据地的人民群众，积极开展反帝反封建运动。抗日战争时期，中国共产党所在的陕甘宁边区政府亟待解决中华民族与日本侵略者之间的矛盾。因此，法制宣传教育的主旋律是动员一切赞成、积极抵抗日寇侵略的力量，向人民群众普及法律知识的同时，号召人民群众抗日救国。工人、农民、小资产阶级等群体，作为法制宣传教育的受众，始终在正确的舆论引导下，对敌寇进行积极的抗争。因此，法制宣传教育必须适应形势，在党的领导下坚持正确的舆论导向，认清要解决的时代问题，立足当下，确定相应的目的和目标。

第三，法制宣传教育内容的要具有针对性。苏维埃政权时期，法制宣传教育在内容上具有极强的针对性，主要体现在：一方面明确法制宣传教育的内容要解决时代历史性问题，如宣传土改政策，宣传"减租减息"政策；另一方面，法制宣传教育针对不同对象制定不同的宣传内容，如对开明绅士主要宣传减租减息，对妇女宣传男女平等、婚姻自由。除此之外，这一时期，一些报纸杂志通过专栏的形式，展现了苏维埃政府开展群众运动的伟大实践，通过宣传和表彰先进典型，抨击违法犯罪行为。中央苏区一些党报，通过开辟专栏的方式，宣传根据地发生的好人好事，反对贪污浪费，抨击恶势力，以警醒人民群众。除此之外，《红色中华》还设置了"铁棍""铁帚""警钟""突击队"等专栏，这些专栏对于法律知识的宣传起到了一定的作用。还有《红星》《斗争》《青年实话》分别开设了"铁锤""自我批评""黑板"等专栏，通过评论员文章的形式，对贪污浪费、违法犯罪行为进行严厉的批判，不论批评对象是谁，职位高低。这些报刊专栏的内容，对于新民主主义革命时期法制宣传教育都起到了一定的促进作用。

第二节　社会主义革命和建设时期的法制宣传教育

新民主主义革命时期，中国共产党处在一个残酷的战争环境中，以军事武装斗争为主，政权建设及法制建设都放在次要的位置。苏维埃政权确立后，立法和民主法制建设主要服务于政权建设。新民主主义革命时期的法制，随着革命形势的发展而进行了相应调整，尽管一些法律没有沿用下来，但是却承袭了这一时期法制宣传教育的经验。中华人民共和国成立初期，我国的立法工作依旧具有革命时期的特点，即法律作为国家治理和社会治理的重要手段，这一时期的法制宣传教育也主要以新宪法为主，结合中华人民共和国成立初期的各项运动展开，但从 1957 年下半年以后，由于受"左"的思想的影响，国家的立法工作陷入停顿，法制宣传教育也逐渐淡化。

一、法制宣传教育的初步发展阶段（1949—1956）

中华人民共和国成立后，面临着较为严峻的国内外形势和法制建设挑战，国际上以美国为首的西方资产阶级对我国新生的社会主义政权虎视眈眈，国内解放区依旧残留大量国民党余部与新生政权负隅顽抗，经济上，国民党及其垄断资产阶级极尽掠夺，使得整个社会经济千疮百孔。在这种情况下，建立完整的国家政权体系也成为法制建设的基本前提，用法律手段维护社会秩序、恢复经济制度、同各种破坏行径做斗争、进行土地改革，都成为中华人民共和国成立初期的重点，也是法制宣传教育的重要内容。

（一）中华人民共和国成立初期法制宣传教育的主要内容

宣传土地改革法。新民主主义革命时期，中国共产党就颁布了一系列的法律法规，如《井冈山土地法》《中华苏维埃共和国土地法》《中国土地法大纲》等，相应土地改革法律、法规有十几个。中华人民共和国成立前夕，解放军在解放区进行土地改革，基本废除了封建土地所有制。中华人民共和国成立后，《共同纲领》提出"要有步骤地将封建半封建的土地所有制改为农民土地所有制"①，发展农村生产，解放农村生产力，开辟中国工业化道路。1950年6月14日，刘少奇在政协会议上作了《关于土地改革问题的报告》，全文介绍土地改革的基本内容、土地没收和征收、保存富农经济、土地分配问题及其注意事项。6月28日，中央政府委员会第八次会议通过了《中华人民共和国土地改革法》，经毛泽东签字生效后，正式在新解放区进行土地改革。新的《土地改革法》明确要废除封建土地所有制，并将工业化道路与土地改革联系起来，增加了一些新规定，如对中农的土地采取完全不动，地主能分配到维系生活的土地，在劳动中进行改造。土地改革法明确界定了适用范围，新的法律不适用于城市郊区和少数民族地区。与此同时，《人民法庭组织通则》《城市郊区土地改革条例》《关于划分农村阶级成分》等法规作为土地改革法配套政策施行。《中华人民共和国土地改革法》颁布后，解放新区就开始着手宣传工作。土地法通过后，中央以及各民主党派积极地响应支持，各地根据实际情况开展对土地改革法的宣传教育。

各机关单位、社会团体、民主党派积极响应。在皖南、皖北地区，积极开展《土地改革法》的宣传，结合整风运动，在各地举办干部培训班学习土地改革法和刘少奇土地改革问题报告，动员一切知识分子了解土地改革法的各项政策，并积极宣传土地改革法。在湖南，专门组织了长沙所属岳阳、湘阴等八县在剿匪、减租运动中的积极分子，参加土地改革政策训

---

① 建国以来重要文献选编（第一册）[M]．北京：中央文献出版社，1992：287.

练班。1950 年 6 月 26 日，农工党号召拥护土地改革法，号召积极参加土地改革工作，在土地改革运动中党员要改造和提升自我。1950 年 7 月 3 日，《新华社新闻稿》报道了《湘鄂赣开展土地改革法的学习宣传运动》，动员党委、民主党派、人民团体、三省各地青年学生学习土地改革法、听报告、读文件以及联系实际情况，组织农村访问组、出版《土地改革法》单行本，江西省印刷了五十万份布告张贴于全省的各个乡镇。除此之外，三省还组织了农村工作队，负责宣传土地改革法和调查农村阶级关系。1951 年 11 月，政府机关、政协、民主党派、人民团体等，共计组织 1800 多人，到各地参加土地改革。为了配合土地改革法的宣传，华东干部进行训练，训练内容根据不同对象而有所区别，主要是学习土地改革和各项政策，以确保土地改革法的顺利实施。①

党报党刊积极推动土地改革法的宣传。1950 年 7 月 10 日，《人民日报》报道了浙江土地改革的情况，在消灭全省大部分地区的土匪恶霸势力后，农民的觉悟有了极大的提升，全省的农协、妇女会、民兵队等组织，在土地改革法颁布后，主动购买报纸学习，土地改革法在浙江省各阶层获得了一致的拥护。②《经济周报》成立了土地改革法学习的专号。1950 年 7 月 13 日，《人民日报》报道了重庆、昆明等地报纸相继登载了土地改革法。尤其是重庆《新华日报》号召全西南各机关、部队、工厂、学校及各个团体普遍学习土地改革法，做好土地改革的思想准备。③ 1950 年 7 月 5 日，《人民日报》报道了东北、华北及河南部分地区土改完成后的农村景象，工业品销售市场扩大、农民生活水平提升、经过土地改革的地方，农民的政治觉悟组织性和觉悟性显著提升，在老解放区农民迫切要求提升文

① 迎接土地改革运动 华东将训练十万干部 湘鄂赣等省广泛学习土地改革法 [N]. 人民日报，1950-08-06 (2).

② 浙江具备土改条件 各界拥护土地改革法 农民认为是天大喜事 [N]. 人民日报，1950-07-10 (2).

③ 西南区各地报纸欢迎土地改革法 号召今冬明春做好清匪、反霸和减租工作 组织农民力量培养干部准备将来实行土改 [N]. 人民日报，1950-07-13 (2).

化水平，各地初步拟订扫盲计划，在东北常年参加学习的农民达九十万人，民校二万多所，学习小组有四万多个。为了宣传党的政策和歌颂新生活，《白毛女》《李保翻身》《王贵与李香香》等话剧相继产生。① 苏联《真理报》转载了中国的土地改革法。1950 年 9 月 6 日，中南军政委员会调查研究处处长张根生在《人民日报》上发表了《从中南区农村情况看土地改革法》一文，文章全面系统分析了中南区根据湘、鄂、赣、粤、豫五个省份农村各阶级土地占有状况，以及对土地改革法中农村各阶级土地分配政策做了分析。②

宣传婚姻法。新民主主义革命时期的婚姻法以废除封建婚姻制度为主，苏维埃政权确立后，几经修改最后制定了《中华苏维埃共和国婚姻法》，陕甘宁边区在前者的基础上颁布了《婚姻条例》，废除封建买卖、包办婚姻，保障婚姻自由。1950 年 4 月 13 日，中央人民政府委员会第七次会议通过中华人民共和国成立后第一部婚姻法，结束了我国长达几千年的封建婚姻制度，对移风易俗的变革、妇女解放起到了重要的作用。新婚姻法规定了男女婚姻自由、一夫一妻制、夫妻权利平等、保护妇女合法权益、保护子女合法权益五方面具体内容，共二十七条，在条文上做了比较详细的规定，如结婚条件、抚养关系、财产继承等内容。婚姻法颁布后，为了推行婚姻法，中央做了专门指示，在全国范围内要求重视婚姻法的宣传教育，此后全国各地开展了对婚姻法的宣传。4 月 30 日，中央下发了《关于保证执行婚姻法给全党的通知》，要求各级党委"把保证婚姻法正确执行的宣传工作和组织工作，当作目前的和经常的重要工作任务之一"。随后，为了配合婚姻法的宣传教育，全国总工会、妇联等团体下发通知，要求各自组织积极参与配合婚姻法的宣传。时任司法部部长史良发表了关于婚姻法的谈话，指出婚姻法的基本精神是积极扶助妇女，保护儿童，摧

---

① 土地改革完成地区农村气象焕然一新 农民购买力提高工商业逐渐繁荣［N］. 人民日报，1950-07-05（1）.

② 从中南区农村情况看土地改革法［N］. 人民日报，1950-09-06（2）.

毁封建残余，号召司法干部尤其是县级司法干部要注重学习婚姻法，谨防在处理司法案件中的错误和偏差，而学习婚姻法，可以帮助广大女性摆脱封建婚姻的困扰，树立正确的婚姻观念，为实现国家的富强而奋斗。① 4月 20 日，《人民日报》报道了不少地方司法机关及区干部对一些婚姻案件拖延处理或不处理，强调某些地方干部应该转变轻视妇女和压制妇女的思想作风。如河北省遵化县，一年共收到一百七十六件婚姻案件，仅处理了三十九件；蓟县西大峪村一位妇女因妇联会两次拖延其离婚请求，导致自杀。有些地方甚至出现强行和解、草率判离现象，甚至酿成惨案，这也折射了部分司法部门工作的失职和偏差。②

为了更好地宣传婚姻法，1950 年 4 月，中华全国民主妇女联合会召开第十七次常委会，会上拟定了关于宣传《中华人民共和国婚姻法》的初步办法。妇联与总工会、团中央委员会等部门，号召各地各级团体学习宣传并协助各级政府实施婚姻法，并组织有关婚姻法的报告、广播，出版宣传婚姻法的阅读册，《新中国妇女》月刊专门开设宣传婚姻法特辑等。③ 5 月 1 日，《婚姻法》正式公布实施，各人民团体发布联合通知，号召各级政府贯彻执行。5 月 13 日，全国妇联副主席邓颖超做了婚姻法的报告，动员各妇女团体开展宣传工作。

上海市妇联通过定期召开会议、举办讲座或开设训练班等方式宣传婚姻法，不到一年时间，全市四万多名女性代表学习了婚姻法，十万多人听了相关报告。婚姻法通过自上而下的宣传教育，在一些大中城市产生了良好的效应。这一时期，司法部对北京在内的 21 个城市做了统计，1950 年 1 月至 4 月，受理婚姻案共计 9300 件，5 月至 8 月受理婚姻案 17763 件，

① 史良部长谈婚姻法 指出基本精神是在实际上积极扶助妇女，保护儿童，摧毁封建残余 [N]. 人民日报，1950-04-17 (3).
② 不少地方司法机关和区村干部 未能正确处理婚姻案 亟应广泛开展对婚姻法的宣传 [N]. 人民日报，1950-04-20 (1).
③ 全国妇联举行十七次常委会 决定大力宣传婚姻法 [N]. 人民日报，1950-04-22 (3).

1950 年 5 月到 8 月受理婚姻案件比前 4 个月增加 91%。在河北、平原等省所属 10 个县城，1950 年 5 月到 8 月受理婚姻案件比前 4 个月增加 101%。在这些案件中，女性提出离婚的占大多数。而在所受理的婚姻案件中，女性主动提出离婚者占大多数。① 但由于各地区《婚姻法》贯彻的成效不尽相同，婚姻法的施行也存在偏差。1951 年 9 月，中央发布了《中央人民政府关于检查婚姻法执行情况的指示》，要求检查各级机关对婚姻法的宣传执行情况，对一些影响恶劣的案件，依法追究领导职责。同年 10 月，由最高人民法院牵头，联合最高检察署等十九个单位，派驻华东、华北、中南、西北进行为期两个月的巡视检查。华东、中南、两北等地区，尤其是边远地区，婚姻法贯彻不到位，妇女被虐待、包办婚姻等现象依旧存在，甚至还有童养媳、纳妾等陋俗。仅 1952 年上半年，江苏苏北地区包办结婚的就有近二万对，远高于自由结婚的数量。7 月 25 日，内务部、司法部公布了《关于"继续贯彻婚姻法"的指示》（以下简称《指示》），要求各级认真讨论婚姻法的贯彻与执行情况，以推进婚姻法落到实处。1953 年 2 月 2 日，《人民日报》刊登了政务院《关于贯彻婚姻法的指示》，指示肯定了婚姻法施行所取得的成就，同时就各地发展不平衡仍存在的包办婚姻、男尊女卑、妇女受虐待、受压迫造成婚姻不自由的惨剧进行了批判，要求各地、各机构团体中开展贯彻婚姻法的宣传教育，树立对婚姻法的正确认识，在思想上划清封建主义婚姻制度与新民主主义婚姻制度的界限。② 《指示》中将"1953 年 3 月"作为宣传贯彻婚姻法的运动月。

1953 年 2 月 18 日，中央发布了关于贯彻《婚姻法运动月工作的补充指示》，明确应组织宣传员、人民团体做好婚姻法的解释工作，各地要动员墙报、黑板报、广播筒、文化站、文化馆、剧团、民间艺人、幻灯放映

---

① 王美玉. 中国民生建设研究（1949—1956）［M］. 北京：知识产权出版社，2016：195.

② 中央人民政府政务院关于贯彻婚姻法的指示［N］. 人民日报，1953-02-02（1）.

队、电影放映队、电影院、广播台、报纸等加以配合。① 《指示》出台后，在福建等地充分地运用通俗的书刊、图画进行宣传，以"婚姻法图解通俗本"为例，共计发行了 54 万多本，并将学习婚姻法作为干部在职学习的中心内容之一，这些对宣传和贯彻婚姻法起了很大的推动作用。② 1953 年 3 月，中国妇联秘书长章蕴作了《坚决贯彻中共中央关于贯彻婚姻法运动月工作的补充指示》，主要是强调婚姻法宣传落实落地的问题，要求各级干部要划清封建婚姻制度和新民主主义婚姻制度的界限，端正思想，认真学习和贯彻婚姻法，正确地处理和解决婚姻问题。③

华东政府、党委和妇联的干部利用各种会议宣传讲解婚姻法，并以典型的婚姻案件做反面教材，加深干部对婚姻法的了解。苏北如东县则是举办了乡级干部学习班，学习婚姻法。为了推动婚姻法的宣传，浙江省淳安县人民法院则是用典型案件宣传婚姻法，定期召开公审大会，向群众讲解旧式婚姻的毒害。上海市人民法院中区分庭用巡回审判婚姻案件的方法进行宣传，组织群众参加婚姻案件的审判，以婚姻审判实例，向人民群众宣传婚姻法。此外，华东人民出版社和华东民主妇联印制数种宣传婚姻法相关的连环画、单页画、通俗故事集和山歌集，陆续在《解放日报》《苏南日报》等报纸上登载。华东军政委员会教育部将婚姻法列为农村冬学中心教学课程之一。华北地区先后培训了 155.5 万名积极分子和干部，制作并分发了 109.9 万份宣传品，并在 300 多个村镇、街道进行调研，前后派出了 100 多万宣传员深入基层进行婚姻法的宣传。④ 除此之外，从 1953 年 3 月开始，一些脍炙人口的戏剧相继上演，如《小二黑结婚》《刘巧儿》，仅

---

① 中国共产党中央委员会关于贯彻婚姻法运动月工作的补充指示［N］．人民日报，1953-02-19（1）.

② 加强宣传婚姻法的通俗书刊、图画的发行工作［N］．人民日报，1953-02-23（2）.

③ 坚决贯彻中共中央关于贯彻婚姻法运动月工作的补充指示［N］．人民日报，1953-03-23（1）.

④ 王美玉．中国民生建设研究 1949—1956［M］．北京：知识产权出版社，2016：198.

在上海市 3 月各电影院上映的婚姻法电影场次就达一千多场，观众人数达 70 多万。这种宣传形式，也使得婚姻法更加深入人心。婚姻法的宣传与贯彻，改变了人们旧式的婚姻观念，推动人们建构结婚自由、夫妻平等、反对包办婚姻的新观念。1955 年，大多数城市和省份地区基本上达到了婚姻法的规定，到 1957 年全国大部分地区基本实现自主婚姻。根据最高人民法院的数据显示，浙江、山西、江西、湖北等地区 90%—100% 实现了自主婚姻。内务部对全国 265 万对所做的结婚调查，95% 达到婚姻法的规定。到 1957 年 4 月，全国妇联在全国对家庭关系进行调查，85%—95% 的家庭和睦。1953—1956 年，开展学习和贯彻婚姻法运动以来，婚姻纠纷案件逐年下降。①

婚姻法的实施，把广大女性同胞从旧的婚姻枷锁中解放出来，是一次重大的社会变革，以法律形式保障了人民群众追求美好生活的权利，确立了婚姻自由、男女平等的原则，也是妇女人权的集中体现。但是观念上的转变并不代表婚姻和家庭问题的终结，一些青年男女在择偶上的价值观，以及彩礼纠纷、家长包办早婚等现象时有发生，在贯彻婚姻法的同时，这些问题也亟待有解决之道。

20 世纪 50 年代，在党中央的领导下开展了一场轰轰烈烈的镇压反革命运动。镇压反革命运动有着深刻的现实原因，中华人民共和国成立后，国内依旧残存了一些特务、土匪、反动骨干分子势力，它们不甘心覆灭的下场，各种反动势力互相联合、策应，企图颠覆新生人民民主政权。为达到这一目的，反革命分子破坏交通、生产、妨碍经济恢复、扰乱社会秩序、制造白色恐怖。据统计，1950 年有将近四万干部群众被反革命分子杀害，仅广西就有 7200 多人。② 与反革命分子的斗争大抵分四个阶段：第一阶段从 1950 年 10 月到次年 2 月，主要研究敌情，检讨镇压反革命中存在

---

① 和睦家庭日益增多 婚姻纠纷案件显著下降 我国大部地区实现自主婚姻 [N]. 人民日报，1957-04-29（2）.

② 蒋建农. 世纪伟人毛泽东狂飙篇 [M]. 北京：红旗出版社，1996：1165.

的问题，并做出新的部署，镇压反革命运动已初具规模。第二阶段从 1951年 2 月至 5 月。这一时期，中央人民政府颁布了《中华人民共和国惩治反革命条例》，对中华人民共和国成立后的反革命分子，基于镇压和宽大的原则，根据罪行的轻重进行惩处，到 5 月底，国内残存反革命分子大部分被逮捕，反革命运动取得阶段性胜利。第三阶段从 1951 年 6 月到 10 月，主要组织力量进行清查，对少数反革命分子进行严加控制，收回地委捕人批准权，杀人批准权收归省级，以保证镇压反革命运动的稳定开展。10 月23 日，毛泽东在政协会议上做了《三大运动的伟大胜利》的开幕词，这标志着镇压反革命运动的完结。第四阶段从 1951 年 11 月到 1953 年秋，这一时期中央要求对全国大部分地区进行复查，同时要加强地方的安保制度，与暗藏、漏网的反革命分子做斗争。1952 年 10 月，全国公安第六次会议对镇压反革命运动做了重新部署，到 1953 年秋，全国镇压反革命运动宣告结束。1955 年 5 月，中央又发布第二次镇压反革命运动指令，主要宣传中央镇压反革命的政策，督促反革命分子主动投案。

为了在群众中开展关于镇压反革命的宣传教育，镇压反革命的主要内容包括：一是以对反革命分子的审判，来引导和教育；二是宣传反革命分子所犯下的罪行，使广大人民保持警惕；三是大力宣传《中华人民共和国惩治反革命条例》。关于镇压反革命活动的宣传教育。除通报镇压反革命的进程外，主要是围绕中央颁布的《关于纠正镇压反革命活动的右倾偏向的指示》和《中华人民共和国惩治反革命条例》进行宣传教育。1951 年 3月，《人民日报》总结了对镇压反革命的报纸宣传，据统计华东、中南、西南等省级报纸统计，一月发表涉及关于镇压反革命的稿件二百九十件，占全部稿件的百分之七十三以上。二月镇压反革命的新闻稿件高达百分之九十五以上。在内容形式上，都采用了相对通俗的文艺形式开展镇压反革命宣传，如《群众日报》发行"一贯道信不得"的连环画，《山西日报》制作了镇压反革命的快板、鼓词等，并发布了连环画，通过通俗易懂的素材及文艺形式普及镇压反革命的相关法规。为了更好地宣传镇压反革命的典型案例,《天津日报》报道了以金玉培、王际五等为首的"公教报国团""民众建国协进会"等反革命集团破获案,通过图片、新闻、评论等形式揭露特务匪徒的险恶用心。惩治反革命条例颁布后,大多数报纸转载了《人民日报》的相关社论,发表了少量文章,各地的报纸仍需要加大对镇压反革命的宣传教育,以教育人民对一切反革命破坏活动保持高度警惕。①

为了深入开展镇压反革命的宣传教育,各级领导高度重视并制订了宣传计划,公安部门、司法机关、工会、农协、妇联等组织联动,制订镇压反革命的宣传计划。例如,在中南、华东、西北等地区的公安、司法部门与宣传机关曾举行联席会议探讨宣传教育工作中的联动配合。在山西等地,当地公安机关为作家提供反革命分子犯罪素材以及在反革命斗争中模范事迹素材,帮助作家创造更多镇压反革命的作品。在山西以具体事实揭发反革命组织参与进行反革命活动的罪行。除此之外,各地镇压反革命活动宣传方式多样,如各地法院张贴反革命分子的布告、判决书,并运用新闻、报纸、广播、讲座、展览、控诉会、电影、戏剧,以及宣传手册、漫画等形式进行宣传,则收效更大。此外,在北京、山西、张家口还采用"现身说法"的方式,控诉"一贯道"的罪行。天津各公安分局、派出所分别在学校、工厂、街道召开座谈会,动员人民群众防备奸细、反对特务,积极督促群众关注布告、报纸,并及时解答群众的疑问。通过这些形式多样的宣传,全国掀起了镇压反革命的热潮。②

"三反""五反"运动中的法制宣传教育。1951 年底到 1952 年 6 月,在全国范围内开展了宏大的"三反""五反"运动,"三反"主要是在党政军机关反贪污、反浪费、反官僚主义;"五反"则是指反行贿、反偷税漏税、反盗骗国家财产、反偷工减料、反盗窃国家经济情报,主要针对私营工商业。"三反""五反"运动是中华人民共和国成立以来,与资产阶级的一次交锋,中央提出"打退资产阶级猖狂进攻"的口号,要求在运动中

---

① 报纸上的镇压反革命宣传 [N]. 人民日报, 1951-03-25 (6).
② 深入开展镇压反革命的宣传教育工作 [N]. 人民日报, 1953-04-04 (3).

清除干部队伍中的"三害",扫除私营工商业群体中的"五毒",使我国社会主义经济建设朝着有利于国计民生的方向发展。在"三反""五反"运动中,各种舆论宣传教育在全国展开。

首先,上级部门重视,进行周密部署。例如,天津宣传部发布计划后,各区委制订具体计划,组织各部门联席会,在短期内为建立、发展和巩固宣传网,各区联动培养宣传员。通过"三反""五反"运动,私营企业的整顿工作取得了显著成效。在天津,据统计,有两万多职工在"三反""五反"运动中参加了基层工会组织,认清了不法资本家的真面目,勇于揭发不法资本家的违法行为。除了批判贪污、官僚主义、偷税漏税等现象外,中央到地方各部门还对资产阶级思想作了批判。全国报纸刊物对党政军、私营工商业部门存在的不法行为,做了大量的报道。1952 年 5月,《人民日报》报道了东北公私营工厂在开展"三反""五反"运动后出现新气象,广大工人群众提高了阶级觉悟,清除了资产阶级的思想影响;领导阶级革除了官僚主义作风,提升了责任感。①

其次,深入宣传酝酿,营造自上而下、由内而外的宣传氛围。在沈阳,工会结合"五反"斗争有计划地整顿私营企业中的基层工会组织。截至 1952 年 4 月初,新建了八十七个基层工会,整顿了六十个基层工会。与此同时,在上海、大连、重庆、武汉、西安等地,在"五反"运动期间,扩大工会组织的同时,也进行了全面的系统整顿。② 1952 年 3 月,中央颁布了《中共中央关于在高等学校中进行"三反"运动的指示》,要求高校师生揭发贪污浪费的事实,批判和打击学校中存在的资产阶级思想。1952年 4 月,北京师范大学化学系师生写给毛泽东的信被刊登在《人民日报》,信中阐述在"三反"运动后,广大师生在思想改造方面的巨大收获。南开

---

① "三反""五反"运动取得光辉胜利 东北公私营工厂企业中普遍出现新气象 [N].
人民日报,1952-05-03 (2).
② 工会组织在"三反""五反"运动中更加壮大了 [N]. 人民日报,1952-05-13
(2).

大学在"三反"运动以后，教师成立了马克思列宁主义学习组，有系统地学习马克思列宁主义和毛泽东思想。① 在"三反""五反"运动中，为了配合"三反""五反"的宣传，电影工作者专门拍摄了关于这一运动的电影，影片从"北京公审大贪污犯大会"对贪污犯的处置方式展开，以确凿的证据记录不法分子违法犯罪、向工人阶级进攻的犯罪事实，鼓励人民群众参加"三反""五反"运动。② 东北人民剧院为了配合"三反""五反"运动的宣传，编写了《跟谁走》《识时务者》《是谁在进攻》等话剧，在沈阳上映仅五天，演出八十余场，观众就达十万余人次。此外，还派遣文艺干部到各区文化馆、业余剧团和夜校训练班辅助开展"三反""五反"文艺宣传活动，并奔赴吉林、哈尔滨、齐齐哈尔等地作巡回演出，起到了对群众宣传教育的目的。③

最后，总结经验，进行督促检查。1952 年 6 月，政务院对结束"五反"运动做了指示，对运动中一些案件的处理、定案、退赃、退财等问题作了指示，要求各大城市予以执行。1952 年 7 月，上海市政协主席扩大会议，率先宣布了"三反""五反"顺利结束，并展示了"三反""五反"运动的成效，截至 1952 年 6 月底，在开展完成"三反""五反"运动后，私营工厂的销量同比去年有了大幅增长。市场商品的交易量也在逐步增加，仅在华东区城乡物资交流大会上，上海各类私营企业的成交额高达一万七千亿元，为国家工商业的发展提供了有利的条件。④ 1952 年 9 月，《人民日报》报道了东北局扩大会议，会上高岗总结了东北区"三反""五反"运动，并提出了新的经济工作和党的建设任务要求，并以沈阳为例，介绍了沈阳的私营工商业人数，三年增加了两倍多，销售额两年增长

① "三反"运动的伟大成果 南开大学教师教学态度正在转变 [N]. 人民日报，1952-05-11（2）.
② 介绍"三反""五反"运动新闻电影特辑 [N]. 人民日报，1952-05-06（3）.
③ 紧密配合"三反""五反"斗争 东北人民艺术剧院宣传工作有成绩 [N]. 人民日报，1952-03-31（3）.
④ 上海市"三反""五反"运动胜利结束 [N]. 人民日报，1952-07-24（1）.

了近两倍。但一些资产阶级不法分子偷税漏税、盗窃国家财产、勾结国家机关内部的腐败分子,在国家所委托的加工和采购中偷工减料、掺假造假、非法牟利,损害了国家的经济利益。因此,对待资产阶级不法分子除展开"五反"运动的同时,还应该对党员干部进行"三反"教育,谨防资产阶级思想上的侵蚀和组织上的渗透。①

1950年2月,政务院公布了《严禁鸦片烟毒的通令》(以下简称《通令》),共八条,规定了全国各地不许贩运、制造及售卖烟土毒品,违者不论何人,除没收其烟土毒品外,还须追究其刑事责任。② 除此之外,《通令》对民间毒品及吸食者等作了有关规定,并号召各人民政府、军政委员会、中央直辖省,根据本地区实际情况,制定查禁办法,呈报政务院批准后开展禁毒宣传教育。③ 为了加强对禁毒运动的领导,根据《通令》的指示,各地民政、公安部门共同调派人员成立禁烟禁毒委员会,从《通令》施行之日起,凡制造、销售、贩卖者都将"从严治罪"。1951年2月,周恩来重申禁绝烟毒的命令,要求"对于现存毒品,一律无偿上交当地财委保管,不得隐瞒不交,违者受国家纪律处分"④。1952年4月,中央公布了《关于肃清毒品流行的指示》,要求在全国范围内发动一次彻底的禁毒运动,并对运动的政策、方针及打击目标做了规定。5月21日,政务院再发布《严禁鸦片烟毒的通令》,要求各级政府大张旗鼓地开展反毒运动,以粉碎反革命分子的阴谋。同年7月,中宣部和公安部公布了《关于禁毒的宣传指示》,号召在群众中进行广泛的宣传教育,动员群众检举毒贩,以达到根除烟毒的目的。随后,全国各地开始动员大批干部深入群众,以不同的形式宣传禁毒方针政策。

---

① 中共中央东北局举行扩大会议 高岗同志总结全区"三反""五反"运动 并提出加强经济工作和党的建设的任务 [N].人民日报,1952-06-27(1).
② 李伟民.法学辞海 [M].北京:蓝天出版社,1998:2006.
③ 保护人民健康恢复与发展生产 政务院通令严禁鸦片毒品 [N].人民日报,1950-02-25(1).
④ 公安部政治部.禁毒学总论 [M].北京:中国人民公安大学出版社,2015:98.

在南京，政府等部门召集群众会议有八千多次，听众达七十四万人，占到南京人口的百分之八十五；在贵州，一些职能部门以控诉会、公审会、毒贩家属会等形式开展的宣传活动共一万七千多次，五十余万群众接受了禁毒教育。在北京，全市开展各类大、小型群众会一万多次，五十二万群众参加了群众会。在察哈尔省，过去共有十万人染上了吸食鸦片的不良嗜好，禁烟毒运动开展后，各地政府致力于启发烟民觉悟，运用行政管理和教育的手段，对烟民进行改造，通过各级机关政府的努力，共有三万余烟民被顺利改造，并投身农业生产中。[①] 据统计，各省共组织不同形式的禁毒宣传会达七十六万次，有七千多万人民群众参与了禁毒教育。通过对群众进行禁毒教育，各地群众积极帮助政府开展禁毒运动，有的群众主动监视毒犯，积极主动辅助禁毒机关搜集毒犯吸毒贩毒罪证，有的群众当面控诉并直接揭发毒犯罪行。据统计，全国收到揭发毒犯的举报信达一百三十多万件，有二十二万毒犯被检举。[②]

这场群众性的禁毒运动一直持续到 1952 年底，从根本上清除了从旧中国到中华人民共和国成立初期的烟毒危害，振奋了民族精神，净化了社会风气。各地法制宣传部门将禁毒与爱国主义教育联系起来，宣传毒品的危害，使广大人民群众认识到毒品的肆虐对旧中国人民的荼毒，以及对家庭和个人的影响。通过禁毒教育，督促人们反思，只有不断增强全民反毒意识，对烟毒零容忍，才能实现国家和社会的长治久安。

1949 年 9 月，政协一届全会颁布了《中国人民政治协商会议共同纲领》（以下简称《共同纲领》），这部《共同纲领》具有临时性和过渡性，是中华人民共和国成立初期的临时宪法。1954 年年底，土地革命、抗美援朝、"三反""五反"、镇压反革命运动告一段落，民主革命的遗留任务基本完成。《共同纲领》已经不适应全国发展形势。因此，新宪法的制定被

---

① 察省禁吸烟毒获成绩 去冬改造三万烟民［N］. 人民日报，1950-03-11（3）.
② 凌青，邵秦. 从虎门销烟到当代中国禁毒［M］. 成都：四川人民出版社，1997：109.

提上日程，1953 年 1 月，第二十二次政府会议成立了以毛泽东为首的宪法起草委员会，次年 3 月，毛泽东向中央提交了宪法草案初稿，经过全国社会各界广泛讨论后，1954 年 9 月 20 日，《中华人民共和国宪法》通过，并在全国掀起了学习、宣传宪法的热潮。

宪法通过以前，《宪法》草案就在华北、东北、西北、华东等全国范围内掀起了讨论。从北京、天津、重庆、宁波等一些城市，山东、江西、内蒙古、黑龙江等省，到全国总工会、文艺界、妇联、工商联等社会团体，以及领导干部、军人、工人、妇女、青年等个人，都参与了《宪法》草案的讨论。为了方便少数民族参与宪法草案的讨论，《宪法》草案还被翻译成了藏、维、蒙和朝鲜等少数民族语言，在民族地区进行推广宣传。与此同时，一些出版社刊印了《宪法》草案的单行本，《学习》《中国青年》刊载了《宪法》草案，《人民日报》开设了"宪法草案"专栏，发表了一些评论员文章，并登载各地宪法草案的讨论情况以及读者来信。历时近三个月，许多地区参加宪法草案报告和讨论人数占到成年人口的百分之七十，有些城市地区达到百分之九十以上。在福建，四百多万人参与了宪法草案的讨论；在四川，有二千七百多万人听取并参与了宪法草案的讨论；在上海，一百五十多万人听取了宪法草案的讨论。据统计，全国人民针对《宪法》草案共提出了 118 条修改和补充意见，对于新宪法的表述、人大代表任期等问题提了具体的意见。①

新宪法通过后，《人民日报》刊登了全国总工会向全国职工群众宣传宪法的通知，要求工会在党委领导下，向广大职工进行宪法宣传教育，解释宪法条文。② 民主建国会、全国工商联相继发表了拥护和贯彻宪法的决议，倡议以实际行动贯彻和拥护新宪法。各级司法部门印刷了大量宣传、学习宪法的辅导教材，如宪法起草委员会编著了《宪法研究资料合订本》

---

① 宪法草案的全民讨论结束 ［N］. 人民日报，1954-09-11 (1).
② 号召学习宪法和全国人民代表大会的报告 中华全国总工会发出通知 ［N］. 人民日报，1954-10-09 (1).

和《学习宪法若干问题解答》，民族出版社还将新宪法翻译成了蒙文、维吾尔文、藏文出版发行，各地通过上大课、做报告等形式系统宣传宪法。新宪法颁布一个多月，宪法及其相关读本全国发行量达到一千二百五十万册。与此同时各地加强对干部、教师、工人等群体的宪法宣传，通过座谈会、报告、宣讲等形式宣传宪法知识。《人民日报》等党报专栏、电台广播、期刊、各基层宣传队也以标语、布告等多种形式宣传了宪法知识，使广大群众学习了宪法知识，宪法观念开始深入人心。

二、法制宣传教育的停滞和低谷阶段（1957—1978）

1957—1976 年，是中华人民共和国曲折发展的二十年，在"左"和右的错误路线的影响下，中国在社会主义道路上经历了比较曲折的探索。国际上面临美苏两强争霸的格局，中国没有被国际和国内激烈斗争所打垮。这二十年中华人民共和国的法制建设，受阶级斗争路线的影响，经历了党和国家从轻视法制到彻底抛弃法制，中华人民共和国在这一时期并没有建构社会主义新法制，而是使国家法律偏离了其应有的效能。

（一）法制宣传教育的停滞阶段（1957—1966）

立法工作开始停滞。社会主义制度确立后，全国相继掀起了反右派、"大跃进"和人民公社化运动，一定程度上阻碍了社会主义法制建设的进程。1957 年以后，受"左"倾思想的影响，党的政治生活开始停摆，原定经审议修改便公布施行的民法，由于"大跃进"和反右派运动，最终人大常委会中止了这项法律的审议工作。1958 年 8 月，毛泽东指出："我们每个决议都是法，开会也是法，治安条例也是养成了习惯才遵守……到底是法治还是人治，法律只能作为办事参考。"① 领导人对于法制的立场，也影响了这一时期的法制建设，刑法、民法、民事和刑事诉讼法的修订和起草工作开始全面停顿。随着反右派斗争扩大化，之前宪法等法律条例所规定

---

① 沈忆勇．法径寻理［M］．北京：新华出版社，2016：234.

的正确的原则和规定，全部束之高阁，甚至司法机关的监督职能被批判，司法独立被看作是凌驾于党的领导之上，这一时期立法数量急剧下降，从1958年立法数量的一百四十七件，降到1965年的十四件。在此期间，全国人大常委会通过并修改了《农业税条例》（1958年）、《户口登记条例》（1958年）、《工商统一税条例》（1958年）、《商标管理条例》（1963年）、《军官服役条例》（1963年修改）等七八个法令，较为重要的法律起草工作也处于停滞状态。直到1962年，毛泽东重新反思了对法制的态度："不仅刑法要，民法也需要，现在是无法无天，没有法制不行，刑法、民法一定要搞。不仅要制定法律，还要编案例。"① 并在《工作方法六十条》中，号召领导干部学法。1962年9月，根据毛泽东的指示，全国人大常委会成立民法研究小组，重启民法起草工作，在1964年提出了民法草案拟稿。与此同时，刑法草案也在这一时期进行修改。但随着"文化大革命"的爆发，一些法律草案还来不及修改审议，便被迫停滞了。

司法机关被撤销。1958年开始，全国省市县级公检法并为公安政法部。随后，政法机关又联合办公。1959年4月，第二届全国人大第一次会议召开，做出了撤销司法部和监察部的决定，最高人民法院负责司法部工作，随后全国各地相继撤销了司法、监察部门。同年6月，二届全国人大四次会议通过了《关于批准国务院调整直属机构方案》，决定撤销国务院法制局，由国务院秘书负责法制局业务，随后在全国施行撤销法制部门及筹建的法律室。1960年12月，国务院进一步撤销政法办公室。相应的全国人大常委会机关经过多次裁撤，到"文化大革命"时期，仅剩10多人的部门留守。1962年11月，最高人民法院组织召开了第六次全国司法工作会议，根据中央要求各项工作步入正轨指示，通过了《关于人民法院工作若干问题的规定》（简称"法院工作十条"），解决了过去法院执法的程序及执行政策的问题。

---

① 毛泽东年谱（一九四九——一九七六）第五卷［M］．北京：中央文献出版社，2013：94.

以言代法、有法不依的现象加重。"大跃进"运动期间，为了加快司法机关的办案速度，公检法中一个案件可由一长（检察长、法院院长、检察长）负责，称为"一长代三长"，由此发展出"一员顶三员"①。这种做法模糊了司法部门的办案界限，忽视了司法机关各部门的监督职能，一些地方部门做了合并，如将"法制室"或"检察科"纳入公安机关，各部门之间联系更为密切。"大跃进"运动期间，最高法院、司法部积极投入运动，总结经验的同时，对内部存在的错误进行批判，并展开"反右倾机会主义"斗争。1959 年 5 月，政法战线推出了"服从党委领导，依靠人民群众，参加生产劳动，为全党全国的中心工作服务"②的工作路线，为人民群众服务成为政法工作的首要任务，"依法办事"受到挑战。1963 年，最高人民法院明确了"为生产斗争、阶级斗争服务"的主要任务。1964 年，最高人民法院在二届全国人大一次会议中，提出了民事审判的十六字工作方针，即"依靠群众，调查研究，就地解决，调解为主。"③

总之，从 1957 年到 1966 年，党内"左"的思想体现在国家社会生活的方方面面，阶级斗争受苏联形势影响，"反修防修"的氛围越来越重，这使得阶级斗争绝对化、扩大化，政治方向的偏转也使得这一时期的法制建设受到影响，"以权代法""以言代法""以人代法"、法律虚无主义的风气，严重削弱了国家的法制建设，法制机构裁撤、立法工作停滞，法制宣传教育工作也戛然而止。

（二）法制宣传教育的低谷阶段（1967—1976）

"文化大革命"的十年，中华人民共和国所建构的政权、民主法制与秩序，在这一时期被破坏甚至摧毁。"文化大革命"对中华人民共和国成立以来的法治建设造成了史无前例的破坏，这也给我们带来深刻的教训，

---

① 蔡定剑. 历史与变革——新中国法制建设历程［M］. 北京：中国政法大学出版社，1999：97.
② 陈金全. 新中国法律史［M］. 北京：人民出版社，2011：154.
③ 李伟民. 法学辞源［M］. 黑龙江：黑龙江人民出版社，2002：994.

必须要重视法制，尊重法律，加强法制建设，营造有法可依、违法必究的社会秩序，才不会重蹈"文化大革命"的覆辙。

三、社会主义革命和建设时期法制宣传教育的特点与启示

从中华人民共和国成立到"文化大革命"结束，这一时期是社会主义全面建设曲折而艰难的时期。面对满目疮痍的中华人民共和国和外部虎视眈眈的国际形势，中国共产党带领中国人民进行了广泛而深刻的社会革命，荡涤了阻碍发展的反革命势力，大刀阔斧地进行社会主义改造，最终确立了社会主义制度，中国从新民主主义社会逐步过渡到了社会主义社会，随着第一部宪法的颁布，社会主义法制建设也处于稳步发展的时期。

（一）社会主义革命和建设时期法制宣传教育的特点

法律的颁布在于实施，以教育人们养成对法律知识和法制现象的认知。中华人民共和国成立初期，我国的法制建设也进入了新纪元，土地改革法、婚姻法、宪法等法律的颁布实施，为我国社会主义民主法制建设奠定了基础。1956 年以后受到"左"的思想的影响，法制宣传教育受到极大的影响。这一时期法制宣传教育的特点主要有以下几点。

第一，结合国内镇压反革命、土地改革、"三反""五反"、禁毒等运动，对一些重要法律法规开展宣传教育。从土地革命时期、陕甘宁边区政府成立，到中华人民共和国成立这几个时期的立法基本一致，重点在于宪法及宪法性立法、镇压反革命立法、土地改革法、婚姻法，这四类法律贯穿各个历史时期，服务于政权建设和社会建设。中华人民共和国成立后，尽管我国的立法工作处于起步阶段，但经人大、政协、政府批准的就达三百多件，其中重要的法律法规就有七十多件，如土地改革法、婚姻法、惩治反革命条例、宪法等。人大及司法机关除颁布法律法规外，还配合国家镇压反革命的斗争，用法律手段维护社会秩序。作为新生的社会主义政权，土地改革法、婚姻法、宪法这三部法律，对于使农民彻底翻身得解放、妇女解放、从法律上确定全社会各阶级主人翁地位有重要意义，这一

时期法制宣传教育围绕国内局势展开，利用各种媒介宣传法律知识，使全社会形成遵纪守法的社会氛围。

第二，采取典型示范或公开审判的方式，以加深群众对于法的认识。典型宣传是法制宣传教育特有的一种宣传方式。1951 年 10 月，《人民日报》刊载了《利用典型案件宣传婚姻法》的文章，要求"各地人民法院在处理婚姻案件时，应该给违犯婚姻法、虐待和残杀妇女的人以应得的惩处；同时还应抓住典型的婚姻案件，大张旗鼓地进行宣传，教育群众和干部"①。主要对残杀妇女犯罪或处决的案件抓典型进行宣传，加深群众对婚姻法的认识，以减少触犯婚姻法的犯罪发生；对于公开审判，"五四"宪法中公开审判制度规定："人民法院审理案件，除法律规定的特别情况外，一律公开进行。"② 中华人民共和国成立之初，各级法院的根本任务就是要运用法律"镇压反动、保护人民；惩罚犯罪、保护善良"③，引导和教育公民遵守社会的公序良俗，履行公民的法律职责。以具有教育意义的典型案件进行公开审判，广泛发动人民群众进行旁听，在以往的司法实践中，取得了广泛的成效，在审讯过程中摆事实、重依据，这不仅对审判人员有极高的专业要求，也能旁征博引，充分发扬审判民主，规避审讯中的偏差，有效地教育群众。

第三，利用报刊、讲座、标语、口号、戏剧等宣传媒介开展法制宣传教育。以《人民日报》为例，及时登载人大、中央政府、司法部等最新的法律法规，开设专栏，发布专题社论、开辟读者来信专页，涉及法制宣传教育的专栏就有"坚决贯彻婚姻法，保障妇女权利""进一步学习、宣传和讨论宪法草案""必须彻底改革司法工作""五反"简讯、"拥护中华人民共和国宪法草案"等，再就是登载一些案件的判决书，比如，1952 年 2月 12 日，《人民日报》就登载了刘青山、张子善判决书，这都体现了以

---

① 利用典型案件宣传婚姻法［N］. 人民日报，1951-10-22（3）.

② 刘复之. 中华人民共和国法律大辞书［M］. 长春：长春出版社，1991：77.

③ 司宣. 人民法院实行公开审判的意义［N］. 人民日报，1955-02-19（3）.

《人民日报》为代表的党报宣传特色，直观地体现了中华人民共和国初期我国所处的时代特色，通过专栏的形式，从理论上剖析各项运动对于社会主义改造和建设社会主义现代化的重要性，提升人民群众对"三反""五反"运动中的法制认知。座谈会和讲座的形式也是法制宣传教育的重要形式之一，如对宪法草案讨论、婚姻法的宣传教育，全国各地都采用了这种形式，以宣讲人现场宣讲释法的形式，组织广大人民群众直观地学习法律知识。标语与口号主要是在法制宣传教育中起到宣传和鼓动作用，语言文字主要以书面语为主，旨在朗朗上口，使接收信息者能即时地对标语内容入脑入心。而戏剧、评书等艺术形式也是法制宣传教育的重要内容，如在婚姻法颁布后，北京郊区农村剧团演出了"小女婿""小二黑结婚"，这种演出对文化层次要求不高，是人民群众喜闻乐见的艺术形式，能够将人民群众很好地凝聚起来，具有很好的宣传作用。

第四，还有举办展览、利用广播电台、张贴典型判决书、利用幻灯片、漫画、利用赶庙会、市集宣传等形式，这些宣传形式大多沿用了土地革命时期和解放战争时期共产党的宣传路径，只是在中国共产党成为执政党后，从一个党的生死存亡，到中华人民共和国的长治久安，法律始终是国家治理最重要的手段。因此，立法工作也成为新生政权的中心任务，但是"左"的思想及"文化大革命"的破坏，法制宣传教育工作也就被迫中断了。

（二）社会主义革命和建设时期法制宣传教育的启示

首先，法制宣传教育的主体应该坚守正确的政治导向。广义的法制宣传的主体包括法制宣传机构及其工作人员，包括从事法制宣传教育的个体。在我国，涉及法制宣传教育的机构包括司法部下属机关、新闻媒体、各级政法机关设置的法制宣传科（处）。"文化大革命"开始后，司法机关中的一些部门相继被裁撤，各种新闻媒介充斥着斗争思维，阶级斗争成为国家政治生活的重要内容。这一时期，除《光明日报》《解放军报》《文汇报》《人民日报》等少数党报外，大多报刊处于停刊状态，但一些具有

"文革报刊文体"的小报应运而生，这些报刊未经注册，甚至没有正式的编辑机构，由党政机关、学校、企业、革委会等编撰，有些发行量甚至能到十几万份，这些小报成为歪曲事实、党同伐异的舆论工具，严重扰乱了社会秩序。因此，宣传主体尤其是人，必须要有大局观，坚持实事求是的作风，提高宣传主体的专业素养和责任感，在不同的历史时期应该坚持真实性原则，为法制宣传教育提供一个良好的氛围。

其次，法制宣传教育规划对于法制宣传工作尤为重要。结合改革开放后开始的法制宣传规划，完备的法制宣传规划包括指导思想、目的、组织领导、宣传对象、宣传内容、宣传方法、步骤、实施时间八方面内容，依据客观条件制定，有步骤的在全国范围内展开。这一时期，我国处在社会主义曲折探索时期，民主法制建设仍处在起步阶段，立法主要是为了更好地服务于国家治理，法律的宣传教育也是为了维护社会秩序，但国家颁布施行的众多法律法规，人民群众不可能全部学习掌握。因此，在法制宣传教育内容上，必须明确法律与宣传对象的内在联系，这样才能激发人民群众学习的主动性，个别法律法规在一些专业领域或少数民族地区，应该有的放矢，做专门要求。除此之外，在组织领导上，这一时期，呈现出较为驳杂的状况，法制宣传教育是一项群众性的宣传活动，从中央到地方到各个群体、行业，需要有明确的组织机构进行全盘调度，明确宣传工作的责任制。

最后，法制宣传教育在形式上，从中华人民共和国成立初期的多样化到受"左"的错误思想影响陷入停滞。中华人民共和国成立初期，主要宣传宪法及其镇压反革命、"三反""五反"、土地改革的法律法规，通过出版书籍、刊物，报纸设立专栏，张贴判决书，举办展览、讲座，利用漫画、幻灯片、广播电台等形式，向民众普及法律知识。但是，从1957年以后，"以权代法""以人代法"的思想冲击着我国的法制建设，立法数量的减少，严重冲击了整个社会的公平正义，尽管毛泽东指出："没有法律不行，刑法、民法一定要搞。"① 但这一时期刑法及刑事诉讼法的草案都没有公布。到 1959 年以后，随着司法部的撤销，原本负责法制宣传教育的部门也彻底失去了组织架构，法制宣传教育的内容只能在法院和公安部门的相关新闻中看到少量内容。"文革"开始后，法制宣传教育就更加无从谈起，直到 1978 年间都无法恢复。

---

①　毛泽东年谱（一九四九——一九七六）第五卷［M］．北京：中央文献出版社，2013：94.

第二章

法制宣传教育的发展脉络

法制宣传教育是我国落实全面依法治国的基础性工作。党的十一届三中全会的召开，使党中央开始重新审视民主与法制在我国政治生活中的重要性。1978 年 12 月，《中国共产党第十一届三中全会全体会议公报》中指出："应该把立法工作摆到全国人民代表大会及其常务委员会的重要议程上来。"① 立法工作恢复后，宪法的修订提上日程。1982 年 12 月，五届全国五中全会正式通过了现行宪法。1985 年 6 月，中宣部、司法部公布了《关于向全体公民基本普及法律常识的五年规划》（"一五"普法规划）。同年 6 月，中共中央、国务院转发了"一五"普法规划的通知，法制宣传教育全面展开。"七五"普法规划中将其更改为"法治宣传教育"，拓展了法治宣传教育的内涵和外延。"八五"普法规划全面深化和拓展了法治宣传教育的内容和渠道，将为法治国家建设持续助力。

第一节　改革开放以来法制宣传教育的历史沿革

中华人民共和国成立初期，中国共产党的法制建设经历了艰难的探索。中国共产党摒弃了国民党时期的法制体系，在全国重新建构社会主义法制体系。通过立法奠定政权基础和框架，以苏联为师，成为中华人民共和国成立初期法制建设的重要路径。1956 年 9 月，中共八大决议指出：

① 中共中央文献研究室．十一届三中全会以来重要文献选读（上册）［M］．北京：人民出版社，1987：11.

"国家必须根据需要，逐步地、系统地制定完备的法律。"① 但在苏共二十大以后，中共八大所确立的法制建设的思想被否定了。到 1957 年以后各项立法工作处于停滞状态，直到党的十一届三中全会的召开，社会主义法制建设开始逐步恢复。由于长期忽视法制，使得一些人甚至党员干部依旧留存官僚主义、家长制、自恃特殊、徇私枉法等不良作风。20 世纪 80 年代初在学界掀起了"人治"和"法治"的讨论。1986 年 7 月，中央发布《全党必须坚决维护社会主义法制的通知》，将法制纳入我国的政治生活中，彻底扫清了我国法制建设阻碍。

一、法制宣传教育的恢复和"健全社会主义法制"宣传教育阶段（1979—1984）

1979—1984 年，即"一五"普法规划实施之前，也是我国法制建设重建到全面恢复的阶段。1979 年 7 月，五届全国人大二次会议通过了 7 项主要法规。同年 9 月，第五届全国人大常委会十一次会议决定设立司法部，我国的各项立法工作重新启动，各级司法宣传机构也得以重新开展工作。这一时期相继颁布了刑法、刑事诉讼法、婚姻法等基本法律。1982 年 9 月，党的十二大代表提出："要在全体人民中间反复进行法制的宣传教育，从小学起各级学校都要设置有关法制教育的课程，努力使每个公民都知法守法。"② 1984 年 6 月，在辽宁本溪召开了法制宣传工作会议，本溪市介绍了法制宣传的八项经验。司法部部长邹瑜提出在全国推广本溪经验，用五年时间在全国范围内向公民普及法律知识，这也成为法制宣传教育的前奏。结合改革开放初期中国共产党的法制建设，这一时期法制宣传教育的主要内容主要围绕以下三方面展开：

第一，开展对"两法"的宣传。1979 年 7 月，五届全国人大二次会议

① 建国以来重要文献选编（第九册）［M］. 北京：中央文献出版社，1994：351.
② 中共中央文献研究室. 十一届三中全会以来重要文献选读（上册）［M］. 北京：人民出版社，1987：11.

在京召开，会议通过了全国人大及地方人大的组织法、人民法院和人民检察院的组织法，并通过了刑法、刑事诉讼法等共七部重要法律，刑法、刑事诉讼法（简称"两法"），对于人民的生命安全具有切实利害关系，甚至关系到法制的尊严与权威。同年9月，为了保证"两法"的贯彻落实，中共中央公布了《关于坚决保证刑法、刑事诉讼法切实实施的指示》，强调"两法"能否严格执行，"是衡量我国是否实行社会主义法治的重要标志"①。明确要"广泛、深入地宣传法律"，为"两法"的实施做准备。"要运用各种宣传工具，采用生动活泼的方式，广泛、深入地对广大党员、干部和群众宣传法律，加强法制教育；对过去习惯使用的一切不符合'两法'规定的办法应坚决改正。"② 并重申了"有法可依、有法必依、执法必严、违法必究"和"法律面前人人平等"等原则，要求各级组织的决议和指示应该通过法定程序进行修改，不能与法律相抵触。从1979年下半年到1982年，全国开始对"两法"进行了广泛而深入的宣传，司法部派出工作组分赴上海、福建等地调研"两法"的贯彻及宣传情况。中央政法委员会联合司法部共同编写"两法"的普及讲话，并在《人民日报》和《中国法制报》上进行刊载，最后汇集成《中华人民共和国刑法普及宣传讲话》和《中华人民共和国刑事诉讼法普及宣传讲话》，在全国出版发行。各地司法机关通过举办讲座培训，通过报刊和电台、电视台、张贴挂图等手段，围绕"两法"内容，通过典型案例推介，提高了人们对"两法"的认识，提高了公民遵守和维护法律的自觉性。

第二，开展了对现行宪法的宣传。现行宪法颁布以前，我国颁布了三部宪法，中华人民共和国建立后曾经先后制定过三部宪法，分别是"五四"宪法、"七五"宪法、"七八"宪法，其中"五四"宪法开启了我国

---

① 最高人民法院研究室．司法手册（第一辑）［M］．北京：人民法院出版社，1981：68.

② 全国人大常委会办公厅，中共中央文献研究室．人民代表大会制度重要文献选编（二）［M］．北京：中国民主法制出版社，2015：464.

社会主义法制建设的新纪元，确立了人民当家做主的地位。现行宪法（"八二"宪法）就是在"五四"宪法的基础上，进行丰富和完善所形成的。"七五"宪法和"七八"宪法都是诞生于"文化大革命"后期，都是在"左"的思想指导下形成的，大量删改宪法必须明确的内容，对"文化大革命"仍然采取肯定态度，甚至缩小了公民权利和自由的范围，因此需要对宪法进行重新修改。1982年12月4日，历时两年三个月的全民讨论修改，五届全国人大五次会议通过了《中华人民共和国宪法》（现行宪法），这也是中华人民共和国成立以来最好的一部宪法，后续宪法的五次修改基本以现行宪法为蓝本。对现行宪法的宣传教育从起草就已经开始，宪法起草的过程也是全民讨论的全过程。以《人民日报》为中心的党报报道了《宪法修改草案》从讨论到修改的全过程，上至中央下至地方以及开辟专栏登载群众对宪法修改的意见建议，各级宣传部门、政府部门、司法机关、政协等部门团体，法学会、法律教学与研究机构等组织都参与了宪法修改草案的大讨论。以司法部门为例，为了广泛发动民众参与宪法草案的讨论，先后向全国发出四次通知，全力部署现行宪法的宣传教育工作。1982年3月，司法部公布了《关于做好当前法制宣传工作的几点意见》，要求各级司法机关及时通报宪法草案的讨论情况，为《宪法修改草案》的宣传做好准备。现行宪法通过后，同年12月10日，司法部发出《关于宣传新（宪法）的通知》，各级机关联合组成了宪法宣传小组，部署部门的宪法宣传工作，同公、检、法等司法部门联合，有计划、有组织地宣传新宪法。为了提高宪法宣传质量，一些地区还组织宣传人员进行专门培训，深入社区、街道、乡镇等基层进行宣讲，通过发放宣传资料、宣传画等各种形式宣传新宪法。一些地区还专门开展了以宪法为中心的"法制宣传日和法制宣传周"，向群众解读新宪法，通过法治文艺节目等活动形式，使新宪法深入人心。在现行宪法颁行一周年之际，司法部发出《关于深入宣传（宪法）的通知》，要求重点宣传宪法实施以来的成就，突出宣传现行宪法的基本内容、地位和作用。1984年11月，司法部印发了《关于在

（宪法）颁布两周年时集中宣传（宪法）的通知》，要求认真调查现行宪法在实施过程中的问题和取得的成就，充分采纳群众的意见和建议，结合实际开展宪法宣传教育。现行宪法颁布后，每年的 12 月 4 日，全国各地都会举行宪法宣传教育活动，到 2014 年 11 月，十二届全国人大十一次会议，正式将每年的 12 月 4 日定为我国的"国家宪法日"。

第三，开展打击刑事犯罪活动的宣传。"文化大革命"期间，立法工作停滞，法制宣传工作也停摆不前，受"文革"斗争思想影响的一些群众，法制观念淡薄，一些违法犯罪分子肆意妄为，进行违法犯罪活动，严重扰乱了社会秩序，危害社会和人民的公共财产安全，甚至给国家、集体造成了巨大经济财产损失。尤其是一些青少年由于不懂法，也走上了犯罪的道路。为了扭转社会风气，1981 年 5 月，中央政法委召开了京、津、沪、穗、汉五大城市治安工作座谈会，要求加强对社会治安的综合治理，从重从快惩处严重刑事犯罪分子。为了贯彻治安工作座谈会精神，1981 年 11 月 8 日至 13 日，司法部召开了北京、天津、河南、山东、湖北等 13 省市司法部门法制宣传工作座谈会。会议指出法制宣传工作要坚持正面教育为主，坚持以表扬为主，坚持讲求社会效果。法制宣传工作的根本任务是帮助群众运用法律的武器，为建设我国社会主义精神文明和物质文明服务。1982 年 3 月，五届全国人大常委会第二次会议通过了《关于严惩严重破坏经济的罪犯的决定》，在全国开展了严厉打击刑事犯罪活动（简称"严打"）的专项斗争。同年 3 月 13 日，司法部发出了《关于做好当前法制宣传工作的几点意见》，在全国部署严厉打击刑事犯罪活动的宣传。要求各地运用典型案例，开展宣传工作，深入学校、工厂、农村等基层，向群众广泛宣传"严打"政策，发动群众检举和揭发犯罪活动，批判犯罪分子，表彰先进典型，教育与鼓励广大人民群众同犯罪分子作斗争。同年，4 月 13 日，为了打击经济犯罪活动，中共中央、国务院公布了《关于打击经济领域中严重犯罪活动的决定》。鉴于某些地区社会治安状况的恶化，1983 年 8 月，中共中央公布了《关于严厉打击刑事犯罪活动的决定》，并在六届全国人大二次会议上通过了《关于严惩严重危害社会治安的犯罪分子的决定》，在政策层面上确立了"严打"从重从快从严惩治的主基调。

为了更好地宣传"严打"斗争，根据《贯彻中宣部"关于打击刑事犯罪的宣传问题的几点意见"的通知》，各地开始如火如荼地宣传"严打"相关法规和政策，宣传工作者除口头宣传、分发材料以外，还利用报纸刊物、广播电台、黑板报、宣传栏、张贴宣传挂图等形式，组织创作"严打"文艺节目，开展形象生动化的法制宣传。根据23个省区市的不完全统计，在"严打"中培训的法制宣传骨干达30多万人，组织宣讲队伍80多万人，印发各种宣传材料7000多万份，举办各种类型的宣讲会、座谈会100万余场次。到1984年9月，全国群众提供的违法犯罪线索就达180多万件，抓获犯罪分子9万多人，部分犯罪分子主动投案自首。① 通过声势浩大的法制宣传教育活动，增强了人民群众的法制观念，许多群众挺身而出积极地检举和揭发犯罪分子，沉重地打击了违法犯罪活动，一些青少年在"严打"斗争中，受到深刻教育，社会治安逐渐好转。

二、进入全民普法教育阶段（1985—1996）

1984年6月，司法部在辽宁省本溪市召开了全国法制宣传工作现场会，会议听取本溪法制宣传工作经验的同时，提出用五年时间在全体公民中普及法律常识。为了更好地开展普法工作，司法部最先在辽宁省本溪市进行试点、调查研究，并于1985年11月，中共中央、国务院批转了中宣部和司法部《关于向全体公民基本普及法律常识的五年规划》。同年11月22日，六届全国人大十三次会议通过了《关于在公民中基本普及法律常识的决议》（以下简称《决议》），以立法的形式，确立了在公民中普及法律常识的工作任务。《决议》要求："普及法律常识要在中国共产党的领导下，动员和依靠全社会的力量来进行"，"报刊、通讯社和广播、电视、出

---

① 孙琬钟. 中华人民共和国法律大事典［M］. 北京：中国政法大学出版社，1993：804.

版、文学艺术等部门，都应当把加强法制宣传教育、普及法律常识作为经常的重要任务"①。"一五"普法规划主要围绕"十法一条例"展开，即宪法、刑法、刑事诉讼法、民族区域自治法、婚姻法、继承法、经济合同法、兵役法、民法通则、民诉法（试行）、治安管理处罚条例，以及其他与广大公民工作生活有密切关系的法律常识，使全体公民养成遵纪守法的习惯。其中，宪法宣传教育是首要内容，普法对象包括工人、农民、学生、干部、知识分子等有接受教育能力的人，领导干部和学生作为普法的重点对象。

从1986年开始，"一五"普法规划在全国范围内如火如荼地展开，在总结以往经验的基础上，宣传人员组织配备、宣传方式也更加科学，形成了一些新的宣传模式。一是，为了配合"一五"普法规划工作的展开，各地纷纷成立了专门的普法机构，克服了过去存在的"走过场"的法制宣传形式，法制宣传教育有条不紊地向前推进。这一时期，中央书记处相继举办了三期法律知识讲座，多次召开法制宣传工作会议，抓弊端稳落实，全力促进和推动法制宣传工作。二是，继续加强法制宣传骨干的培养，全国各地编写了一大批法律常识读本、案例故事等普法教材，为广大群众提供各种法制培训，提升了法制宣传教育的质量。三是利用新闻媒介开展法制宣传教育。从党报党刊到各地的机关报纷纷开辟专栏，通过电台广播、法制录像节目使法制宣传教育达到事半功倍的效果。四是重视普法试点工作。"一五"普法规划颁布以前，普法试点工作就已经开展，通过在某个地区试点，继而在全国进行推广，也是"一五"普法规划的宝贵经验。据统计，截至1988年年底，全国8.2亿普法对象中有6.7亿人参加了普法学习。约有2亿农民已经学完了"十法一条例"，48万名县团级以上领导干部和938万一般干部已经学习了"十法一条例"，9000多万国有企业员工学完了"十法一条例"。截至1990年年底，95%的中小学开设了法制课或

---

① 全国人民代表大会常务委员会法制工作委员会. 中华人民共和国法律汇编（1985—1989）［M］. 北京：人民出版社，1991：69.

法制教育的品德课，90%的高校把法制教育纳入了教学计划，全国共计大约有 1.5 亿在校学生接受了法制宣传教育。中国人民解放军和人民武装警察部队已经完成普法学习任务。① 全国 2/3 的县（区）一级的政府部门聘请了法律顾问，全国 150 多个大中城市开展依法治市的试点活动，500 多个县城开展依法治县活动。② 通过"一五"普法规划，广大人民群众大大提高了社会主义法律意识，初步认识到公民的权利和义务，完成了对人民群众法律知识的启蒙。

1990 年 12 月，中共中央、国务院批准并转发了《关于在公民中开展法制宣传教育的第二个五年规划》（"二五"普法规划）。1991 年 3 月，七届全国人大十八次会议通过了《关于深入开展法制宣传教育的决议》，"二五"普法规划正式实施。为适应法制宣传教育工作的需要，司法部成立全国普及法律常识办公室（简称"普法办"），由司法部部长兼任办公室主任。结合现行宪法颁布 10 周年，"二五"普法规划以宪法宣传教育为核心，向不同行业的从业人员宣传专业的法律法规，宣传对象依旧以领导干部和学生为重点，目的在于使广大群众提高宪法观念，使各级领导干部树立依法治国的理念，使各行各业从业人员熟悉岗位相关的法律法规，使广大学生在国民教育中不断地提升法制观念。1993 年 3 月，八届全国人大一次会议通过宪法修正案后，司法部做出了学习宣传宪法修正案的部署，并编写了新宪法读本。同年 8 月 31 日，全国普法办主任、司法部部长肖扬在八届全国人大三次会议作了《关于第二个五年普法规划实施情况的报告》。在"二五"普法规划期间，有 7 亿人参加了普法学习，全国各地组织学习的法律法规达 200 多部。在法制宣传教育过程中，各行各业通过广泛深入地学习宪法、专业法以及涵盖社会主义市场经济的法律法规，进一步提升了法律意识和宪法观念。在法制宣传教育的过程中也形成了独特的经验，

---

① 刘一杰. 法制宣传工作十年 [J]. 法制建设，1989（4）：20-23.
② 《中国法律年鉴》编辑部. 中国法律年鉴（1991）[M]. 北京：中国法律年鉴社，1990：111.

如领导带头学法、用法，针对不同群体的特点采取有针对性的法制宣传教育，以广大群众喜闻乐见的方式进行潜移默化的教育，这些都是"二五"规划普法过程中的典型经验。

1996 年，中共中央、国务院印发了《中宣部和司法部关于在公民中开展法制宣传教育的第三个五年规划》（"三五"普法规划），并于八届全国人大十九次会议通过了《关于继续开展法制宣传教育的决议》，"三五"普法规划正式启动。"三五"普法规划期间，江泽民相继主持了八次法律知识讲座，并发表重要讲话。尤其是在 1996 年 2 月，江泽民对"依法治国"做了重要论述，强调："依法治国……是我们党和政府管理国家和社会事务的重要方针。"而之所以要"坚持依法治国，重要的在于不断提高广大干部、群众的法律意识和法制观念。"① 除此之外，江泽民为"三五"普法规划统编了专门的干部读本——《社会主义法制建设基本知识》，并亲自撰写了题为《各级领导干部要努力学习法律知识》的序言。1996 年 2 月，在江泽民提出"依法治国"的方略后，全国法制宣传教育开始与依法治理相结合，各地相继成立了依法治省（自治区、直辖市）、县级领导小组。各级领导干部带头学法、用法，为群众起到了表率作用，有效地调动了人民群众学法、用法的积极性。

"一五"到"二五"普法规划期间，为了适应经济发展的需要，适时地对宪法作了两次修改。1988 年 4 月，七届全国人大一次会议通过的《中华人民共和国宪法修正案》中对现行宪法作了两处修改：一方面是在现行宪法第十一条中增加了私营经济的相关内容，明确了私营经济在我国公有制经济的地位；另一方面是在宪法第十四条款中对转让土地及土地使用权作了规定。现行宪法的修改主要是为了适应我国市场经济发展的需要，对私营经济的地位和规范土地转让提供了法律保障。1992 年 10 月，党的十四大确立了"中国经济体制改革的目标是建立社会主义市场经济体制"②。

---

① 江泽民文选（第一卷）[M]．北京：人民出版社，2006：511-512.
② 中华人民共和国史（1992—2002）[M]．北京：人民出版社，2010：31.

随着市场经济在我国的确立，迫切需要完善宪法中对市场经济要素的立法，以宪法的形式充分保障我国市场经济的顺利运行。1993 年 3 月，第八届全国人大通过了《中华人民共和国宪法修正案》，对现行宪法序言、第七条、第八条、第十五条、第十六、第十七条、第四十二条、第九十八条分别作了修改，包括对国营经济、集体经济组织、国营企业、各基层人大任期等内容作了修改。尤其是把社会主义市场经济以宪法的形式固定下来，进一步确定了社会主义市场经济在我国社会主义经济建设中的地位。

三、"社会主义法治" 宣传教育阶段（1997—2012）

1997 年 9 月，党的十五大提出了"依法治国"的治国方略，用"法治国家"代替"法制国家"；科学地阐述了依法治国的基本内容和意义，并确立了到 2010 年形成中国特色社会主义法律体系的目标。1999 年 3 月，现行宪法第三次修正案通过，"依法治国"正式被写进了宪法。2002 年 11 月，党的十六大提出："发展社会主义民主政治最根本是要把坚持党的领导、人民当家做主和依法治国有机统一起来。"[1] 强调"三者有机统一"在我国政治生活中的重要性，是中国共产党治国理政的基本遵循。2002 年 12 月，胡锦涛在纪念宪法公布 20 周年讲话中指出："要适应改革开放和社会主义现代化建设的发展要求，根据实践中取得的重要的新经验和新认识，及时依照法定程序对宪法的某些规定进行必要的修正和补充，使宪法成为反映时代要求、与时俱进的宪法。"[2] 2003 年 10 月，党的十六届三中全会提出修宪建议，全国人大常委会依照宪法第六十四条的规定，提请审议宪法修正案草案。2004 年 3 月，十届全国人大二次会议对现行宪法进行了第四次修改，修正内容共 14 条。对现行宪法序言、第十条、第十一条、

---

[1] 中共中央文献研究室．十六大以来重要文献选编（上）［M］．北京：中央文献出版社，2005：24.

[2] 中共中央文献研究室．十六大以来重要文献选编（上）［M］．北京：中央文献出版社，2005：72.

第十三条、第十四条、第三十三条、第五十九条、第六十七条、第八十条、第八十一条、第八十九条、第九十八条、宪法第四章作了修改。其中，"三个代表"重要思想、尊重和保障人权、保障合法私有财产权等内容被写进宪法。与此同时，2003 年 10 月，胡锦涛在党的十六届三中全会上明确了"坚持以人为本，树立全面、协调、可持续的发展观，促进经济社会和人的全面发展"① 的科学发展观。同年 9 月，胡锦涛在首都各界纪念全国人民代表大会成立 50 周年大会上，指出"更好地坚持党的领导、人民当家做主、依法治国统一于社会主义民主政治建设的实践"②，这也体现了"三个有机统一"对于中国共产党治国理政的重要性。

2007 年 10 月，党的十七大在"依法治国"的基础上进一步深化，提出了"全面落实依法治国基本方略、加快建设社会主义法治国家"③ 的总任务，要求加强宪法和法律的实施，完善中国特色社会主义法律体系。这一时期，随着我国加入世贸组织，市场经济规模不断壮大，为了保证市场经济的有序运行，我国相继颁布了一些法律并对一些法律作了相应的修改，如通过了监督法、企业破产法、物权法、劳动合同法、反垄断法，并对公司法、证券法做了修改，新修订的法律也成为我国法制宣传教育内容的组成部分。2012 年 11 月，党的十八大提出的全面推进依法治国的"新十六字方针"，即坚持"科学立法、严格执法、公正司法、全民守法"④，并从全面依法治国的全局，提出了依法治国、依法执政、依法行政三个共同推进，以及法治国家、法治政府、法治社会一体建设。同年 12 月 4 日，习近平在纪念现行宪法实行 30 周年大会上再次重申了三个共同推进和三个

---

① 中共中央文献研究室．十六大以来重要文献选编（上）［M］．北京：中央文献出版社，2005：465．

② 中共中央文献研究室．十六大以来重要文献选编（中）［M］．北京：中央文献出版社，2005：223．

③ 中共中央文献研究室．十七大以来重要文献选编（上）［M］．北京：中央文献出版社，2009：24．

④ 中国共产党第十八次代表大会文件汇编［M］．北京：人民出版社，2012：25．

一体建设，这也为我国法治中国的顶层设计奠定了基调。

党的十五大确立了为"推进依法治国，建设社会主义法治国家"的奋斗目标，在"三五"普法规划内容中，增加了"依法治国""建设社会主义法治国家"的表述，"三五"普法以宪法、基本法知识以及市场经济法律法规作为法制宣传教育的重要内容，对于普法的指导思想、对象、要求、方法步骤等内容做了比较详细的规定。以领导干部、执法人员及青少年为主，明确了各方职责，并将普法纳入干部考试考核，并要求新闻部门将法制宣传教育作为重要工作，为法制宣传教育创造良好的舆论环境。"三五"普法规划期间，30 个省区市开展了依法治理工作，75%的基层单位开展了依法治理工作。[①] 在全国普法办各地区普法部门的部署下，"三五"普法规划取得了不俗的成绩，依法办事的风气蔚然成风，公民法律知识贫乏的状况有了较大的改善，对于自身权益有了初步的法律认知，地方依法治理工作呈现良好态势。

2001 年 4 月，中共中央、国务院批转了《中宣部和司法部关于在公民中开展法制宣传教育的第四个五年规划》（简称"四五"普法规划），并通过了《关于进一步开展法制宣传教育的决议》，"四五"普法规划正式启动。"四五"普法规划重点对象为领导干部、青少年、司法和执法人员。内容上以宪法为主，提出了"两个转变、两个提高"的工作目标，以及"三个结合"，实现法制宣传教育与思想道德教育、法制实践、依法治国、以德治国的结合，积极推进了依法治国的进程。全国各地开展各式的宣传活动，通过举办"法制宣传日"专题晚会，《人民日报》《法制日报》等报刊通过开设专栏的形式刊载宣传内容，与此同时，通过发行宣传读本、举办法律知识竞赛等形式，使法制宣传教育更加深入人心。2006 年 3 月，中共中央、国务院批转了《中央宣传部、司法部关于在公民中开展法制宣传教育的第五个五年规划》（简称"五五"普法规划）。2006 年 4 月，第

---

① 牛克，刘玉民．法制宣传学［M］．北京：人民法院出版社，2003：44.

十届全国人大第二十一次会议审议通过了《关于加强法制宣传教育的决议》。同年5月，中宣部、司法部召开第六次全国法制宣传教育工作会议，开始全面部署"五五"普法工作。"五五"普法规划中提出了"两个增强、三个提高"的工作目标，继续贯彻依法治国基本方略，坚持法制教育与法制实践相结合，开展多层次、多领域的依法治理工作，通过法制宣传教育，努力提高全社会法治化水平。2011年5月，中央宣传部、司法部联合召开了第七次全国法制宣传教育工作会议，总结"五五"普法经验，并开始部署"六五"普法规划。据全国普法办统计，截至"六五"普法规划，全国司法行政机关中普法和依法治理专兼职工作人员超过1.1万，普法志愿者队伍达4.7万多支，总人数超过157万，各类报刊、广播、电视、网络、新媒体法制宣传栏目总数达2.4万个。一个由党委领导、人大监督、政府实施、部门各负其责、司法行政部门具体组织、全社会参与的全民普法工作网络已经基本形成。①

四、"全面依法治国"宣传教育阶段（2013年至今）

党的十九大报告指出，我国已经进入了新时代，形成习近平新时代中国特色社会主义思想，为中华民族的伟大复兴提供了行动指南。全面依法治国是习近平新时代中国特色社会主义思想重要组成部分。2013年1月，习近平在全国政法工作电视电话会议上，首次提出了建设"法治中国"的新要求。2013年11月，中共十八届三中全会将"推进法治中国建设"确立为我国新时期法治建设的新目标。2014年10月，中共十八届四中全会将"坚持把全民普法和守法作为依法治国的长期基础性工作"②，意味着法治宣传教育已成为推进全面依法治国的重要组成部分。与此同时，中共十八届四中全会，对全面依法治国做了部署，坚持党的领导、坚定不移地走中国特色社会主义法治道路。党的十八届四中全会阐述了全面依法治国的

---

① 殷泓. 法治中国 砥砺前行［N］. 光明日报，2015-10-26（9）.
② 习近平谈治国理政（第二卷）［M］. 北京：外文出版社，2017：164.

总目标是"建设中国特色社会主义法治体系，建设社会主义法治国家"①。全面依法治国是中国共产党对中国法制建设的经验总结，也是社会治理的内在要求。"全面依法治国"的提出，整合了地方基层法治资源，肃清了历史虚无主义在党内的影响，也是处理我国社会治理的重要手段。除此之外，改革、反腐、中国社会的发展，都需要依托法治。全面依法治国包括建立健全法律的实施和监督体系、完善立法体制、加快法治政府建设，推进依法行政，加快法治社会建设，提高司法的公信力等内容。

不断完善中国特色社会主义法律体系。2010年，我国社会主义法律体系的形成，是我国法治建设的重要里程碑，但不代表我国的法律体系已经完备。中国特色社会主义法律体系包括宪法、民商法、经济法、社会法等七个部分构成。党的十八大以来，全国人大的立法工作不断提速，"5年制定25件法律，修改127部法律，通过法律及重大问题的决定46件次，法律解释9件"②。为健全宪法实施，制定国家勋章、国家荣誉称号、国歌法等；为了国家安全，反间谍法、国家安全法、网络安全法、反恐怖主义法、核安全法等相继出台；2017年3月，民法总则通过，民法典各编也在进行中。2021年1月，民法典正式施行，继承法、婚姻法、物权法、民法总则等共9部法律被废止。再就是市场经济立法，颁布了环境保护法、修改企业所得税法、反不正当竞争法、资产评估法等；为了扩大对外开放，规范外商投资，颁布了外商投资法；为了保障民生，修订环境保护法、水污染防治法、野生动物保护法等。除此之外，还修订了食品安全法、消费者权益保护法，颁布了反家庭暴力法等。

修改现行宪法。2018年，全国人大对宪法进行了第五次修订，其修订重点主要有：增加有关监察委员会的各项规定、增加设区的市制定地方性法规的规定、修改国家主席任职方面的有关规定。宪法的修改是为了更好地体现人民意志。"习近平新时代中国特色社会主义思想"被写入宪法和

① 习近平谈治国理政（第二卷）[M]．北京：外文出版社，2017：118．
② 张金才．中国法治建设40年（1978—2018）[M]．北京：人民出版社，2018：319．

党章，第五次宪法的修改体现了党和人民的共同意志，以宪法明确了我国建设社会主义现代化强国的指导思想，具有广泛而深远的意义。2019 年上半年，香港"反修例"风波愈演愈烈，严重影响了香港社会的繁荣与稳定，造成了极其恶劣的国际和国内影响。为了维护香港的长治久安，斩断乱港黑手，保障粤港澳大湾区的建设。2020 年 6 月 30 日，全国人大通过了香港国安法。香港国安法主要依照宪法制定，宪法中对于国家安全有专门的规定，其中宪法第五十四条、五十五条就是"维护国家安全和利益，保卫国家免受侵略"的条款，在"一国两制"下，中央与香港特区政府都有维护国家安全的职责。因此，在宪法的框架下，香港国安法以宪法为法源，在基本法的前提下运作。

建设法治政府。党的十八大以来，各级政府逐步推进机构程度法定化，完善行政组织和程序法律制度，使政府依法行政。主要体现在改革行政审批制度。"2013 年以来，国务院分 9 批审议通过取消和下放的国务院部门行政审批事项共 618 项，其中取消 491 项、下放 127 项"①。实行政府权力清单制度。2015 年 3 月，中央办公厅国务院办公厅《关于推行地方各级政府工作部门权力清单制度的指导意见》颁布后，到 2015 年前，"31 个省级政府部门全部公布了政府权力清单，24 个省公布了责任清单，17 个省份同时公布了市县政府的权力清单和责任清单"。② 推行政府法律顾问制度。党的十八届四中全会提出"吸收专家和律师参加的法律顾问队伍，保证法律顾问在制定重大行政决策"③。2016 年 6 月，中央通过了《关于推行法律顾问制度和公职律师公司律师制度的意见》。2017 年年底，中央、国家机关以及县、乡镇党委机关基本上设立了法律顾问和公职律师。建立终身追责及责任倒查制度。2015 年 9 月，最高人民法院颁布了《关于完善

---

① 国务院审改办．2013 年以来国务院已公布的取消和下放国务院部门行政审批事项 [N]．人民日报，2017-02-10（9）．

② 张金才．中国法治建设 40 年（1978—2018）[M]．北京：人民出版社，2018：322.

③ 中国共产党第十八届中央委员会第四次全体会议文件汇编 [M]．北京：人民出版社，2014：36.

人民法院司法责任制的若干意见》，明确法官 7 种情形致错案，将会被终身追究。除此之外，随着行政体制改革的深化，加强了对行政机关权力的监督和制约。2021 年 8 月，国务院印发了《法治政府建设实施纲要（2021—2025 年）》，从十方面明确了法治政府建设实施规划。

改革司法体制。党的十八大以来，党和国家出台了一系列司法体制改革举措。一是最高法院设立巡回法庭。2014 年开始，最高法院通过了试点方案。据统计，"第一巡回法庭受理案件有 898 件，其中结案达 843 件，巡回法庭法官人均结案达 7025 件；全年接待 10769 人次来访，处理来信达 2196 件。"① 二是设立跨行政区的人民法院、检察院。2014 年 12 月，上海第三中级人民法院成为全国首个跨行政区划的法院，同时成立的还有首个跨行政区划的上海市检察院三分院。这也是保证法律正确实施，落实党的十八届四中全会精神的集中体现。三是设立知识产权法院。2014 年 12 月，先后在上海、北京、广州设立了知识产权法院。据统计，"2020 年全国法院共新收一审、二审、申请再审等各类知识产权案件 525618 件，审结524387 件"②。四是对司法工作人员进行分类管理。主要对法官、审判辅助人员及司法行政人员进行分别管理。五是健全防干扰司法制度，严格执行"三个规定"，对干扰司法行为"零容忍"。

开展法治宣传教育。"六五"普法规划，以学习宪法、经济发展、保障和改善民生及社会管理的法律法规为主。"七五"在"六五"普法规划的基础上，学习习近平总书记关于全面依法治国的重要论述、党内法规以及宣传中国特色社会主义法律体系。"八五"普法规划突出学习习近平法治思想、宪法、民法典、党内法规，以及推动高质量发展和社会治理相关的法律法规。通过法制宣传教育，不断提升公民的法律素养和社会法治化水平，使公民养成尊法、学法、守法、用法的好习惯。

---

① 最高法院巡回法庭晒出一周年成绩单［N］. 光明日报，2016-01-31（3）.

② 最高人民法院发布 2020 年度知识产权十大案例、五十件典型案件［EB/OL］. 中国法院网，2021-04-22.

第二节　改革开放以来法制宣传教育的理念变迁

从"一五"普法规划到"八五"普法规划，全民普法在我国已经实施了三十余年。改革开放初期，从法制建设的恢复，到坚持法治与改革的双向联动，从"法制"到"法治"，从"依法治国"到"全面依法治国"，在社会主义市场经济的推动下，在全面深化改革的进程中，我国已经走上了社会主义法治道路。正如党的十九大报告中指出，"必须把党的领导贯彻落实到依法治国全过程和各方面"①。从"一五"普法规划时期的普及法律常识，到"六五"普法、"七五"普法、"八五"普法规划中，以宣传中国特色社会主义理论体系、宣传党内法规、宣传民法典、宣传社会治理的法律法规为主。普法规划在内容上，紧跟不同时期法治建设的最新成果，制定法制宣传教育的总基调，作为全面依法治国的重要环节，集中体现了我国法治化进程。改革开放以来，法制宣传教育的宣传形式不断创新发展，其理念也发生了相应的转变。

一、从"以法治国"到"依法治国"

"以法治国"与"以德治国"相对照，都是先秦法家、儒家提出来的理念，与儒家的"以德治国"形成对照。1994 年 12 月，江泽民首次提出"以法治国"，强调"实行以法治国，是为了把我们国家建设成为富强、民主、文明的社会主义现代化国家"②。1996 年 2 月，江泽民在法制讲座上明确要"实行和坚持依法治国"。党的十五大报告将"依法治国"写进了宪法。"以法治国"与"依法治国"只有一字之差，但本质、内涵、意义却相去甚远。二者的对于国家的定位及其与国家机关的关系都有区别。

---

① 习近平谈治国理政（第三卷）［M］. 北京：外文出版社，2020：18.
② 江泽民文选（第一卷）［M］. 北京：人民出版社，2006：595.

"以法治国"是国家机关将法律作为统治的工具，统治者可以有绝对的主导作用，将法律作为治理国家的手段，重点在于有相应的法律遵循，但对于是否遵循、如何遵循更多地取决于统治主体的意愿，更多重视法律的工具性。这也意味着法律本身缺乏工具理性，更多的是约束被执法者，缺乏对执法者的约束，是传统的"人治"理念；而"依法治国"是依照法律治理国家，更多的是将法律作为权威，重视法律的建构和参照作用，在保证法律权威的前提下，充分保证法律的公正公平，是现代"法治"理念。

"依法治国"是在"法律面前人人平等"的原则下，将法律作为实现国家治理、维护社会公平正义的依据，而"以法治国"倾向于把法律作为统治工具，对执法者缺乏约束力，容易滋生"选择性执法"，引发社会矛盾。因此，当前，在推进国家治理体系和治理能力现代化的进程中，第一要务是"依法治国"，只有保证执法者遵纪守法，才能维护社会的公平正义。当前，依法治国主要体现在维护社会的生产秩序和公序良俗、维护社会主义根本制度、防止国内外敌对分子的破坏。因此，必须要保证公民在经济、政治、文化活动等各个领域中依法运行，在法律面前不受任何个人意志的干涉和阻碍。在党的领导下，坚持依法治国的原则和底线；尊重宪法的权威，遵守党章及国家各项法律红线所在，充分认识依法治国基本方略的精神实质，抵制错误的治理理念。

二、从"法制建设"到"法治建设"

改革开放四十多年以来，从"法制建设"到"法治建设"，尽管只有一字之差，但二者有明显的区别，从"制"到"治"，从"刀治"到"水治"，不仅体现了我国社会法制建设的历史转变，也体现了国家治理的时代要求。"法治"是一个综合的概念，其核心价值是公平正义，在法治的状态下，所有人都受到契约精神的约束，公权力也会让渡于这种契约精神，在全社会形成公平正义的社会氛围。而法制，狭义而言是指法律制度。广义的法制，指依法办事的制度和原则，涵盖法律制度及法律监督等活动过程。

　　党的十五大报告正式将"社会主义法制国家"改为"社会主义法治国家"，这是对邓小平关于民主法制理论的继承和丰富，也凸显了"法治"在中国共产党治国理政中的地位。2008 年 3 月，国务院新闻办公室公布的《中国法治建设》白皮书，我国的法制建设从"刀治"转变为"水治"。2010 年 6 月，中国法学会编写了第一个《中国的法治建设年度报告 2009》，一直持续至今。当前，我国的法制建设已经涵盖到多领域，如人权、生态文明、国际交流合作等领域，也包括法治宣传。"法治"相较于"法制"涵盖面更广泛，法制是法律制度的简称，是相对于政治、经济、文化等制度而言；而法治则是相对于人治而言。从内涵上，法制通常涉及一套法律规则以及法律制定与实施等各种制度；而法治则是与人治相对立的一种治国的理论与原则、制度。① 总而言之，法治是法制的归宿，法制则是法治的基础和前提条件，法治的实现必须建立在法制的基础上。

三、从"普及法律常识"到"弘扬法治精神"

　　从"一五"普法规划中普及法律常识，到"六五"普法规划中提出弘扬社会主义法治精神，法制宣传教育从内容上层层递进。自 2001 年 12 月 4 日，"全国法制宣传日"开展以来，"弘扬宪法精神"和"弘扬法治精神"就一直作为宣传日的两大主题。党的十七大明确指出："深入开展法制宣传教育，弘扬法治精神，形成自觉学法守法用法的社会氛围。"② 党的十八大以来，全面依法治国方略的提出，也对法治宣传教育在内容和成效上做出了更高的要求。"七五"普法规划提出了"围绕中心、服务大局""依靠群众、服务群众""学用结合、普治并举""分类指导、突出重点"等原则，凸显了对法治精神的培育。

　　从普及法律常识到弘扬法治精神，从对法律常识的粗浅认识到"精

---

① 李步云. 论法治［M］. 北京：社会科学文献出版社，2008：155.

② 十七大以来重要文献选编（上）［M］. 北京：中央文献出版社，2009：24.

神"层面上的遵循，法制宣传教育在理念上的转变，也提升了人们守法的境界，不只是对法治"弘扬"，更是对法治文化的敬畏，将所学的法律知识提升到法治精神的层面上来，并运用于日常生活中，形成共同的法律共识。法治宣传教育旨在培育人们的法律自觉意识，使法律成为全社会的共同遵循。法制宣传教育与法治实践相结合，使法律成为公民的普遍共识，使法律成为整个社会的共同信念。法治的基础在于法制，作为现代社会的基本框架，不仅仅只是遵循法律条文，更应该赓续法治精神；只有将法律内化于文化，入脑入心，才能够使广大人民真正地尊崇法治，进而融入社会，形成人们所向往的一种生活习惯。

四、从"法制宣传教育"到"法治宣传教育"

2021年6月，我国颁布了第八个"五年"法治宣传教育规划。通过三十多年的法制宣传教育，全体社会公民的法治观念有所提升，实现了党对普法工作的全面领导，各种普法主题活动有序推进，全面落实了普法责任制，中央到地方坚持"谁执法谁普法"的原则，积极推动各级机关建立普法责任清单。从"一五"普法规划到"六五"普法规划，一直统称为"法制宣传教育"，随着我国法制建设的推进，到"七五"普法规划，正式更改为"法治宣传教育"。《人民日报》在社论中指出："从'法制宣传教育'到'法治宣传教育'，虽是一字之差，却更加突出了法治理念和法治精神的培育，更加突出了运用法治思维和法治方式能力的培养。"①

随着我国进入社会主义新时代，普法教育正式进入"法治宣传教育"新阶段。法制是法治的基础和前提条件，从"法制"到"法治"，不仅仅体现了社会各界对依法治国原则和理念的认可，还体现了一种法治思想和观念上的进步。法治已成为我国全体社会的共同认识，"法治宣传教育"理念的明确，也标志着我国普法工作将朝着提质增效、守正创新的方向发

---

① 全民普法 经济社会发展的有力保障［N］．人民日报，2016-04-18（1）．

展，发展法治文化，夯实全社会公民的法治理念，以提升公民法治素养为目标，着力提升法治宣传教育的针对性及实效性，提升全社会法治文明程度，为法治国家建设营造良好的社会氛围。

第三节 改革开放以来法制宣传教育方法的演变

法制宣传教育包含四个要素，宣传教育主体、宣传教育对象（受众）、宣传教育内容、宣传教育媒介。在法制宣传教育过程中，主体和受众者都是人，二者之间的联系，主要靠媒介来完成法制宣传教育的全过程，而在信息传播过程中，不仅是从主体传递到受众，受众也会不断传递给主体。因此，法制宣传教育就是主体和受众双向交流的过程。改革开放以来，我国法制宣传教育在宣传方法上、在继承中不断创新发展，力图在法制宣传教育中实现主体和受众的双向互动，摸索出了具有中国特色的宣传策略模式。

一、从灌输式到交互式

在宣传工作中，常见的宣传策略有得到受众的共鸣、务实报道、精挑选材、宣传典型、反复宣传。这些宣传策略，在法制宣传的历程中，都有相应的借鉴和参考。新民主主义革命时期，主要以灌输式宣传为主，更多的是宣传主体单向的输出。报纸是法制宣传的主要媒介，中国共产党主办了《红星报》《红色中华》《新华日报》等报纸。1946年，北京掀起了一次大型的禁烟宣传活动，除了报纸以外，期刊、布告、标语被全市电车、城门、电影院、娱乐场等公共场所张贴，各大报刊和电台都发布了禁烟的新闻，甚至拍摄了禁烟的电影。中华人民共和国成立后，法制宣传教育的内容，主要是配合国家的运动，通过召开广播电台、报纸、群众会、审判会、控诉会、话剧、张贴判决书、布告、宣传画等形式开展法制宣传教育。到改革开放初期，对于重要活动的宣传教育，主要以口头宣传、报刊、广播、宣传册、黑板报、挂图、连环画、文艺节目等宣传形式，有利于文化层次较低的受众得到教育。传统的法制宣传方式，在一定程度上能达到宣传的预期，但受众更多的是被动接受，尽管报纸会在专栏中刊登读者来信，实现双向交流，但也仅是知识分子群体的互动。

1986 年开始，法制宣传教育即普法教育正式开启。在宣传方式方法上依旧以传统的宣传方式为主，注重传统文化传媒的传播，如利用报刊、广播、电视，出版法制书籍，如中宣部、司法部专门为干部、农民、职工编写了法律知识读本；再就是以文学艺术形式开展法制宣传教育，这种方式包括法制小说、法制剧本、法制故事、法制电影、法制电视剧、话剧，运用口号、招贴画、法律培训或讲座，随着电影、电视等综合媒体出现，在视听体验上，迅速受到了老人、中年人、青少年等不同群体的欢迎，一定程度上也突破文化层次对宣传对象的局限性。从"五五"普法规划开始，互联网的运用标志着法制宣传教育进入全新阶段，从中央到地方开始创建法制宣传网站，政府网站建立法制宣传教育专栏，并增设了法律服务热线，这表明我国的法制宣传教育已经从过去单纯的灌输式的传播，正在向交互式迈进。

交互式传播，是新媒体与传统文化媒体传播的根本区别之一。这种传播方式随着互联网和移动智能终端应运而生，人们通过便携式的移动终端设备可以实时互动，受众（接受信息者），可以智能筛选信息，不受时间、空间限制地阅读和发表评论，这极大改变了受众的弱势与被动，传播主体与受众之间可以平等交流和传递信息。再则，在传统的法制宣传教育中，宣传者（主体）具有绝对的支配地位，受教育者只能被动地接受信息，但交互式的传播可以满足受众"智能化""个性化"需求，在传播过程中可以进行个性化定制，从而实现宣传主体和受众的双向互动，使法制宣传教育能够形成对话、理解、共享的良性循环。总之，灌输式的宣传方式并不是一无是处，在我国宣传工作或教育领域中，灌输式的输出方式，仍起着一定的作用，只是这种单向度的传播方式往往将受众当作"存储器"。因此，灌输式教育也被认为是一种存储行为，会影响受众的创造力；互联网的出现，为人们提供了多位的互动联系，也改变传统灌输的传播方式。

二、从显性到隐形

显性教育是教育主体通过有计划、有目的的内容进行教育，受教育者能够明确感知到受教育的一种传统的教育方式。教育主体可以计划安排教育的内容，如为引导学生树立正确的价值观，开设的思想道德修养、大学思想政治理论课等；这些教育在进行课程安排时，都有教学目的。而隐性教育是受教育者无意识地受到激励、鼓舞、熏陶，潜移默化达到教育效果的一种教育方式。法制宣传教育的发展历程，也经历了从显性教育到隐性教育的历程。

"一五"普法规划开始后各地纷纷成立普法机构，选拔普法骨干进行培训，除司法部门的普法骨干外，在一些地方还选派法制报告员，为群众提供培训。全国各级干校、党校开设法治课程或是举办讲座，与此同时，全国大中小学纷纷开设法制课程，到"一五"普法规划收官，全国有 1.5 亿大中小学生接受了法制宣传教育。到"二五"普法规划，全国 96 个行业发布了法制宣传教育规划，全国共有 7 亿人接受了法制宣传教育，组织学习法律法规 200 多部。① 这都是法制宣传教育过程中显性教育的体现，宣传主体发布宣传内容，由具有专业素养的宣传员或教师对宣传教育对象进行培训或授课，宣传员或教师成为宣传的媒介，具有主观能动性，在不改变内容的前提下，可以进行自主创新，以完成教学目标，但教学成效却不好衡量，法律观念、法律素养不可能从通过考试后就具备，在没有法治实践经验的情况下，也不可能接受法制教育培训或法制讲座后就能提升法律意识，再则显性前提在于受教育者有接受教育的能力，对文化层次有要

---

① 牛克，刘玉民．法制宣传学［M］．北京：人民法院出版社，2003：41-42.

求，这也是法制宣传教育过程中显性教育的弊端，单纯的授课、培训、讲座等以"命令式"要求的文本教育，难以调动受教育者的积极性，普法教育不应是单单追求一切有接受教育公民的"地毯式""数字式"普法，应该根据不同群体特征进行高质量的普法。

隐性教育不仅是局限于某个特定场合，法制宣传教育早期宣传方式如宣传画、宣传册、黑板报、挂图、连环画、具有激励性的文艺节目等，都具备隐性教育的属性，对受教育者没有学历、职业要求，更多是使受教育者无意识的习得认同，在不自觉中受到教育。互联网的普及，加速了法制宣传教育的隐形教育进程，手机等新媒体的出现，使人们接收信息更加便利。"四五"普法规划将"12 月 4 日"作为全国普法日，发挥法制新闻、法制影视、法制文艺的引导作用。①"七五"普法规划中，要求大众传媒在重要时段、重要版面播放法制广告，周期性滚动播放的广告也可以引发受教育者的反思。进入二十一世纪后，互联网因其传播速度快、覆盖面广的优势，伴随手机等移动终端的普及，传统大众媒体先后进驻互联网，从中央到地方都创办了法制宣传教育网站，司法部及地方各级司法部门及分管的普法部门、政法机关纷纷入驻微博、微信、抖音，根据各平台的属性，以新闻、案件、释法等形式开展法制宣传教育，潜移默化地影响受教育者的观念、价值、态度，以及对法的认知，受教育者可以不受时间、空间限制接收信息，这也决定了法制宣传教育的新趋势，线下转为线上，显性教育为辅、隐性教育为主的必然趋势。

三、从传统到现代

从"一五"普法规划中利用报纸、广播、电视、出版、文艺等方式开展法制宣传教育，到"八五"普法规划中提出"以互联网思维和全媒体视

---

① 最高人民检察院法律政策研究室．中华人民共和国现行法律法规及司法解释大全（第 1 册）［M］．北京：中国方正出版社，2003：260.

角深耕智慧普法"①。利用智慧普法、学习强国等平台实现信息共享,实现全国范围内多级互动传播,形成全媒体法治传播体系。我国的法制宣传教育的传播方法,已经实现了从传统到现代的转变。

随着互联网的普及,加快了整个社会的节奏,"朝九晚五""996""007"的工作制,每天手机 APP 海量的信息推送,加剧整个社会的浮躁和人们对美好生活的向往。传统的法制宣传教育中讲座、授课这种单向灌输的宣传模式,已无法迎合法制宣传教育受众的需求,纵使是法制视频、影像等直接的视觉观感,受众对于作品内容的演绎品质甚至画质要求都越来越挑剔。因此,必须改变传统的宣传方式,但也不代表要完全摒弃以往的宣传方式。在政府机关、事业机关,传统的法制宣传教育方式依旧可行,如在法制宣传日张贴标语、制作黑板报、发放宣传手册、开展论坛、讲座等,都是切实可行的,但法制宣传教育的普及对象有限。"八五"普法规划扩大了对象范围,媒体从业人员、社会组织从业人员,以及老人、妇女、残疾人、农民,这就给传统法制宣传方式带来了挑战。传统的法制宣传教育针对的是有接受教育能力的群体,新增的普法对象中老人、残疾人、农民、妇女中一部分人文化层次较低,学习能力较弱,单靠讲座、授课、法律咨询收效有限,甚至也不好进行组织。因此,法制宣传教育开展以来,对于基层文化层次较低的群体,更多是以开展法制宣传教育活动的形式,让这类受教育者有基本的认知。因此,只有创新法制宣传教育的方式才能扩大法制宣传教育的群体覆盖面。

当前,我国移动互联网发展势头迅猛。中国互联网信息中心(CNNIC)发布第 48 次《中国互联网络发展状况统计报告》。截至 2021 年 6 月中国互联网中心最新数据显示,我国手机网民规模达 10.07 亿人,互联网普及率达 71.6%,受文化程度和设备不足等因素影响,非网民规模为 4.02 亿,其中城镇地区非网民占比为 49.1%,农村地区非网民占比为 50.9%,在所有群体中,中老年网民

---

① 中共中央国务院转发中央宣传部、司法部关于开展法治宣传教育的第八个五年规划(2021—2025 年)[N].人民日报,2021-06-16(1).

增速最快，占到总和的 28%。这也为法制宣传教育方式转型提供了新的契机，互联网媒介已经成为法制宣传教育的主要路径之一。以抖音为例，自 2016 年上线以来，短视频以其时间短、趣味性强、有代入感的特点，已收获了近七亿用户的青睐。同年 8 月，中国人民大学联合抖音在发布的《中老年人短视频使用情况调查报告》中得出结论，抖音已经成为老年人获取知识、社交娱乐的新工具。在对 28 个省的 1000 多名中老年人的访谈中，50%的中老年人通过抖音了解时事新闻；60%以上的中老年人通过使用抖音后，提升和增加了生活乐趣。在未来几年，中老年抖音用户将是最大的增长点。

总而言之，互联网、新兴自媒体的发展，极大地改变人们接收信息的渠道，微博、微信、抖音三大主要社交网络平台以其强大的使用率，以及不同年龄段的覆盖率，正在改变法制宣传教育的宣传方式，过去文本法制宣传教育的形式，如报纸、期刊、书籍、布告、宣传册等宣传品，也已从线下转到线上，过去在报纸上才能看到的新闻，当前可以在官方网站或官方 APP 进行浏览，微博普法、微博执法已经耳熟能详，微信公众号的日常法制推送、司法机关日常的抖音视频，无形中正在改变人们的思维方式，提升了公众的维权意识，增加了人们对法的敬畏。

第三章

法制宣传教育的主要内容

党的十一届三中全会，果断停止了以"阶级斗争为纲"的错误路线，以邓小平为核心的中央领导集体冲破了党内长期"左"的思想束缚，深刻总结了"文革"的经验教训，重新确立了党的实事求是的思想路线，明确强调了社会主义法制的重要性。邓小平指出："为了保障人民民主，必须加强法制。必须使民主制度化、法律化，使这种制度和法律不因领导人的改变而改变，不因领导人的看法和注意力的改变而改变。"① 我国的法制建设至此进入了恢复和重建时期。"八二"宪法的颁布，以法律的形式明确了公民的基本权利，规定了任何政党、组织、个人都不得凌驾于宪法之上，标志着我国的社会主义法制建设进入了新时期。1985 年 6 月，中宣部、司法部联合公布了《关于向全体公民基本普及法律常识的五年规划》（简称"一五"普法规划），开启了全民普法教育的新篇章。

第一节　以宪法为中心的法制宣传教育

改革开放后，我国颁布了"八二"宪法，并在"八二"宪法的基础上，相继于 1988、1993、1999、2004、2018 年进行了五次修改。宪法的每一次修改都是为了适应社会主义新形式、新任务，更好地体现人民的意志，充分体现中国的制度优势。全民普法教育开启以来，宪法宣传教育始

---

① 中共中央文献研究室．十一届三中全会以来重要文献选读（下册）［M］．北京：人民出版社，1987：1187.

终是法制宣传教育的重要内容之一，宪法的每一次修改都是国家政策方针的一次调整，作为我国的基本大法，宪法充分体现了公民的权利与义务，只有使公民学习宪法及其宪法修改内容，才能使公民树立正确的权利观和宪法观。

一、"七八"宪法的宣传教育

1978 年 3 月，第五届全国人大第一次会议通过了新宪法（又称"七八"宪法），这部宪法主要以"五四"宪法为蓝本，恢复了"五四"宪法体制，总体上延续了"五四"宪法的内容，对于国家性质的规定也基本上沿用"七五"宪法的表述。"七八"宪法依旧带有"文革"的色彩，如提出"教育为无产阶级服务"，"文化事业坚持马列主义和毛泽东思想的领导和工农兵服务"等。在国家机构上沿用"五四"宪法对国家机构的规定，重新审定了司法审判制度，但人民检察院和人民法院依旧没有独立行使权力的职权。此外，"七八"宪法重新沿用了"五四"宪法对公民权利和义务的规定。正是由于"七八"宪法存在局限性，随着党内拨乱反正工作的推进，才有了"七八"宪法的两次修改。1979 年 7 月，"七八"宪法进行第一次修改，主要是对国家机构设置的调整，如将地方革委会更改为人民政府，县级及县级以上人大代表可以参与直接选举等四项内容。1980 年 9 月，"七八"宪法进行第二次修正，取消了"有运用大鸣、大放、大辩论、大字报的权利"规定，总结了"文革"的教训，并否定了"文革"的结果。

1978 年 3 月，五届人大一次会议，做了关于修改宪法的报告，明确建设社会主义强国、加强民主集中制、加速经济建设、人民军队建设等内容，明确指出"修改宪法报告中最具有特征的是要加强无产阶级专政下的民主集中制，还有为保障人民的民主生活和公民权，排除无政府主义和破

坏纪律的行为，强调要坚持民主管理，决定设置检察院"①。1978 年 3 月 8
日，《人民日报》全文刊载了"七八"宪法的全文，加上序言及四个章节
的内容，共由五个部分组成；当天《人民日报》还刊登了叶剑英《关于修
改宪法的报告》，叶剑英对宪法修改说明主要围绕"要发扬民主、国家机
关工作人员要联系群众、要强化国家机器，加强对敌人的专政"② 三方面
内容。随后《中华人民共和国宪法》《关于修改宪法的报告》的单行本由
人民出版社出版。"七八"宪法颁布后，海外一些知名报纸对新宪法做了
书评。美国的《巴尔的摩太阳报》评价说："宪法不仅像美国宪法那样是
国家根本法，而且还起政纲的作用……报告表明，新宪法草案将反映出发
展经济居于优先地位。"③ 英国《每日电讯报》评价道："新宪法强调了经
济发展、科学教育、军队的现代化和加强司法机构的问题。宪法强调了秩
序和'民主'，中国人的意思是说，忠诚的共产党人有权说出自己的想法，
只要不违背党的基本原则就行。"④ 日本《朝日新闻》刊登了题为《以实
现现代化为目标的中国宪法》的文章，认为中国此次宪法修改是大幅度的
改动，表明中国正在追求既重视经济建设，又重视思想及革命精神的新型
社会主义。⑤ 除此之外，《朝日新闻》还刊登了东京大学藤田勇教授题为
"中国新宪法的特征"的谈话，他认为新宪法强调了遵守法律的一面，是
最接近"现代社会主义宪法"的。⑥ 南斯拉夫《政治报》发表了《新宪法
突出了什么》，文章强调新宪法重点在社会民主化上。除此之外，法国
《世界报》、智利《埃尔西利亚》周刊分别对修改宪法的文章做了点评和发

---

① 写上了新时代的总任务 叶剑英副主席作修改宪法报告 [N].参考消息，1978-03-
03（1）.
② 叶剑英.关于修改宪法的报告——一九七八年三月一日在中华人民共和国第五届全
国人民代表大会第一次会议上的报告 [N].人民日报，1978-03-08（1）.
③ 美国巴尔的摩太阳报述评.新宪法反映了雄心勃勃的经济目标 [N].参考消息，
1978-03-04（1）.
④ 英报评叶副主席关于修改宪法的报告 [N].参考消息，1978-03-04（1）.
⑤ 日报述评.以实现现代化为目标的中国宪法 [N].参考消息，1978-03-04（1）.
⑥ 日教授藤田勇的谈话 中国新宪法的特征 [N].参考消息，1978-03-04（4）.

布了署名文章。

1978 年 5 月 3 日，《人民日报》发表社论文章——《学习新宪法 宣传新宪法 遵守新宪法》，指出"新宪法就是人人都必须遵守的根本大法。一切工厂、农村、商店、学校、部队和机关，都必须动员起来，加强领导，切实抓好新宪法的宣传教育和贯彻执行"①。随后，在全国各地掀起了学习和宣传宪法活动，先是在北京，政法界人士召开学习、宣传和贯彻新宪法座谈会，与会各界人士坚决拥护和贯彻新宪法。5 月 23 日，时任最高人民法院的江华在《人民日报》专栏上发表了《实施新宪法是人民法院的光荣职责》的文章，号召全国司法战线，实施新宪法，做好司法工作，搞好经常性的社会主义宣传，采取各种形式，向人民群众宣传社会主义道德风尚。② 同一天，《人民日报》刊登了全国人民第八次司法工作会议代表座谈会，座谈会上与会代表重申了法制教育的重要性，并一致认为，只有全党重视社会主义法制教育，社会主义法制才能得到真正的贯彻执行。③ 5 月28 日，《人民日报》报道了全国人民第八次司法工作会议，此次会议明确了"宣传新宪法 贯彻新宪法 进一步加强社会主义法制"的主题，并号召司法工作人员学习新宪法，宣传新宪法，通过学习提高对加强社会主义法制重要性的认识，坚决地同各种违法犯罪行为做斗争。④ 当天，《人民日报》在其发表的社论文章中，要求"司法干警更应当以身作则，成为带头宣传新宪法，实行新宪法，遵守新宪法的模范"⑤。同年 7 月，《人民日报》报道了合肥公安干警学习新宪法的情况。根据"七八"宪法规定，全国各级的检察院积极筹建，到九月底，全国"各省、市、自治区所属的地

---

① 学习新宪法 宣传新宪法 遵守新宪法 [N]．人民日报，1978-05-03（1）．
② 江华．实施新宪法是人民法院的光荣职责 [N]．人民日报，1978-05-23（3）．
③ 加强法制教育 严格依法办事——参加第八次全国人民司法工作会议的部分代表座谈学习新宪法的体会 [N]．人民日报，1978-05-24（2）．
④ 宣传新宪法 贯彻新宪法 进一步加强社会主义法制 第八次人民司法工作会议确定新时期工作任务 李先念副主席作重要指示，纪登奎同志讲话，江华同志作报告 [N]．人民日报，1978-05-28（1）．
⑤ 实施新宪法 加强社会主义法制 [N]．人民日报，1978-05-28（1）．

区分院、市检察院，有百分之六十任命了检察长（副检察长）"①。1979年7月，《人民日报》报道了五届全国人大二次会议宪法修改决议，公布"七八"宪法的修改方案。1980年3月，《人民日报》刊登的文章指出："宪法从内容上规定了国家最根本的原则性；宪法效力高于其他法律是国家立法活动的根据，因此说宪法是国家的根本大法。"② 同年4月，《人民日报》报道了全国人大常委会取消第四十五条的议案，将先前的四十五条议案改为"公民有言论、通信、出版、集会、结社、游行、示威、罢工的自由"③。1980年9月，五届全国人大三次会议通过了关于宪法修改的第四十五条决议，并成立了宪法修改委员会。叶剑英在首次宪法修改委员会会议中指出："现行的宪法已经不能很好地适应我国社会主义现代化建设的客观需要，立即着手对它进行全面的修改……我们这次修改宪法要认真总结中华人民共和国成立以来制定和修改宪法的历史经验。一定要从我国的实际情况出发……一个是'领导与群众相结合'，一个是'本国经验与国际经验相结合'。"④ 为了更好地借鉴别国宪法修改经验，这一时期《人民日报》在专栏里刊登了《各国宪法的监督机构》《各国宪法的修改程序》两篇文章。1981年5月，中国社科院出版了《中国宪法类编》，主要是介绍了从二次国内革命战争时期到"七五"宪法，各个时期宪法产生的背景、内容、宪法精神及实施情况。为了更好地普及宪法知识，1981年10月开始，《人民日报》第五版开设了"学点宪法知识"专栏（见表3-1）。

---

① 根据新宪法规定和党中央指示 各级人民检察院正在迅速建立［N］. 人民日报，1978-11-28（1）.
② 为什么说宪法是国家的根本大法？［N］. 人民日报，1980-03-21（5）.
③ 人大常委会关于建议修改宪法第四十五条的议案［N］. 人民日报，1980-04-17（1）.
④ 宪法修改委员会举行首次会议［N］. 参考消息，1980-09-16（1）.

表 3-1 "学点宪法知识"专栏

标题	作者	日期	版面
宪法的起源	周新铭	1981-10-13	5
宪法和普通法律的区别	周新铭	1981-10-19	5
宪法的种类	周新铭	1981-10-20	5
宪法的保障	周新铭	1981-10-26	5
宪法的解释	周新铭	1981-10-29	4
宪法的结构	李步云	1981-11-02	5
宪法的完备问题	李步云	1981-11-03	5
宪法条文必须明确、具体、严谨	李步云	1981-11-09	5
宪法的规范性	李步云	1981-11-10	5
宪法的修改	周新铭	1981-11-16	5
宪法的制定和修改必须贯彻民主原则	李步云	1981-11-24	5
我国现行宪法为什么要修改	李步云	1981-11-27	5
宪法的稳定性	李步云	1981-12-01	5

二、现行宪法草案及现行宪法的宣传教育

党的十一届三中全会后，我国的法制工作迅速恢复，但没有根本清除"左"的思想，"七八"宪法依旧有许多过时的政治观点，并不适应我国现代化建设的需要。因此，1980 年 9 月，中共中央提出了修改宪法的建议，

同年 10 月，五届全国人大三次会议成立宪法修改委员会。"八二"宪法即现行宪法，依旧是以"五四"宪法为蓝本，其修改主要是总结了中华人民共和国成立以来，尤其是"文化大革命"的深刻教训下展开的。现行宪法颁布以前进行了一系列的讨论，修宪委员会进行为期九个月的进行资料准备、调查研究，并起草了初稿。1981 年 6 月，党的十一届六中全会通过了《关于建国以来党的若干历史问题的决议》，党内上下对毛泽东以及毛泽东思想的评价，取得了基本的共识，但是就是否将"四项基本原则"写入宪法存在争议。彭真在《关于建国以来党的若干历史问题的决议》中，也否定了引进西方的制度体系，要求修宪从中国实际出发。现行宪法从修改到颁布，历时两年多，先后经中央到各级机关、全国社会各界讨论，宪法委员会经过反复修改，还发动了全面讨论。最终，1982 年 12 月 4 日，现行宪法颁布，现行宪法的颁布适应了新时期发展的需要，修改了"五四"宪法中一些旧的表述，是我国法制建设史的里程碑。

（一）关于现行宪法草案的宣传教育

1981 年 12 月，五届全国人大四次会议将宪法修改草案推迟到五届人大五次会议开展。《人民日报》从 1982 年开始密集报道宪法草案的修改。从宪法修改委员会历次会议到政协提交的宪法修改草案（讨论稿）说明，都进行了追踪报道。1982 年 3 月，宪法修改委员会第二次全体会议召开，拟在日后吸收各机关部门、政协及秘书处的意见。同年 4 月，宪法修改委员会第三次会议召开，并进行了为期九天的讨论，《人民日报》报道了宪法修改委员会第三次会议的相关决议，并于 4 与 21 日通过了宪法修改草案。

表 3-2 第三次会议相关决议

标题	内容	日期	版面
宪法修改委员会第三次会议	讨论审议《中华人民共和国宪法修改草案（修改稿）》	1982-04-13	1
	讨论审议草案《总纲》部分	1982-04-17	1
	讨论审议草案《公民的基本权利和义务》	1982-04-18	1
	宪法修改草案讨论审议完毕	1982-04-21	1

宪法修改案通过后，就开始提请公布给全国各族人民进行讨论。4 月 22 日，彭真在五届全国人大二十三次会议就宪法草案中八个问题做了说明，包括四项基本原则、国体、根本制度、精神文明、公民权利等。法新社、路透社、南通社、日本经济新闻等外国媒体对彭真的宪法修改说明作了评述，认为中国的宪法草案包含着"要使国家机构和制度现代化的意图"①。4 月 28 日，《人民日报》刊载了《中华人民共和国宪法修改草案》，胡绳对宪法草案情况作了情况说明。4 月 29 日，《人民日报》发表了《全民动员讨论宪法的草案》的社论，全国掀起了讨论宪法草案的热潮，随后全国妇联、军队、少数民主党派、共青团、宗教团体等各界人士纷纷参与宪法草案讨论并提出修改意见。其中，全国政协召开了七次宪法修改草案专题讨论会。5 月 12 日，《人民日报》在"大家都来讨论宪法修改草案"专栏中，刊登了张友渔答记者问，重点回应了宪法修改草案的特点和为什么要开展全民讨论的原因，只是因为全民讨论"是人民管理国家大事的一种途径和形式""可以保证宪法的完善性"，"也是一次有关社会主义法制的普及教育"。②《人民日报》还专门刊登群众对草案的意见专栏，还有一

---

① 日报评彭真关于宪法修改草案的说明 [N]. 参考消息，1982-04-24（1）.

② 张友渔就宪法修改草案答新华社记者问 [N]. 人民日报，1982-05-12（3）.

些系统性、理论性的文章（见表3-3），这些文章加深了人们都宪法草案的认知。1982年8月31日，持续四个月的宪法草案大讨论结束，在此期间，宪法委员会共收到两千多封对宪法修改意见建议的群众来信。① 宪法草案的大讨论不仅使群众学习了宪法知识，也提升了人民群众参政议政的主人翁意识。

表3-3 《人民日报》中一些系统性、理论性的文章

标题	作者	日期	版面
我国第一部宪法草案全民讨论情况	董成美	1982-05-04	5
新宪法草案的基本精神	张友渔 许崇德	1982-05-17	5
新宪法草案为什么规定设立审计机关？	陈兴波	1982-06-08	5
从宪法修改草案看行政立法的任务	夏书章	1982-06-29	5

（二）关于现行宪法的宣传教育

1982年12月5日，《人民日报》全文刊载了现行宪法全文，次日又刊登了彭真《关于中华人民共和国宪法修改草案的报告》，重点对国体、经济制度、精神文明、国家结构、国家统一和民族团结做了说明。② 现行宪法颁布后，美联社、路透社、法新社、德新社、塔斯社、朝日新闻等外国媒体，以及香港的《大公报》《文汇报》纷纷都对现行宪法作了评述，认为"新宪法的颁布，表明中国重视完善法律体系，重视经济建设的现代化政策，也表明中国在国家基本法宪法方面已经摆脱了'文化大革命'的束

---

① 全民讨论宪法修改草案工作结束［N］. 人民日报, 1982-09-06（1）.
② 关于中华人民共和国宪法修改草案的报告——一九八二年十一月二十六日在第五届全国人民代表大会第五次会议上［N］. 人民日报, 1982-12-06（1）.

缚"。① 现行宪法的颁布引起了社会各界的反响，随后全国掀起了遵守宪法、学习宪法的热潮。12 月 10 日，现行宪法单行本出版，藏、蒙古、维吾尔、朝鲜、哈萨克五种文字的宪法单行本将由民族出版社出版。同一天，中宣部发出宣传新宪法的通知，要求"高度重视和切实做好宪法的宣传教育工作，并组织全国人民认真学习。要通过宣传教育和组织学习，使广大群众知道宪法的基本精神和各项重要规定"②。

中宣部发布通知后，政协、少数民主党派、中直机关党委、法学会等社会各界开展了学习新宪法的活动。为了动员广大群众学习宪法，12 月 24 日，《人民日报》发表了《人人学习宪法 人人掌握宪法》的社论，指出"新宪法是新中国成立以来最好的一部宪法……是在总结中华人民共和国三十多年历史的基础上制定的。作为一部根本大法，中华人民共和国的每一个公民，都应当十分珍惜"③。《人民日报》设立了"《中华人民共和国宪法》讲话"专栏，连载宪法知识。

表 3-4　"《中华人民共和国宪法》讲话"专栏

标题	作者	日期	版面
新宪法是我们国家的根本大法（第一讲）	张正钊　林毓辉	1982-12-18	5
新宪法的指导思想（第二讲）	郭宇昭	1982-12-18	5
新宪法的修改过程体现了社会主义民主原则（第三讲）	王向明	1982-12-18	5

---

① 中国新宪法为现代化路线奠定法律基础 [N]. 参考消息，1982-12-06（1）.
② 中共中央宣传部关于宣传新宪法的通知 要求高度重视和切实做好宪法的宣传教育工作 [N]. 人民日报，1982-12-12（3）.
③ 人人学习宪法 人人掌握宪法 [N]. 人民日报，1982-12-24（1）.

续表

标题	作者	日期	版面
人民民主专政是我国的国体（第四讲）	郭宇昭	1982-12-23	5
人民代表大会制度是我国的根本政治制度（第五讲）	皮纯协	1982-12-23	5
发展企业民主管理和基层社会生活的群众自治（第六讲）	王向明	1982-12-27	3
人民政协的性质、地位与作用（第七讲）	林毓辉	1982-12-27	3
国家机构的民主集中制原则（第八讲）	张正钊	1982-12-27	3
中华人民共和国是统一的多民族国家（第九讲）	张正钊	1982-12-27	3
新宪法贯彻了民族平等原则（第十讲）	朱作霖 姚渭玉	1982-12-27	3
生产资料的公有制是我国社会主义经济制度的基础（第十一讲）	张朝尊	1982-12-30	5
新宪法关于土地所有权的规定（第十二讲）	林毓辉	1982-12-30	5
国家依法保护公民的个人财产所有权和公民的私有财产继承权（第十三讲）	林毓辉	1982-12-30	5
维护社会主义法制的统一和尊严（第十四讲）	许崇德	1983-01-06	5

标题	作者	日期	版面
社会主义计划经济和市场调节的辅助作用（第十五讲）	张朝尊	1983-01-06	5
城乡劳动者个体经济是社会主义公有制经济的补充（第十六讲）	林毓辉	1983-01-06	5
国家允许外国在中国的合法投资和中外经济合作（第十七讲）	林毓辉	1983-01-06	5
建设社会主义精神文明是新宪法的重要内容（第十八讲）	董成美	1983-01-11	6
公民权利和义务的一致性（第十九讲）	赵友琦	1983-01-11	6
我国公民的基本权利是很广泛的（第二十讲）	林毓辉　张正钊	1983-01-11	6
公民在法律面前一律平等（第二十一讲）	郭宇昭	1983-01-13	5
公民的人身自由（第二十二讲）	王向明	1983-01-13	5
人格尊严不受侵犯是公民的基本权利（第二十三讲）	董成美	1983-01-13	5
公民有对国家机关及其工作人员提出批评、建议、申诉、控告或者检举的权利（第二十四讲）	皮纯协	1983-01-13	5

续表

标题	作者	日期	版面
坚持和发展民族区域自治制度（第二十五讲）	张正钊	1983-01-13	5
全国人大是我国最高国家权力机关（第二十六讲）	王向明	1983-01-13	5
新宪法加强了全国人大常委会（第二十七讲）	王向明	1983-01-20	5
关于全国人大专门委员会（第二十八讲）	王向明	1983-01-20	5
新宪法恢复设立国家主席（第二十九讲）	林毓辉	1983-01-20	5
国务院的组织、职权和领导制度（第三十讲）	董成美	1983-01-20	5
中央军事委员会的性质、地位、作用（第三十一讲）	董成美	1983-01-20	5

1983 年 2 月 28 日，《人民日报》刊登了彭真在政法部门的讲话，要求各级政法部门和全体干警要严格遵照宪法办事，认真学习宪法，做到真正熟悉宪法的内容，准确地掌握宪法的精神。① 同年 3 月，《〈中华人民共和国宪法〉讲话》由《人民日报》出版并在全国发行。同年 6 月，北京各个中学开设法制科目，加强以宪法为中心的法制宣传教育。1983 年 12 月 3

---

① 全力以赴维护宪法尊严［N］. 人民日报，1983-02-28（1）.

日，现行宪法颁布一周年，彭真发表讲话，阐述了宪法实施的六个问题，号召各级职能部门严格按照宪法办事。这一时期，《人民日报》对宪法及其修改草案的过程进行了报道，除了报道还开设专栏，刊登了一些宪法理论性文章（见表3-5），通过社论或专家释法连载的形式，向人民群众宣传了宪法及宪法的重要性。

表3-5 宪法理论性文章

标题	作者	日期	版面
新宪法肯定了知识分子的地位和作用	葛佩琦	1982-12-15	4
论宪法保障	陈云生	1982-12-27	5
新宪法的基本特点	王叔文	1982-12-30	5
论宪法实施的保证	龚育之	1983-01-17	5
党员要做遵守宪法的模范	社论	1983-01-24	5
党必须在宪法和法律的范围内活动的几个问题	林以翠	1983-03-28	5
要把宪法作为全民的必修课	王仲方	1983-12-05	2
保障宪法和法律的实施	任常伟	1985-10-21	4

三、关于现行宪法五次修改的宣传教育

"宪法修改是解决宪法规范与社会现实冲突的基本方式之一。"① 宪法

---

① 徐秀义，韩大元. 现代宪法学基本原理［M］. 北京：中国人民公安大学出版社，2001：279.

必须与社会现实相协调才能体现宪法的价值，当宪法的规范不适应现实发展需要的时候，就需要对宪法进行修改，以此来保证宪法的与时俱进和权威性。当前，我国宪法已经进行了五次修改，每一次修改都是以现行宪法为蓝本，而每一次修改主要都是为了适应社会发展的需要，主要集中在政治和经济层面上的修改，对宪法进行适当地调整，使宪法在不同时期保持对国家各领域的总体调控功能，回应现实的关照，这也是宪法修改的意义所在。

20世纪80年代，随着现行宪法放宽了个体经济的限制，我国私营经济发展迅速，根据国家工商总局数据统计，"1987年底全国私营企业共有11.5万家，雇工总数约为184.7万人，私营企业70%以上分布在沿海和经济发达的农村，主要以工业、采矿业、运输业、建筑业为主"①。尽管私营企业发展迅速，但是也存在管理薄弱、违规经营、偷税漏税、劳工权益工作时长和安全没保障的现象。因此，需要国家制定私营经济配套的法律法规，加强对私营经济的监督、引导，促进私营经济健康发展。1988年3月6日，六届全国人大二十五次会议审议了关于修改宪法个别条款的建议，彭真主持了会议，会议普遍认同在宪法中加入"私营经济"的内容。4月12日，七届全国人大一次会议通过了现行宪法修正案，并正式实施。

---

① 我国私营企业发展正方兴未艾 鼓励引导监督管理须有机结合 [N]. 人民日报，1988-03-16（1）.

表 3-6　1988 年现行宪法的修改

标题	修改条款	修改内容
1988 年宪法修改	现行宪法中第十一条	新增"国家允许私营经济在法律规定的范围内存在和发展。私营经济是社会主义公有制经济的补充。国家保护私营经济的合法的权利和利益,对私营经济实行引导、监督和管理"
	现行宪法中第十条第四款	"任何组织或者个人不得侵占、买卖、出租或者以其他形式非法转让土地。"改为:"任何组织或者个人不得侵占、买卖或者以其他形式非法转让土地。土地的使用权可以依照法律的规定转让"

　　1993 年 2 月 16 日,《人民日报》刊登了第七届全国人大常委会发布的现行宪法修改部分内容,并且,在当日召开的七届全国人大第三十次会议中委员们赞同对宪法进行适度的修改。3 月 18 日,八届全国人大一次会议主席团第二次会议决定将修改宪法部分内容的补充建议提请人大表决。3 月·20 日,八届全国人大第三次会议,审议宪法修正案。3 月 29 日,八届全国人大一次会议第七次大会,审议并通过了宪法修正案。4 月 3 日,田纪云出席首都新闻单位负责人座谈会指出:"要加强对宪法、法律的宣传,加强执法情况的宣传","要充分发挥报刊、广播、电视等舆论手段的作用"。①

---

①　田纪云与首都部分新闻单位负责人座谈 加强宪法和执法宣传 对违宪违法的典型案件可以通过舆论工具公之于众 [N]. 人民日报,1993-04-04（4）.

表3-7　1993年现行宪法的修改

标题	修改条款	修改内容
1993年宪法修改	现行宪法序言中第七自然段后两句	修改为："我国正处于社会主义初级阶段。国家的根本任务是，根据有建设中国特色社会主义的理论，集中力量进行社会主义现代化建设。中国各族人民将继续在中国共产党领导下，在马克思列宁主义、毛泽东思想指引下，坚持人民民主专政，坚持社会主义道路，坚持改革开放，不断完善社会主义的各项制度，发展社会主义民主，健全社会主义法制，自力更生，艰苦奋斗，逐步实现工业、农业、国防和科学技术的现代化，把我国建设成为富强、民主、文明的社会主义国家"
	现行宪法序言中第十自然段末	新增："中国共产党领导的多党合作和政治协商制度将长期存在和发展"
	现行宪法中第七条	改为"国有经济，即社会主义全民所有制经济，是国民经济中的主导力量。国家保障国有经济的巩固和发展"
	现行宪法中第八条第一款	改为"农村中的家庭联产承包为主的责任制和生产、供销、信用、消费等各种形式的合作经济，是社会主义劳动群众集体所有制经济。参加农村集体经济组织的劳动者，有权在法律规定的范围内经营自留地、自留山、家庭副业和饲养自留畜"

标题	修改条款	修改内容
1993年宪法修改	现行宪法中第十五条	改为"国家实行社会主义市场经济。""国家加强经济立法，改善宏观调控，依法禁止任何组织或者个人扰乱社会经济秩序"
	现行宪法中第十六条	改为"国有企业在法律规定的范围内有权自主经营。""国有企业依照法律规定，通过职工代表大会和其他形式，实行民主管理"
	现行宪法中第十七条	改为"集体经济组织在遵守有关法律的前提下，有独立进行经济活动的自主权。""集体经济组织实行民主管理，依照法律规定选举和罢免管理人员，决定经营管理的重大问题"
	现行宪法中第四十二条第三款	改为"劳动是一切有劳动能力的公民的光荣职责。国有企业和城乡集体经济组织的劳动者都应当以国家主人翁的态度对待自己的劳动。国家提倡社会主义劳动竞赛，奖励劳动模范和先进工作者。国家提倡公民从事义务劳动"
	现行宪法中第九十八条	改为"省、直辖市、县、市、市辖区的人民代表大会每届任期五年。乡、民族乡、镇的人民代表大会每届任期三年"

　　1998年3月，有政协委员提出修改宪法的建议，尤其是在党的十五大报告以后，毛泽东思想和邓小平理论应该在宪法中得以体现，再就是党的

十五大提出的公有制实现形式，宪法应该做修改。① 1999 年 1 月 28 日，九届全国人大常委会七次会议做了修改宪法部分内容的说明。1 月 30 日，中央委员会向人大常务委员会提请了修改部分宪法的建议。2 月 1 日，李鹏召开宪法修改座谈会，分别听取经济界和法学界专家的意见，大会一致认为，应该将党的十五大精神写进宪法。2 月 10 日，《人民日报》在其"立法与执法"专栏中刊登了《我国宪法关于修宪的规定》。3 月 8 日，《人民日报》在"经济周刊"专栏中刊登了现行宪法第十一条的修改建议，并刊登了民建中央副主席李崇准对修改现行宪法中个体私营经济的建议，认为发展个体和私营经济的同时，国家实行积极的引导、管理和监督，在社会主义初级阶段发展私营经济符合"三个有利于"的原则。② 1999 年 3 月 10 日，《人民日报》刊登了现行宪法修正草案说明。3 与 15 日，九届全国人大二次会议通过了宪法修正案，对现行宪法的六项条款做了修改。3 月 18 日，新版《中华人民共和国宪法》单行本出版，并将翻译成五种民族文字出版发行。宪法修正案通过后，中国法学会、社科院分别举行了学习宪法修正案座谈会和报告会，号召哲学社会科学工作者宣传宪法，普及宪法知识和强化人们的法治观念。③ 3 月 31 日，中宣部、司法部下发了学习宣传宪法修正案的通知，要求各地通过大众传播工具来宣传宪法，新闻舆论部门要将宣传宪法修正案列入计划，各地普法部门要学习宣传宪法与依法治理结合起来，维护宪法权威，纠正一切违反宪法法律行为。④ 4 月 12 日，《人民日报》刊登了团中央动员青少年学习《宪法修正案》的通知。与此同时，中国青年出版社出版并在全国发行了《宪法修正案学习辅导读本》。

---

① 王翔. 抓紧完善宪法［N］. 人民日报，1998-03-09（3）.

② 李崇准. 我为什么建议修改宪法关于个体私营经济的规定［N］. 人民日报，1998-03-08（9）.

③ 社科院举行学习宪法报告会 李铁映讲话强调一定要学习好宣传好宪法 维护宪法权威［N］. 人民日报，1999-03-22（4）.

④ 中宣部、司法部联合通知要求学习宣传宪法修正案［N］. 人民日报，1999-04-01（3）.

表 3-8 1999 年现行宪法的修改

标题	修改条款	修改内容
1999 年宪法修改	现行宪法中序言第七自然段	改为"中国新民主主义革命的胜利和社会主义事业的成就，是中国共产党领导中国各族人民，在马克思列宁主义、毛泽东思想的指引下，坚持真理，修正错误，战胜许多艰难险阻而取得的。我国将长期处于社会主义初级阶段。国家的根本任务是，沿着建设有中国特色社会主义的道路，集中力量进行社会主义现代化建设。中国各族人民将继续在中国共产党领导下，在马克思列宁主义、毛泽东思想、邓小平理论指引下，坚持人民民主专政，坚持社会主义道路，坚持改革开放，不断完善社会主义的各项制度，发展社会主义市场经济，发展社会主义民主，健全社会主义法制，自力更生，艰苦奋斗，逐步实现工业、农业、国防和科学技术的现代化，把我国建设成为富强、民主、文明的社会主义国家"
	现行宪法中第五条新增一条作为第一款	规定"中华人民共和国实行依法治国，建设社会主义法治国家"

续表

标题	修改条款	修改内容
1999年宪法修改	现行宪法中第六条	改为"中华人民共和国的社会主义经济制度的基础是生产资料的社会主义公有制，即全民所有制和劳动群众集体所有制。社会主义公有制消灭人剥削人的制度，实行各尽所能、按劳分配的原则。""国家在社会主义初级阶段，坚持公有制为主体、多种所有制经济共同发展的基本经济制度，坚持按劳分配为主体、多种分配方式并存的分配制度"
	现行宪法中第八条第一款	改为"农村集体经济组织实行家庭承包经营为基础、统分结合的双层经营体制。农村中的生产、供销、信用、消费等各种形式的合作经济，是社会主义劳动群众集体所有制经济。参加农村集体经济组织的劳动者，有权在法律规定的范围内经营自留地、自留山、家庭副业和饲养自留畜"
	现行宪法中第十一条	改为"在法律规定范围内的个体经济、私营经济等非公有制经济，是社会主义市场经济的重要组成部分。"并对个体经济、私营经济作了规定
	现行宪法中第二十八条	改为"国家维护社会秩序，镇压叛国和其他危害国家安全的犯罪活动，制裁危害社会治安、破坏社会主义经济和其他犯罪的活动，惩办和改造犯罪分子"

中国加入世贸组织后，外贸形势发生了变化，外贸法需要进行调整。2003 年 10 月，党的十六届三中全会审议并通过了《中共中央关于修改宪法部分内容的建议》，并提交十届全国人大常务委员会审议。12 月 16 日，十届全国人大十次委员长会议，将宪法修改工作纳入日程安排。12 月 22 日，十届全国人大六次会议分组讨论并听取了宪法部分修改的建议。12 月 23 日，《人民日报》全文刊登了现行宪法修改十四条内容的建议（见表 3-9）。12 月 26 日，十届全国人大六次会议向人大提请审议宪法修正草案（代拟稿），吴邦国指出："修改宪法是国家政治生活中的一件大事。"① 要求修宪工作要与人民意志结合起来，把宪法完善好。2004 年 3 月 8 日，全国人大常委会副委员长王兆国在十届全国人大二次会议，对新宪法草案的形成、内容作了介绍。3 月 14 日，十届全国人大二次会议审议并通过宪法修正案。3 月 15 日，《宪法和宪法修正案辅导读本》和《宪法和宪法修正案学习问答》在全国发行。3 月 16 日，《人民日报》全文刊登了最新的《中华人民共和国宪法》。

---

① 吴邦国在人大常委会第六次会议上强调 认真学习中央关于修宪工作的精神 把宪法修改好完善好［N］．人民日报，2003-12-28（1）．

表3-9　2004年现行宪法修改

标题	修改条款	修改内容
2004年宪法修改	现行宪法中序言第七自然段	改为"中国新民主主义革命的胜利和社会主义事业的成就，是中国共产党领导中国各族人民，在马克思列宁主义、毛泽东思想的指引下，坚持真理，修正错误，战胜许多艰难险阻而取得的。我国将长期处于社会主义初级阶段。国家的根本任务是，沿着建设中国特色社会主义道路，集中力量进行社会主义现代化建设。中国各族人民将继续在中国共产党领导下，在马克思列宁主义、毛泽东思想、邓小平理论和'三个代表'重要思想指引下，坚持人民民主专政，坚持社会主义道路，坚持改革开放，不断完善社会主义的各项制度，发展社会主义市场经济，发展社会主义民主，健全社会主义法制，自力更生，艰苦奋斗，逐步实现工业、农业、国防和科学技术的现代化，推动物质文明、政治文明和精神文明协调发展，把我国建设成为富强、民主、文明的社会主义国家"
	现行宪法中序言第十自然段第二句	改为"在长期的革命和建设过程中，已经结成由中国共产党领导的，有各民主党派和各人民团体参加的，包括全体社会主义劳动者、社会主义事业的建设者、拥护社会主义的爱国者和拥护祖国统一的爱国者的广泛的爱国统一战线，这个统一战线将继续巩固和发展"
	现行宪法中第十条第三款	改为："国家为了公共利益的需要，可以依照法律规定对土地实行征收或者征用，并给予补偿"

标题	修改条款	修改内容
2004 年宪法修改	现行宪法中第十一条第二款	改为"国家保护个体经济、私营经济等非公有制经济的合法的权利和利益。国家鼓励、支持和引导非公有制经济的发展，并对非公有制经济依法实行监督和管理"
	现行宪法中第十三条	改为"公民的合法的私有财产不受侵犯。""国家依照法律规定保护公民的私有财产权和继承权。""国家为了公共利益的需要，可以依照法律规定对公民的私有财产实行征收或者征用，并给予补偿"
	现行宪法中第十四条	新增一条作为第四款"国家建立健全同经济发展水平相适应的社会保障制度"
	现行宪法中第三十三条	新增一条作为第三款："国家尊重和保障人权。"第三款相应地改为第四款
	现行宪法中第五十九条第一款	改为"全国人民代表大会由省、自治区、直辖市、特别行政区和军队选出的代表组成。各少数民族都应当有适当名额的代表"
	现行宪法中第六十七条	改为"（二十）决定全国或者个别省、自治区、直辖市进入紧急状态"
	现行宪法中第八十条	改为"中华人民共和国主席根据全国人民代表大会的决定和全国人民代表大会常务委员会的决定，公布法律，任免国务院总理、副总理、国务委员、各部部长、各委员会主任、审计长、秘书长，授予国家的勋章和荣誉称号，发布特赦令，宣布进入紧急状态，宣布战争状态，发布动员令"

续表

标题	修改条款	修改内容
2004年宪法修改	现行宪法中第八十一条	改为"中华人民共和国主席代表中华人民共和国，进行国事活动，接受外国使节；根据全国人民代表大会常务委员会的决定，派遣和召回驻外全权代表，批准和废除同外国缔结的条约和重要协定"
	现行宪法中第八十九条	改为"（十六）依照法律规定决定省、自治区、直辖市的范围内部分地区进入紧急状态"
	现行宪法中第九十八条	改为"地方各级人民代表大会每届任期五年"
	现行宪法中第四章	改为"国旗、国歌、国徽、首都"。第一百三十六条增加一款，作为第二款："中华人民共和国国歌是《义勇军进行曲》"

　　宪法修正案颁布后，全国掀起了学习宪法的活动。3月16日，各民主党派、工商联领导、无党派人士、宗教人士参加了中央统战部的座谈会，将学习新宪法和政协章程，作为中央统战工作的重要政治任务来完成。① 3月18日，胡锦涛主持召开中央政治局常务委员会，对学习和贯彻新宪法作了部署，强调要"普及宪法知识，提高全民的宪法意识"②。同一天，北京召开法学界、法律界学习新宪法座谈会，对新宪法的特点、意义以及如何学习新宪法进行了讨论。为了推动全国宪法学习和宣传活动，《人民日报》在理论版开辟了"认真学习宪法贯彻实施宪法专栏"，刊登了一系列重要

---

① 刘延东. 刘延东在中央统战部举行的座谈会上表示 认真学习宪法和政协章程是统一战线的重要政治任务［N］. 人民日报，2004-03-17（4）.

② 中央政治局常务委员会召开会议 对进一步学习和贯彻实施宪法进行研究部署［N］. 人民日报，2004-03-19（1）.

的专家论述（见表3-10）。3月25日，中宣部联合五部门举行学习宪法报告会。3月29日，中宣部和司法部要求加强新宪法的学习和宣传，将新宪法纳入"四五"普法规划中。3月31日，全国人大常委会副委员长王兆国在全国人大机关大会中要求，人大机关"要认真学习宪法，全面准确地领会和把握宪法修正的精神实质"①。随后在全国各机关部门积极开展学习和贯彻新宪法活动。4月3日，《人民日报》发表社论指出，要组织好学习宪法工作、推动宪法的实施以及坚持正确的舆论导向。② 4月7日、16日，中宣部、司法部利用远程卫星，组织全国各省、市、直辖市、自治区等机关单位领导干部，收看学习宪法讲座。

表3-10　认真学习宪法贯彻实施专栏

标题	作者	日期	版面
认真学习宪法 增强宪政意识	杨景宇	2004-03-25	9
将"三个代表"重要思想载入宪法是时代的需要	陈奎元	2004-03-30	9
从宪法修改看对社会主义认识的深化	张春生	2004-04-01	9
认清重大意义 提高宪法意识	社论	2004-04-01	1
全面准确地领会把握和贯彻实施国家尊重和保障人权的宪法原则	董云虎	2004-05-11	5

十九届二中全会确定了宪法修改的原则和总体要求，通过了《中共中

① 沈路涛. 王兆国在全国人大机关干部大会上强调 认真组织学习宪法 自觉遵守和维护宪法［N］. 人民日报，2004-04-01（2）.
② 加强组织领导 推动贯彻实施——三论进一步学习和贯彻实施宪法［N］. 人民日报，2004-04-03（1）.

央关于修改宪法部分内容的建议》。《人民日报》连续刊登了五篇社论，对现行宪法作了评价并对修改宪法表示关切。2018年2月23日，十二届全国人大三十二次会议，拟对宪法宣誓制度进行修改。2月24日，十二届全国人大常务委员会第三十三次会议颁布了《全国人民代表大会常务委员会关于实行宪法宣誓制度的决定》。宪法修正案公布后，广大干部群众积极拥护对宪法修正案的决定。习近平在中央政治局第四次会议中强调要发挥宪法的作用。除了社论外，《人民日报》刊登了一系列的理论文章，对宪法修正案进行了阐释。

表3-11 《人民日报》刊登的理论文章

标题	作者	日期	版面
我国现行宪法是一部好宪法——一论学习贯彻党的十九届二中全会精神	社论	2018-01-20	1
宪法必须随着实践发展而不断发展——二论学习贯彻党的十九届二中全会精神	社论	2018-01-22	1
准确把握修改宪法必须遵循的原则——三论学习贯彻党的十九届二中全会精神	社论	2018-01-23	2
为新时代中国特色社会主义发展提供宪法保障——四论学习贯彻党的十九届二中全会精神	社论	2018-01-24	1
宪法修改必须依法按程序进行——五论学习贯彻党的十九届二中全会精神	社论	2018-01-25	1
为新时代坚持和发展中国特色社会主义提供有力宪法保障	龚伟	2018-02-26	2

标题	作者	日期	版面
将习近平新时代中国特色社会主义思想载入宪法的重大意义	轩理	2018-02-27	2
把"中国共产党领导是中国特色社会主义最本质的特征"载入宪法的理论、实践、制度依据	钟岩	2018-02-28	2
赋予监察委员会宪法地位健全党和国家监督体系	钟纪言	2018-03-03	3

3月6日，新的宪法修正案公布，宪法的修改工作从2017年9月开启，是基于国情、新形势，总体上维护宪法连续性所进行的适当的修改，宪法修改在坚持党的领导、依照法定程序推进、充分发扬民主、部分修改的原则下进行，宪法修正案公布以前，收到各地区、部门意见共2639条，反馈报告118份。① 宪法修正案通过后，引发了社会各界的讨论热潮。2018年4月，司法部部长傅政华发文开展宪法宣传教育，结合"七五"普法规划，创新宣传形式，重点推动领导干部和青少年学习新宪法。② 4月26日，全国普法办公布了《中共中央宣传部等关于组织开展宪法学习宣传教育活动的通知》，对宪法宣传教育的形式、内容、活动等都做了详细的部署。随后，在上海、北京、山东、广西、云南、吉林等地掀起了学习宣传宪法修正案活动，通过创新形式宣传宪法，全社会逐步形成尊崇宪法的良好氛围。在辽宁，将宪法列入领导干部学习的重要内容，开展法治培

---

① 关于中华人民共和国宪法修正案（草案）的说明（摘要）［N］. 人民日报，2018-03-07（6）.

② 全方位开展宪法学习宣传教育——司法部部长、全国普法办主任傅政华［N］. 法制日报，2018-04-03（9）.

训、落实宪法宣誓制度等，全省中小学开展"学宪法、讲宪法""宪法进课堂"活动。① 在上海采取"两微一端"的宣传方式，采取线上与线下相结合，成功地打破了宪法宣传两点辐射效应。②

表 3-12 2018 现行宪法的修改

标题	修改条款	修改内容
2018 年宪法修改	现行宪法中序言第七自然段	改为"在马克思列宁主义、毛泽东思想、邓小平理论、'三个代表'重要思想、科学发展观、习近平新时代中国特色社会主义思想指引下"；改为"健全社会主义法治"；在"自力更生，艰苦奋斗"前增加"贯彻新发展理念"；改为"推动物质文明、政治文明、精神文明、社会文明、生态文明协调发展，把我国建设成为富强民主文明和谐美丽的社会主义现代化强国，实现中华民族伟大复兴"
	现行宪法中序言第十自然段	改为"在长期的革命、建设、改革过程中"；改为"包括全体社会主义劳动者、社会主义事业的建设者、拥护社会主义的爱国者、拥护祖国统一和致力于中华民族伟大复兴的爱国者的广泛的爱国统一战线"
	现行宪法中序言第十一自然段	改为"平等团结互助和谐的社会主义民族关系已经确立，并将继续加强"

① 林志敏. 结合辽宁实际开展宪法学习宣传教育［N］. 法制日报，2018-06-02（7）.

② 蒲晓磊. 运用新媒体开展宪法学习宣传教育工作座谈会发言摘登［N］. 法制日报，2018-06-04（2）.

续表

标题	修改条款	修改内容
2018年宪法修改	现行宪法中序言第十二自然段	改为"中国革命、建设、改革的成就是同世界人民的支持分不开的";"和平共处的五项原则"后增加"坚持和平发展道路,坚持互利共赢开放战略";改为"发展同各国的外交关系和经济、文化交流,推动构建人类命运共同体"
	现行宪法中第一条第二款	"社会主义制度是中华人民共和国的根本制度。"后增写一句,内容为:"中国共产党领导是中国特色社会主义最本质的特征"
	现行宪法中第三条第三款	改为"国家行政机关、监察机关、审判机关、检察机关都由人民代表大会产生,对它负责,受它监督"
	现行宪法中第四条第一款	改为"国家保障各少数民族的合法的权利和利益,维护和发展各民族的平等团结互助和谐关系"
	现行宪法中第二十四条第二款	改为"国家倡导社会主义核心价值观,提倡爱祖国、爱人民、爱劳动、爱科学、爱社会主义的公德"
	现行宪法中第二十七条	新增一款作为第三款:"国家工作人员就职时应当依照法律规定公开进行宪法宣誓"
	现行宪法中第六十二条	在"全国人民代表大会行使下列职权"中新增一项作为第七项,"(七)选举国家监察委员会主任",第七至十五项改为第八至十六项

续表

标题	修改条款	修改内容
2018年宪法修改	现行宪法中第六十三条	"全国人民代表大会有权罢免下列人员"中增加一项，作为第四项："（四）国家监察委员会主任"，第四项、第五项相应改为第五项、第六项
	现行宪法中第六十五条第四款	改为"全国人民代表大会常务委员会的组成人员不得担任国家行政机关、监察机关、审判机关和检察机关的职务"
	现行宪法中第六十七条	改为"（六）监督国务院、中央军事委员会、国家监察委员会、最高人民法院和最高人民检察院的工作"；新增一项作为第十一项："（十一）根据国家监察委员会主任的提请，任免国家监察委员会副主任、委员"，第十一至二十一项改为第十二至二十二项
	现行宪法中第七十九条第三款	改为"中华人民共和国主席、副主席每届任期同全国人民代表大会每届任期相同"
	现行宪法中第八十九条	"国务院行使下列职权"中第六项"（六）领导和管理经济工作和城乡建设"改为"（六）领导和管理经济工作和城乡建设、生态文明建设"；第八项"（八）领导和管理民政、公安、司法行政和监察等工作"改为"（八）领导和管理民政、公安、司法行政等工作"

续表

标题	修改条款	修改内容
2018 年宪法修改	现行宪法中第一百条	新增一款作为第二款："设区的市的人民代表大会和它们的常务委员会，在不同宪法、法律、行政法规和本省、自治区的地方性法规相抵触的前提下，可以依照法律规定制定地方性法规，报本省、自治区人民代表大会常务委员会批准后施行"
	现行宪法中第一百零一条第二款	改为"县级以上的地方各级人民代表大会选举并且有权罢免本级监察委员会主任、本级人民法院院长和本级人民检察院检察长"
	现行宪法中第一百零三条第三款	改为"县级以上的地方各级人民代表大会常务委员会的组成人员不得担任国家行政机关、监察机关、审判机关和检察机关的职务"
	现行宪法中第一百零四条	改为"监督本级人民政府、监察委员会、人民法院和人民检察院的工作"
	现行宪法中第一百零七条第一款	改为"县级以上地方各级人民政府依照法律规定的权限，管理本行政区域内的经济、教育、科学、文化、卫生、体育事业、城乡建设事业和财政、民政、公安、民族事务、司法行政、计划生育等行政工作，发布决定和命令，任免、培训、考核和奖惩行政工作人员"
	现行宪法中第三章	"国家机构"新增第七节"监察委员会"；增设五条说明，分别从第一百二十三条到第一百二十七条

四、"一五"到"七五"普法规划中的宪法宣传教育

(一)"一五"普法规划

1984年6月，司法部部长邹瑜在全国法制宣传会上提出："比较系统地向全体公民普及法律知识。使工人、农民、军人、知识分子、学生，尤其是各级干部，了解宪法、刑法等基本法……要求充分发挥报纸、刊物、电台的作用，加强法制宣传。"① 1985年6月，中宣传、司法部发布"一五"普法规划后，全国掀起了普及法律常识的活动。以福建龙岩市为例，全市政法系统培训了1500多名普及法律尝试骨干，自"一五"普法以来，全市具备学习能力的市民有近二十八万人学习了宪法、刑法、婚姻法等法律法规，其中参加宪法、刑法考试的及格率达95%以上。② 1987年1月22日，彭真在十九次会议联组会上强调四项基本原则是宪法的总的指导思想，要加强法制教育来维护安定团结。③ 1月25日，司法部发出通知要求各级司法机关把宪法作为普法工作的重点，坚持四项基本原则，向领导干部、群众和青少年宣传宪法，反对资产阶级自由化。④ 同年8月，吉林省对全省宪法学习、宣传、贯彻情况进行普遍检查，共计1500万公民学习了宪法等4部法律，占普法对象总数的80%。⑤

---

① 邹瑜在全国法制宣传现场会上提出 用五年时间系统地向全体公民普及法律知识 本溪市法制宣传教育做到经常化、制度化、系统化［N］. 人民日报，1984-06-09 (4).

② 龙岩市积极普及法律常识 全市二十八万有学习能力的人已学完宪法刑法婚姻法治安管理处罚条例［N］. 人民日报，1986-01-07 (4).

③ 彭真在人大常委会十九次会议联组会上强调 四项基本原则是宪法总的指导思想 委员们建议通过关于加强法制教育维护安定团结的决定草案［N］. 人民日报，1986-01-22 (1).

④ 司法部要求各级司法行政机关 宣传贯彻人大常委会的决定 加强法制教育维护安定团结 宪法宣传是今年普法工作重点［N］. 人民日报，1987-01-26 (1).

⑤ 吉林开展普法教育检查 1500万公民学完宪法等4部法律［N］. 人民日报，1987-08-26 (4).

（二）"二五"普法规划

1990 年 12 月，中共中央、国务院批转了"二五"普法规划颁布，宣布以宪法为核心，坚持学用结合，在全民中深入持久地开展法制宣传教育。2 月 24 日，中宣部、国务院发文在公民中开展法制宣传教育，动员各地实施第二个五年普法规划。3 月 2 日，全国人大常务委员会第十八次会议通过了深入开展法制宣传教育的决议。"二五"普法在内容上以学习宪法为主要内容。1993 年 4 月 3 日，田纪云在八届全国人大一次会议座谈会上指出："新闻宣传部门要加强对宪法、法律的宣传……对违宪违法的典型案件，经过调查核实，有的可以通过舆论工具公之于众。"① 1993 年 6 月，全国教育系统开展了为期五个月的普法知识竞赛，主要以教育系统干部、教师以及中学、小学高年级学生为主。1995 年 8 月 30 日，乔石在出席宪法和法律知识座谈会上指出："要认真学习和熟悉宪法，把宪法作为工作的指南，严格依照宪法的规定办事……各部门和各单位，特别是报刊、广播、电视等新闻单位，都要重视法制宣传教育。"② 截至 1994 年 6 月底，全国三十个省市、直辖市、自治区，共 1200 多个县市开展了法制宣传教育，除学习宪法，还组织学习了社会主义市场经济以及社会治理法律法规，如《中华人民共和国农业法》《中华人民共和国城市规划法》《中华人民共和国环境保护法》等。③ 1995 年 10 月，田纪云在第二次宪法和法律知识讲座中指出："希望法制宣传的声音更强一些，声势更大一些，为经济和社会的发展提供一个良好的法制舆论环境。"④ 12 月 26 日，全国人大常委会副委员长李锡铭在八届全国人大十七次会议上，作了《全国人

---

① 田纪云与首都部分新闻单位负责人座谈 加强宪法和执法宣传 对违宪违法的典型案件可以通过舆论工具公之于众 [N]. 人民日报，1993-04-04（4）.
② 人大常委会举行宪法和法律知识讲座 乔石要求把学法懂法用法放在重要位置 [N]. 人民日报，1995-08-31（1）.
③ 全国法制宣传教育取得可喜成绩 目前共有一千二百多个县市开展了依法治理工作 [N]. 人民日报，1994-08-26（3）.
④ 全国人大常委会举行宪法和法律知识讲座 乔石出席 田纪云主持 [N]. 人民日报，1995-11-01（4）.

民代表大会常务委员会关于深入开展法制宣传教育的决议》的执行情况，提出"从1991年起，各地区、各系统开展了以宪法为核心，以行政诉讼法、义务教育法等五法两决定及专业法律知识为重点的'二五'普法工作……检查和自查的7省（自治区）、4部……基本完成了'二五'普法规划所确定的任务。"① "全国约有七亿人接受了法律常识教育……九十六个行业制定了专业的学习规划。"②

（三）"三五"普法规划

1996年5月，中共中央、国务院发布了"三五"普法规划的通知，全国人大通过决议继续开展第三个五年普法规划。继1988年、1993年宪法修正案通过后，这一时期宪法的学习，主要以私营经济、社会主义市场经济的法律法规为主，随着党的十五大的召开，依法治国也成为法制宣传教育的重要内容。1998年6月，李鹏在九届全国人大常委会上讲话指出："实行和坚持依法治国，有一个重要的前提，就是要学好宪法和法律"，要求"把宪法作为立法和执法监督的根本准绳，切实按照宪法赋予的权力，履行自己的职责"。③ 宪法修正通过后，中宣部、司法部联合发出学习宪法修正案的通知，要求宣传宪法修宪的意义、修宪的内容，根据不同行业、对象、层次，采取培训、讲座、授课等形式宣传宪法的地位、原则等内容，充分使用大众传播工具宣传宪法，与此同时，还要求全国普法办编写并为各地提供宣传宪法修正案学习的材料。④ 全国上下掀起了学习新宪法的活动。在安徽，为了宣传新宪法知识，提升民众的宪法观念，安徽将每年12月4日当周定为安徽宪法宣传周，除此之外，还刊播学习宪法的理论

---

① 李锡铭向人大常委会报告检查普法决议执行情况 各地开展"二五"普法工作扎实［N］. 人民日报，1995-12-27（4）.

② 第四次全国法制宣传教育工作会议召开总结"二五"普法成绩和经验部署"三五"普法工作［N］. 人民日报，1996-06-18（3）.

③ 全国人大常委会举办首次法制讲座 李鹏强调实行和坚持依法治国有一个重要的前提就是要学好宪法和法律［N］. 人民日报，1996-06-17（1）.

④ 曹承锋，陈孝豪. 中宣部、司法部联合通知要求 学习宣传宪法修正案［N］. 人民日报，1999-04-01（3）.

性文章，刊登省内各地开展宪法宣传周动态，以强化宣传效果。①

（四）"四五"普法规划

宪法宣传教育依旧是"四五"普法规划的重要任务。2001 年 12 月，司法部部长张福森在第一个全国法制宣传日上提出："要进行宪法知识的宣传教育，使广大公民了解宪法、掌握宪法，增强宪法观念，树立宪法权威。"② 12 月 3 日，李鹏在出席全国法制宣传日座谈会中指出："依法治国，很大一个任务是必须努力提高广大干部群众的法制观念和法制意识。"③ 2002 年 12 月，胡锦涛在纪念现行宪法施行 20 周年大会上指出："全面贯彻实施宪法，必须加强宪法宣传教育，提高全体人民特别是各级领导干部和国家机关工作人员的宪法意识和法制观念"④。全国迅速掀起了全民学习宣传宪法的热潮。12 月 5 日，最高人民法院院长肖扬在《人民日报》发文指出："宣传宪法精神，增强宪法观念，就要宣传宪法和法律必须得到全面、统一和不折不扣地执行。任何违反宪法和法律的行为，必须无一例外地受到法律的制裁。"⑤ 为纪念现行宪法颁布实施 20 周年，《人民日报》专门开设了《宪法 20 周年特刊·辉煌成就》《宪法 20 周年特刊·普法新篇》，其中又设立了"学习贯彻宪法""宪法就在我身边""从身边看修宪"三个专栏，《宪法 20 周年特刊·辉煌成就》版面刊登了一系列的学理性文章（见表 3-13）。《宪法 20 周年特刊·普法新篇》主要记录了"一五"普法规划以来普法工作的进展，以及宪法和法律如何改变了百姓的生活。刊登的文章有《宪法保障受教育权》《学习宣传宪法尤为重要》

---

① 安徽人大开展宪法宣传周活动［N］. 人民日报，1999-12-22（10）.
② 增强宪法观念推进依法治国——司法部部长张福森就第一个全国法制宣传日答记者问［N］. 人民日报，2001-12-03（6）.
③ 李鹏在全国法制宣传日座谈会上强调依法治国首先必须依照宪法治国［N］. 人民日报，2001-12-04（1）.
④ 中共中央文献研究室. 十六大以来重要文献选编（上）［M］. 北京：中央文献出版社，2005：73.
⑤ 增强宪法观念推进法治进程——为第一个全国法制宣传日而作［N］. 人民日报，2001-12-05（11）.

《宪法助她讨回公道》《宪法走进日常工作》等。

表3-13 《宪法20周年特刊·辉煌成就》刊登的学理性文章

标题	作者	日期	版面
公民有何基本权利和自由	肖蔚云	2002-12-04	10
制定行政法规、规章和其他政策措施都必须以宪法为依据，不得同宪法相抵触，行政机关依宪履职	曹康泰	2002-12-04	10
中国共产党和各民主党派都必须以宪法为根本活动准则政党制度：走中国特色之路	苗庆旺	2002-12-04	10
分配制度：从"按劳分配"到"多种分配方式并存"	许安标	2002-12-04	10
从政治家的治国理论、法学家的治国理想，到如今已成为宪法确认的治国方略——依法治国：全体公民的价值准则	袁曙宏	2002-12-04	10

2003年1月，中宣部等六部委举办宪法报告会，强调应进一步加强对宪法的学习和宣传，促进社会主义物质文明、政治文明和精神文明的协调发展。2004年3月，新的宪法修正案将"三个代表"重要思想和"国家尊重和保障人权"写入宪法。在全国掀起了学习宪法修正案活动。3月29日，中宣部和司法部将新宪法纳入"四五"普法规划中，并在全国开展宪法学习宣传工作。4月7日，由中宣部、司法部相继开展了两次远程普法讲座，约1.2万名副处级以上的领导干部参加了讲座。① 4月13日，中宣

---

① 吴坤.学习宪法掀高潮 远程讲座手段新［N］.法制日报，2004-04-17.

部、司法部强调青少年是普法重点对象之一，要求"进一步提高广大青少年的宪法意识和法制观念，在各级各类学校中开展宪法教育。"① "四五"普法规划以来，宪法宣传教育主要还是围绕几次宪法修正案展开，总的来说，通过宪法宣传教育，使受教育者增强了宪法观念，提高了宪法意识。但在实际工作中也存在重宣传形式、轻实效的特点，基层宪法宣传教育的成效仍需要不断提升。

（五）"五五"普法规划

2006 年 4 月 27 日，中共中央、国务院公布了第五个五年普法规划。4月 29 日，第十届全国人大二十一次会议通过了加强法制宣传教育的决议，"要进一步宣传普及宪法，使全体公民进一步掌握和了解宪法的基本知识，通过宪法宣传教育，引导全体公民忠于宪法、遵守宪法，维护宪法的权威"②。"五五"普法规划依旧以宪法宣传为重点。以上海为例，学习宪法是法治宣传教育的突出内容，是领导干部的核心任务，上海市委先后举行大型宪法专题学习会，5 年针对处级以上干部开展了 1900 多次以宪法为主要内容的法制讲座，35 万人参加了讲座，与此同时还编写宪法学习资料，组织全市 2500 多名局级领导干部参加宪法知识测试。③ "五五"普法规划的重点对象是领导干部和青少年。这一时期，《宪法学习读本》以及 5 种少数民族语言对照的《宪法》单行本相继出版。2009 年 3 月 2 日，中宣部等七部门举行宪法学习报告会，胡康生在《学习宪法 忠于宪法 维护宪法权威》的报告中指出："深入学习宪法，准确掌握宪法，以宪法为判断大是大非的准绳，才能不断增强政治敏锐性和洞察力，坚持正确的政治方向。"④ "五五"普法规划教育期间，据统计，全国普法办举办宪法学习巡

---

① 多管齐下，加强青少年宪法教育［N］. 法制日报，2004-04-13.

② 全国人大常委会关于加强法制宣传教育的决议［N］. 人民日报，2006-04-30（4）.

③ 吴坤. 切实加强宪法学习宣传［N］. 法制日报，2006-05-23（2）.

④ 胡康生. 学习宪法 忠于宪法 维护宪法权威［N］. 人民日报，2009-03-03（13）.

回报告 7.86 万多场次,听众达 2600 多万人次。①

(六)"六五"普法规划

2012 年 12 月 4 日,现行宪法颁布三十年之际,习近平号召"全社会加强宪法宣传教育,提高全体人民特别是各级领导干部和国家机关工作人员的宪法意识和法制观念,弘扬社会主义法治精神。"② 随后全国人大机关及各基层职能部门开始学习习近平总书记纪念宪法施行三十周年讲话,通过座谈会等形式,探讨宪法对我国政治生活及公民权益的重要性,动员全社会学习宪法知识,树立宪法观念。2012 年 12 月 7 日开始,《人民日报》陆续作了三篇社论,从不同维度剖析宪法对于我国政治生活、依法治国的重要性(见表 3-14)。

表 3-14 《人民日报》三篇社论

标题	作者	日期	版面
维护宪法,就是维护党和人民共同意志——一论习近平在现行宪法公布施行 30 周年大会上的讲话	社论	2012-12-07	5
宪法的生命和权威在于实施——二论习近平在现行宪法公布施行三十周年大会上的讲话	社论	2002-12-11	1
依法治国首先要依宪治国——三论习近平在现行宪法公布施行三十周年大会上的讲话	社论	2002-12-13	2

---

① 吴爱英. 改革创新司法行政 服务经济社会发展——党的十六大以来司法行政工作改革发展回顾(2002—2012)[M]. 北京:人民出版社,2012:66.
② 习近平谈治国理政(第一卷)[M]. 北京:外文出版社,2014:141.

2014年10月27日，十二届全国人大第十一次会议提请将12月4日设立为国家宪法日，规定每年国家宪法日将开展多种宪法宣传活动。2014年11月，十二届全国人大一次会议通过设立"国家宪法日"的决议。12月4日，第一个宪法宣传日到来之际，《人民日报》发表社论："以设立国家宪法日为契机，深入开展宪法宣传教育，推动全面贯彻实施宪法，必能在更高层次上促进社会公平正义、增进人民福祉。"① 12月5日，《人民日报》刊登了司法机关"深入开展宪法宣传教育 大力弘扬宪法精神"座谈会发言摘编②，登载了《宪法的生命在于实施》《让宪法法律享有最高权威》《任何人都没有超越宪法法律的特权》等文章。2015年7月1日，十二届全国人大十五次会议通过了宪法宣誓制度。截至宪法宣传日一周年，全国举办的宪法学习报告会以及法治讲座200多万场次、宪法宣传活动达400多万场次，分发的宪法宣传资料达350多万册。③ 随着宪法宣传教育活动的不断深入，人们对宪法的认识得到提升，尊崇宪法、学习普法的氛围越来越浓厚。

（七）"七五"普法规划

2016年3月25日，中共中央、国务院发布了第七个五年普法规划。4月17日，司法部、全国普法办就"七五"普法规划答记者问，强调要"在全社会普遍开展宪法教育，提高全社会的宪法意识"。④ 4月25日，十二届全国人大二十次会议，审议法治宣传教育草案。2016年5月，全国普法办在整合"六五"普法规划全国信息和资料的基础上，联合中国普法网推出"全国法治宣传教育产品资料库"，资料库从内容上包括宪法、法律

---

① 塑造共同的宪法信仰［N］. 人民日报，2014-12-04（1）.
② "深入开展宪法宣传教育大力弘扬宪法精神"座谈会发言摘编［N］. 人民日报，2014-12-05（15）.
③ 普法办：全国举行宪法学习报告会、法治讲座200多万场［N］. 人民日报，2015-12-05（6）.
④ 司法部、全国普法办负责同志就关于在公民中开展法治宣传教育的第七个五年规划（2016—2020年）答记者问［N］. 人民日报，2016-04-18（4）.

六进、宪法宣传日活动等普法活动，形式上有微电影、动画、微视频等，汇集了各省、市、区、县的普法成果，为人民群众提供了免费的普法平台。5 月 26 日，第八次全国法治宣传教育会议明确指出："把宪法作为法治宣传教育的重点内容，就是要弘扬宪法精神、树立宪法权威。"① 并强调党员干部和青少年在"七五"普法规划工作的重要性。12 月 6 日，司法部副部长赵大程指出："要着重抓好重点对象的宪法宣传教育，带动全民增强宪法意识"，"要不断创新宣传形式，增强宪法宣传实效"。② "七五"普法规划时期，法治宣传教育与新媒体已经实现深度融合，宪法及其他法的宣传除了传统文化媒介，各类普法网站、微信、微博、短视频等正在被广泛使用。以北京为例，宪法宣传日采取"互联网+"的形式，充分利用新媒体平台，充分利用市内街道、地铁、公交站等公共场所宣传栏，以线上线下相结合的方式，有效提升了法治宣传教育的参与度。③ 十三届全国人大一次会议通过宪法修正案后，在全国掀起了宪法学习教育活动。2018 年 4 月 16 日，在苏州，全国首个宪法宣传教育馆正式启用，展馆全方位地图解了公民与宪法法律关系等内容，并配备了互动法律知识专区以及智慧影院等多媒体设施。④ 4 月 24 日，司法部部长傅政华"把习近平总书记关于宪法学习宣传教育的重要指示作为纲领、旗帜和灵魂，牢牢把握宪法学习宣传教育的正确政治方向和舆论导向"⑤。4 月 26 日，全国普法办发出了宪法学习宣传教育活动的通知，推进宪法"七进"，在全国开展"宪法进万家"活动。⑥ 随后，宁夏、山东、新疆、辽宁、河南、贵州、青海等地先后开展了宪法学习活动。在山东，通过手机 APP 软件开展法律知识竞赛

---

① 法治宣传教育要抓重点抓落实［N］.法制日报，2016-05-27（1）.
② 突出学习宣传宪法弘扬宪法精神［N］.法制日报，2016-12-06（2）.
③ 北京借力"互联网+"宪法宣传全覆盖［N］.法制日报，2016-12-05（2）.
④ 苏州宪法宣传教育馆正式启用［N］.法制日报，2018-04-18（2）.
⑤ 以高度的政治责任感组织开展好宪法学习宣传教育活动［N］.法制日报，2018-04-25（1）.
⑥ 全国普法办印发关于组织开展宪法学习宣传教育活动的通知［N］.法制日报，2018-04-27（3）.

活动,主要以领导干部、企业职工和青少年为主,约有 500 万人参与了活动。① 在北京,从 5 月 15 日到 25 日,由中宣部、中组部、全国普法办等机关部门联合召开了三次宪法学习宣传报告会。在辽宁全省开展"学宪法、讲宪法"活动,深入推进宪法"七进"。在上海,宪法宣传与新媒体已经实现深度融合,上海以"法治上海"公众号为核心形成的法治新媒体矩阵近 100 家,涵盖了媒体、个人、政法机关微信号,普法平台年阅读量已超过 3000 万。② 12 月 2 日,全国首个"宪法宣传周",司法部部长傅政华出席在呼和浩特举行的律师集体宣誓仪式并担任监誓人,当天全国 400 多个城市开展了律师集体宣誓活动。随后,全国各地从中央到省市地区分别开启了"宪法宣传周"活动,在北京将开展 600 多场普法活动,实现了对主交通枢纽设施、公共场所、主流媒体宪法宣传的"三覆盖"。③ 在辽宁,将宪法元素融入小品,还有歌曲、快板、书法等,将领导干部作为宪法宣传活动的重点,在中小学开展宪法知识竞赛,对后备干部开展宪法知识培训。④ 2019 年 12 月 1 日,中宣部、司法部、全国普法办启动第二个"宪法宣传周"。在安徽,以宪法进企业、农村、机关、校园、社区、军营、网络,分设七个主题日,除此之外,还开展全省"十大法治人物"评选等活动。⑤ 在广东,由省人大常委、宣传部、司法厅联合召开宪法学习宣传贯彻实施座谈会,强调宪法学习宣传要重视青少年等重点群体,将学习宪法作为全民普法的首要课程。⑥ 在军队,"宪法宣传周"启动以来,全军开授法治辅导课共 900 余次,进行线上线下法律咨询达 7200 多件,搭建了宪法宣传"e 平台",线上灵活开展"法律词汇大闯关"等多种形式法

---

① 山东创新宪法宣传教育形式载体〔N〕. 法制日报,2018-05-10(2).
② 运用新媒体开展宪法学习宣传教育工作座谈会发言摘登〔N〕. 法制日报,2018-06-04(2).
③ 北京宪法宣传实现三个"全覆盖"〔N〕. 法制日报,2018-12-5.
④ 辽宁宪法宣传周扩展为宣传月〔N〕. 法制日报,2018-12-07(2).
⑤ 安徽分设七个主题日开展宪法宣传〔N〕. 法制日报,2019-12-02(2).
⑥ 广东人大常委会召开宪法宣传贯彻座谈会〔N〕. 法制日报,2019-12-04(3).

律知识竞答活动，并利用 LED 屏幕滚动循环播放宣传宪法及其他法律知识。① 2020 年，作为"七五"普法规划的收官之年，宪法宣传教育依旧是法治宣传教育的重点。在校园，第七个宪法宣传日到来之际，各地学校开展了形式多样的宪法学习活动。例如，北京外国语大学开展"宪法晨读"活动，并在全国 31 省区市以及新疆建设兵团设立分会场，30 余万所学校的 6000 多万名同学以连线的方式参加了活动。② 在甘肃，宪法学习被纳入党组学习的中心内容，积极运用"互联网+"宣传宪法，同时依托"人大代表之家""人大代表工作室"等载体开展宪法学习宣传。③

第二节 宣传促进社会经济发展的法律法规

1992 年 10 月，党的十四大召开，江泽民在报告中指出："经济体制改革的目标，是在坚持公有制和按劳分配为主体、其他经济成分和分配方式为补充的基础上，建立和完善社会主义市场经济体制。"④ 1993 年 11 月，党的十四届三中全会，从五方面建构了我国社会主义市场经济的总体规划，同时强调"社会主义市场经济体制的建立和完善，必须有完备的法制来规范和保障"⑤。市场经济需要相应的法律进行监管，才能实现市场经济的有序运行，而要实现市场经济法律法规的不断完善，离不开市场经济或经济发展法律知识普及。一般来说，经济立法主要包括宏观调控相关法律、规范市场竞争和秩序相关法律、扩大对外贸易相关法律、促进产业发展与振兴相关法律、环境与自然资源保护与开发相关法律、经济活动相关

① 大力弘扬宪法精神推进军队法治建设 全军部队开展 2019 年"宪法宣传周"活动掠影［N］.法制日报，2019-12-06（8）.
② 于珍.6000 万学生晨读宪法［N］.中国教育报，2020-12-05（1）.
③ 加强宣传教育 推动宪法全面有效实施［N］.甘肃日报，2020-12-04（5）.
④ 中国共产党第十四次全国代表大会文件汇编［M］.北京：人民出版社，1992：13.
⑤ 十四大以来重要文献选编（上）［M］.北京：人民出版社，1996：543.

法律。从"三五"普法规划开始，学习社会主义市场经济的法律知识被明确地写入普法规划。

一、宣传整顿和规范市场经济秩序的法律法规

党的十一届三中全会后，我国逐步从计划经济向市场经济转变。1979年11月，邓小平指出："社会主义为什么不可以搞市场经济，这个不能说是资本主义。我们是计划经济为主，也结合市场经济，但这是社会主义的市场经济。"① 社会主义市场经济体制确立以来，我国的经济立法与时俱进，到"三五"普法规划期间，经济立法数量占到全部法律的三分之一。企业法、合同法、工业产权法、产业振兴法、涉外经济法等共同构成了我国市场经济的法律体系，并随着社会治理的深度和广度不断进行调整修正。

改革开放以来，我国制定的经济类的相关法律法规，以回应群众关切的法律法规为主，如打击假冒伪劣产品的法律法规有商品监督法：反不正当竞争法（1993年，2019年修改）、产品质量法（1993年，2018年修改）、消费者权益保护法（1993年，2013年修改）、广告法（1994年，2018年修改）；为提高产品质量，颁布了计量法（1983年，2018年修改）、标准化法（1988年）、产品质量法（1993年）；为加强对食品、药品的监督，颁布了药品管理法（1984年，2019年修改）、烟草专卖法（1991年，2015年修改）、食品卫生法（1995年）、产品质量法（2000年）、国家安全生产法（2002年，2014年修改）、食品安全法（2009年，2018年修改）。规范财政或打击企业或个人偷税漏税的法律法规有会计法（1985年修订，2017年修改）、税收征收管理法（1992年，2015年修改）、个人所得税法（1993年，2018年修改）、注册会计师法（1993年）、预算法（1994年，2018年修改）、审计法（1994年，2006年修改）、企业所得税

---

① 邓小平文选（第二卷）［M］．北京：人民出版社，1994：236．

法（2007 年，2018 年修改）、环境保护税法（2016 年，2018 年修改）、烟叶税法（2017 年）、资源税法（2019 年）。规范和整顿社会主义市场经济金融方面的法律法规有中国人民银行法（1995 年，2003 年修改）、商业银行法（1995 年，2015 年修改）、保险法（1995 年，2015 年修改）、票据法（1995 年，2004 年修改）、价格法（1997 年）、证券法（1998 年，2019 年修改）、证券投资基金法（2003 年，2015 年修改）、银行业监督管理法（2003 年，2006 年修改）、外国中央银行财产司法强制措施豁免法（2005 年）。

为了规范和整顿企业的良性发展，相继颁布了企业及配套的法律法规：企业破产法（1986 年）、全民所有制工业企业法（1988 年）、公司法（1993 年，2018 年修改）、乡镇企业法（1996 年）、合伙企业法（1997 年，2006 年修改）、中小企业促进法（2002 年，2017 年修改）、企业破产法（2006 年）、反垄断法（2008 年）、企业国有资产法（2008 年）；合同法有：经济合同法（1981 年）、涉外经济合同法（1985 年）、技术合同法（1987 年），在三部合同法的基础上，1999 年颁布了统一的合同法、个人独资法（1999 年）、劳动合同法（2007 年，2012 年修改）。跟企业法配套的还有劳动法，为保证工人施工安全，1992 年颁布了矿山安全法，以及1994 年颁布实施的劳动法（2018 年修改）。为了保证债权的实现，1995 年颁布了担保法。除此之外，随着我国社会主义市场经济深化，涉外经济法受到重视，立法数量逐年增加，主要有：外资企业法（1986 年，2016 年修改）、海关法（1987 年，2017 年修改）、中外合作经营企业法（1988 年，2017 年修改）、进出口商品检验法（1989 年，2013 年修改）、中外合资经营企业法（1979 年，2016 年修改）、台湾同胞投资保护法（1994 年，2016 年修改）、进出境动植物检疫法（1991 年）、外商投资企业和外国企业所得税法（1991 年）、海商法（1992 年）、对外贸易法（1994 年，2016 年修改）、外商投资法（2019 年）、卫生检疫法（1986 年，2018 年修改）、出口管制法（2020 年）、海南自由贸易港法（2021 年）。

健全的司法、立法是社会主义市场经济有序进行的保证，法律为我国市场经济的发展提供了基本的行为准则，维护市场秩序、调节资源配置、打击和预防经济犯罪，促进国民经济的健康、可持续发展。从"三五"普法规划提出普及社会主义市场经济法律知识，到"八五"普法规划期间，强化对公平竞争、规避市场风险、推动涉外法治立法，一方面说明我国市场经济已经与国际深入融合，另一方面在新兴及涉外领域立法还在逐步完善。

二、宣传与推动高质量发展密切相关的法律法规

习近平指出："推动高质量发展是我们当前和今后一个时期确定发展思路、制定经济政策、实施宏观调控的根本要求。"① 当前，我国在内需、资源配置、投入产出、收入分配、内循环等方面正进入高质量发展阶段。高质量发展领域，既涉及经济发展、民生福祉，也囊括了科技创新和消费分配等内容。在新发展理念的引导下，高质量发展是我国经济转型升级的必由之路。"八五"普法规划明确提出宣传高质量发展密切相关的法律，法律法规与高质量发展相配套，也是我国市场经济纵深发展的内在要求。

宣传中国特色社会主义法律体系。"七五"到"八五"普法规划明确提出了加强对中国特色社会主义法律体系的宣传。中国特色社会主义法律体系是"由宪法相关法、民法商法、行政法、经济法、社会法、刑法、诉讼与非诉讼程序法等多个法律组成的有机统一整体"②，是中华人民共和国成立以来我国经济社会发展实践、法律化的集中体现。2001 年 1 月，人大制定的法律及决定共有 380 多部，国务院出台的行政法规达 800 多件，地方制定的法规达 8000 多件，基本上形成了社会主义法律体系的框架。③

---

① 习近平谈治国理政（第三卷）［M］. 北京：外文出版社，2020：239.

② 徐光春. 马克思主义大词典［M］. 武汉：崇文书局，2018：1110.

③ 立法驶上快车道：以宪法为核心的社会主义法律体系框架形成［N］. 人民日报，2001-01-10（11）.

2003年2月，九届人大总结了五年期间的立法工作，其中通过和修改的宪法类的法律有7项，如立法法、检察官法、法官法等；民法商法通过和修改的法律有13项，如通过了合同法、证券法、信托法等，修改了商标法、专利法、公司法等；行政类通过和修改的法律有21项，如行政复议法、高等教育法、文物保护法、环境影响评价法等；通过和修改的经济法有41项，如水法、公路法、种子法等；通过和修改的社会法有5项，如安全生产法、工会法、职业病防治法等；诉讼和非诉讼程序类有两项，分别是引渡法和海事诉讼特别程序法；以及刑法的四次修改等，这些立法也为2010年中国特色社会主义法律体系的形成创造了条件，到2009年年底，我国法律已经有231部，配套行政法规达600多件，地方法规7000多件。① 2011年3月，吴邦国在十一届全国人大四次会议上宣布中国特色社会主义理论体系正式形成。随后，全国各地掀起了以中国特色社会主义法律体系形成契机的法制宣传教育活动。4月12日，《中国特色社会主义理论体系学习读本》出版并在全国发行。10月27日，国务院公布了《中国特色社会主义法律体系》白皮书。2020年12月，《人民日报》刊登了中国特色社会主义法律体系相关的座谈发言摘录，江必新指出："要推动和完善以宪法为核心的中国特色社会主义法律体系，强调要解决人民群众反映强烈的法治领域。"② 2021年4月20日，十三届全国人大第十八期学习班，255名人大代表采取线上线下结合的方式，学习了习近平法治思想及社会主义法律体系的重要内容，宪法、组织法、民法典等重要内容。③ 这一时期，《人民日报》等官方媒体开始刊登一些"中国特色社会主义法律体系"理论文章，

---

① 徐显明. 论中国特色社会主义法律体系的形成和完善［N］. 人民日报，2009-3-12（11）.

② 推动依法治国依宪治国提高到新水平——"深入学习宣传贯彻习近平法治思想，完善以宪法为核心的中国特色社会主义法律体系"座谈会发言摘编［N］. 人民日报，2020-12-08（14）.

③ 学习贯彻习近平法治思想 加快完善中国特色社会主义法律体系［N］. 人民日报，2021-04-24（6）.

涉及我国社会主义法律体系形成的意义、内涵、价值等内容（见表3-15）。

表3-15 《人民日报》关于社会主义法律体系相关文章

篇名	日期	作者	版名	版面
论中国特色社会主义法律体系的形成和完善	2009-03-12	徐显明	要闻	11
形成并完善中国特色社会主义法律体系	2009-03-12	信春鹰	要闻	10
完善中国特色社会主义法律体系	2009-03-15	本报评论员	要闻	1
法律体系形成的五项标准·"中国特色社会主义法律体系"讨论①	2010-06-23	李林	民主政治周刊	16
法律体系的"中国特色"新论·"中国特色社会主义法律体系"讨论②	2010-06-30	游劝荣	民主政治周刊	17
认识中国特色法律体系应避免的误区·"中国特色社会主义法律体系"讨论③	2010-07-07	陈斯喜	民主政治周刊	17
确保中国特色社会主义法律体系如期形成	2010-08-31	李建国	综合	14
关于形成中国特色社会主义法律体系的几个问题	2010-11-15	王兆国	要闻	6

---

① 中国共产党第十四次全国代表大会文件汇编［M］．北京：人民出版社，1992：13.
② 十四大以来重要文献选编（上）［M］．北京：人民出版社，1996：543.
③ 学习贯彻习近平法治思想 加快完善中国特色社会主义法律体系［N］．人民日报，2021-04-24（6）．

续表

篇名	日期	作者	版名	版面
在形成中国特色社会主义法律体系座谈会上的讲话	2011-01-27	吴邦国	要闻	2
中国特色社会主义法律体系形成的法治意义	2011-02-21	李林	理论	7
伟大事业的法制保障——三论中国特色社会主义法律体系形成的重大意义	2011-02-24	本报评论员	要闻	1
弥足珍贵的经验——四论中国特色社会主义法律体系形成的重大意义	2011-02-25	本报评论员	要闻	1
长期艰巨的历史任务——五论中国特色社会主义法律体系形成的重大意义	2011-02-26	本报评论员	要闻	1
在实施中彰显法律的作用——六论中国特色社会主义法律体系形成的重大意义	2011-02-27	本报评论员	要闻	1
中国特色社会主义法律体系的主要特征	2011-03-12	陈斯喜	两会特刊	12
社会主义法律体系的中国特色和中国经验	2011-03-13	张文显	两会特刊	12
中国特色社会主义法律体系形成与地方立法工作	2011-05-06	刘云耕	理论	7
《中国特色社会主义法律体系》白皮书	2011-10-27	国务院	文件	14

篇名	日期	作者	版名	版面
完善以宪法为核心的中国特色社会主义法律体系	2014-10-31	张德江	要闻	2
完善以宪法为核心的中国特色社会主义法律体系	2014-10-31	马怀德	理论	7
加快完善中国特色社会主义法律体系为全面建设社会主义现代化国家提供法治保障	2021-04-30	栗战书	要闻	2

宣传知识产权保护相关法律法规。宣传知识产权保护法律法规是由我国当前国情所决定的。知识产权保护在我国起步较晚，国民对知识产权的意识相对薄弱。1980 年 6 月，我国正式履行《建立世界知识产权组织公约》，成为世界知识产权组织成员国。尽管改革开放后，我国相继颁布了商标法、专利法、技术合同法、著作权法等法律法规，但一直以来在监督、保障及执行等方面依旧亟待完善，从权利内容上，知识产权包括财产和人身权利；从智力活动可以分为发现权、发明权、商标权、著作权、专利权等内容；从范围上来看，根据世界知识产权公约，在文艺、工业、科学等领域，一切由智力活动产生的成果都具有知识产权。中国加入 WTO 以后，大量中国产品走向海外，除商标、品牌声誉、市场等阻力因素外，技术专利侵权也给企业拉响了警报，一些西方国家的知识产权立法早已完备，中资企业产品近年来在海外面临着高额的罚单甚至因侵权存在错失市场的风险，尤其在美国单边发动贸易战后，对高精技术产品出口管制、抬高关税，同时最重要的手段在于通过知识产权诉讼打击中国高科技产业，如中兴、华为、小米等，中国的科技企业在走向世界的过程中，因知识产权被提告的诉讼不胜枚举；再则利用技术优势收取高额专利费，尤其在中

国手机企业尤其普遍，美国的高通公司通过霸王条款收取高价专利许可费，除国内手机品牌，三星、苹果都在竭力压低专利许可费率。目前，我国专利权保护相关法律除专利法、著作权法、商标法外，还有民法典对于植物新品种保护条例、细则，以及2017年修改的《反不正当竞争法》。为了遏制知识产权侵权行为，营造良好的知识产权法治环境，2019年11月，中央办公厅、国务院公布了《关于强化知识产权保护的意见》。2021年5月20日，国家知识产权局、公安部又公布了《关于加强协作配合强化知识产权保护的意见》。关于知识产权的宣传，2004年4月，全国整规办、知识产权等部门将每年4月19日至26日作为全国"保护知识产权宣传周"，以推动知识产权的宣传教育工作。"保护知识产权宣传周"已经成为知识产权法律法规的重要推手，结合每年"世界知识产权日"，逐步形成了知识产权进企业、进社区、进学校常态化宣传活动，并且通过梳理典型案例，开展座谈会、主题培训、讲座等形式，结合线上微博、微信、短视频等形式，宣传知识产权内容及知识产权保护法律知识，使全社会逐步形成尊重知识产权的良好氛围。

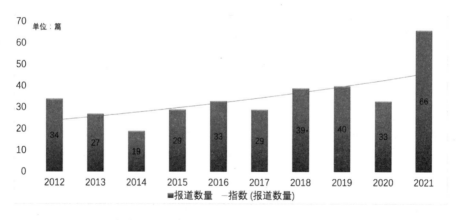

图 3-1　党的十八大以来全国各地"知识产权宣传"的报道数量

宣传科技成果转化法律法规。当今世界重视科技成果转化是高质量发展的需要，也是中国企业参与国际化竞争的需要。1996年5月，八届全国人大十九次会议通过了《中华人民共和国促进科技成果转化法》，并在 2015 年 8 月进行了修改。2016 年 2 月，国务院印发了《实施〈中华人民共和国促进科技成果转化法〉若干规定》，对高校、研究所等科研机构所持有的科技成果的转让、许可或作价投资做了规定。2016 年 4 月，国务院印发了《促进科技成果转移转化行动方案》，对科技成果转化做了重要部署。"十四五"规划明确提出要健全知识产权保护运用体制，同时也强调要完善和加强新领域知识产权立法。除此之外，科技成果转化相关法规还有科学技术进步法，以及在技术转化过程中以合同形式明确各方权利与义务，还应该有配套的合同法；专利、计算机软件著作权、国家新药、集成电路布图设计专有权等知识产权的出现，还涉及专利法、著作权法、反不正当竞争法等知识产权法律法规；倘若涉及企业主体，还涉及到公司法和中小企业促进法；技术人员与企业或研究机构的劳动合同，还涉及劳动法、劳动合同法以及事业单位人事管理条例等法律法规。

宣传涉外法律法规。涉外法律从宏观层面而言，是我国参与全球治理、维护国家利益的现实需求。随着我国"一带一路"倡议、区域合作的不断深化，在投资、货物与服务领域的合作越来越密切，这也迫使我国要加强和完善涉外法律的立法和宣传，完善反干涉、反制裁、反制长臂管辖等涉外领域立法，以应对国际上错综复杂的政治、经济局势，推动国际秩序的有序进行。我国的涉外法律主要包括基本法律，如外资法、专利法、反倾销法、反垄断法等法律，除此之外，各项部门法律虽然都属于国内法规，但都有涉外表述，甚至对经贸活动会产生直接或间接影响。再就是关税政策，如进口税、出口税、差价税、优惠税等，这些都是通过政策立法，有具体规定。最后是进口限制，即关税壁垒，如进出口许可证、进口配额制等内容。① 党的十八大以来，我国的涉外法律工作主要集中在涉外经济、社会事务、法律服务，积极地参与国际反腐与反恐等议题的安全合

---

① 吉福林. 市场营销策略 [M]. 北京：中国商业出版社，1996：212.

作。改革开放以来，先后通过的涉外法律有涉外经济合同法（1985 年）、入境出境管理法（1985 年）、外资企业法（1986 年，2016 年修改）、海关法（1987 年，2016 年修改）、技术合同法（1987 年）、中外合资经营企业法（1979 年，2017 年修改）、中外合作经营企业法（1988 年，2016 年修改）、进出口商品检验法（1989 年，2018 年修改）、海商法（1992 年）、反不正当竞争法（1993 年，2019 年）、对外贸易法（1994 年，2016 年修改）、合伙企业法（1997 年）、专属经济区和大陆架法（1998 年）、证券法、引渡法（2000 年）、海域使用管理法（2001 年）、反分裂国家法（2005 年）、合伙企业法（2006 年）、反洗钱法（2006 年）、反垄断法（2007 年）、驻外外交人员法（2009 年）。其中，党的十八大以来颁布的涉外法律主要有：进出口商品检验法（2013 年）、反间谍法（2014 年）、反恐怖主义法（2015 年）、境外非政府组织境内活动管理法（2016 年）、航道法（2014 年，2016 年修改）、外商投资法（2019 年）、出口管制法（2020 年）、数据安全法（2021 年）、反外国制裁法（2021 年）。从改革开放后我国的涉外立法可以看出，从中外贸易立法逐渐转向国家安全方面的立法，维护国家主权、核心利益的法律将会是涉外立法的重点，坚持涉外法治与国内法治并举，在国与国合作之间，在推进社会治理现代化中实现最大公约数。而关于涉外法律法规的宣传，最初主要针对涉外机关、外籍人士、涉外企业、部分校园，宣传出入境常识即涉外法律知识。

三、宣传民法典

2020 年 5 月，十三届全国人大三次会议通过了民法典，并将其作为"十四五"和"八五"普法规划工作的重点。民法典是我国法治建设的重要成果，涵盖了经济、社会、生活的方方面面，形塑了国家和民族在法治社会中的法律准则。《民法典》通过后，引发了一些海外学者或知名人士的热议，主要集中认为民法典"具有中国特色和时代特点，反映了中国人民的意愿"，"有利于将中国制度优势更好地转化为国家治理效能"，再就是民法典的颁布是"完善市场经济的重要步骤"。① 2020 年 6 月，习近平在十三届全国人大三次会议上明确指出，要"加强民法典重大意义的宣传教育"②。《民法典》颁布后，《人民日报》在特定的版面开辟了专门的时评（见表 3-16）。通过《人民日报》的"锐评"和"新论"等专栏文章，充分反映了民法典对于百姓生活的重要性，尤其是在司法层面，更好地满足社会治理的需要，其重要意义在于：一是全面依法治国的现实需要；二是推动经济高质量发展的必然要求；三是回应社会关切、维护社会公平正义的客观要求。民法典颁布后，在全国掀起了学习宣传民法典的热潮。在天津，要求将民法典学习作为"十四五"普法工作的重点落实，在各个部门开展民法典宣传活动。③ 在广东，律师协会成立了由 100 多名专业律师组成的民法典宣讲团，并带动全省 5 万多名律师积极参与民法典的宣传，运用新媒体、短视频等媒介结合典型事例，使民法典深入人心。④ 在河南，积极推动民法典普法常态化、制度化，将民法典纳入领导干部的必修课，着力突出民法典在大中小法治课的比例，积极推动民法典进乡村、进社区、进万家，增强民法典宣传工作的针对性。⑤ 在北京，市委守法普法小组印发了《关于加强〈中华人民共和国民法典〉学习宣传的实施意见》，将宣传贯彻民法典纳入"十四五"普法工作重点，将民法典作为党校系统的必修课，加强对青少年的民法典教育。⑥ 6 月 29 日，最高人民法院启动了"人民法院大讲堂"活动，强调要加大民法典的普法力度，推动社会形

---

① 深入推进全面依法治国的重要举措——国际人士积极评价中国全国人大审议通过民法典［N］. 人民日报，2020-06-01（3）.

② 习近平. 充分认识颁布实施民法典重大意义 依法更好保障人民合法权益［N］. 人民日报，2020-05-30（1）.

③ 天津学习宣传民法典有力度［N］. 法制日报，2021-06-10（8）.

④ 广东律协成立民法典律师宣讲团［N］. 法制日报，2021-06-15（2）.

⑤ 河南推动民法典普法宣传全覆盖［N］. 法制日报，2021-06-17（2）.

⑥ 北京出台实施意见 加强民法典学习宣传［N］. 法制日报，2021-06-18（2）.

成尊法学法守法用法的社会氛围，使民法典走进群众心里。① 7 月 13 日，中宣部等八部门下发了学习宣传民法典的通知，要求民法典宣传常态化，通过党报、党刊、电视、电台和官方网站，依托现代传播平台，开展灵活生动的民法典宣传活动。② 随后，海南、陕西、河北、辽宁、上海、四川等地相继开展贯彻宣传民法典活动。在云南，全省下发了民法典集中学习宣传工作方案，并安排民法典宣讲团，在全省 16 个州开展了"民法典巡回宣讲活动"③。在福建，为了让群众了解民法典，福建省司法厅营造"五个带头"，带头谋划拧成"一股劲"、带头当好学法"领头雁"、带头唱好普法"重头戏"、带头推动法典"活起来"、带头抓好实施"落脚点"，推动福建省民法典学习热潮。④ 在江苏，出台了全国首个贯彻实施民法典的专门性文件，明确将民法典的实施作为衡量政府机关为人民服务的重要尺度，并将民法典作为推动法治政府建设的重要抓手。⑤

2021 年 1 月，中国社科院民法典研究丛书《民法典评注》出版发行。同年 2 月，为辅助读者更深层次地学习和理解民法典知识，李雅云、李林宝主编的《民法典学习问答》一书出版。3 月 15 日，由中宣部、司法部普法等部门联合编写的《中华人民共和国民法典学习读本》，作为广大领导干部、人民群众了解和学习民法典知识的辅导用书，在全国出版发行。4 月 15 日，中国法学会会长王晨在民法典座谈会上指出："积极推动民法典贯彻实施，努力让民法典走到群众身边、走进群众心里，使民法典在全面

---

① 周强作"人民法院大讲堂"民法典首场宣讲辅导 强调扎实做好民法典学习贯彻实施工作［N］.法制日报，2021-06-30（3）.

② 中宣部等八部门联合印发通知部署学习宣传民法典［N］.法制日报，2020-07-14（2）.

③ 云南民法典巡回宣讲活动启动［N］.法制日报，2020-08-18（3）.

④ 把民法典精神贯穿普法宣传教育全过程 福建省司法厅"五个带头"推动民法典落地生根［N］.法制日报，2020-09-29（11）.

⑤ 江苏明确政府及其部门贯彻实施民法典任务［N］.法制日报，2020-11-06（5）.

建设社会主义现代化国家新征程中发挥更大作用。"① 5 月 10 日，《民法典》颁布一周年，由中宣部、司法部、教育部等部门联合公布了《"美好生活·民法典相伴"主题宣传方案》。6 月 15 日，"八五"普法规划将宣传民法典列入重点普法内容。

表 3-16　《人民日报》的时评

篇名	日期	作者	版名	版面
充分认识颁布实施民法典重大意义 依法更好保障人民合法权益	2020-05-30	习近平	要闻	1
以民法典实施提升"中国之治"	2020-06-15	阿斯力格	评论	5
用公正司法保障人民权益（金台锐评·切实实施民法典）	2020-06-18	徐隽	法治	19
用法典护航美好生活（新论）——共同学好用好民法典	2020-06-29	朱虎	评论	5
民法典助力国家治理现代化（新论）——共同学好用好民法典	2020-06-30	本报评论员	评论	5
互联网时代的中国民法典（新论）——共同学好用好民法典	2020-07-01	薛军	评论	9
多方面推进民法典实施工作（金台锐评·切实实施民法典）	2020-07-02	魏哲哲	法治	19

---

① 认真总结民法典编纂经验 积极推动民法典贯彻实施［N］.人民日报，2021-04-16（2）.

续表

篇名	日期	作者	版名	版面
为婚姻家庭带来立法关怀（新论）——共同学好用好民法典	2020-07-02	支振锋	评论	5
民法典推动经济高质量发展（新论）——共同学好用好民法典	2020-07-03	雷兴虎	评论	5
深刻把握民法典的基础性法律地位	2020-07-08	王利明	学术	15
民法典彰显中国制度自信（金台锐评·切实实施民法典）	2020-07-09	倪弋	法治	19
宣传民法典，讲百姓听得懂的话（金台锐评·切实实施民法典）	2020-07-16	张璁	法治	19
依法行政的重要标尺（金台锐评·切实实施民法典）	2020-07-16	彭波	法治	19
回应时代需求 满足人民需要（权威发布）——专家解读民法典的意义及实施	2020-08-01	张璁	要闻	6
关于民法典的几个主要问题	2020-08-18	刘俊臣	政治	12
民法典为法治建设注入新动力（有的放矢）	2020-09-21	冯军	理论	9
民法典为国家治理现代化提供支撑（新知新觉）	2020-10-22	曹诗权	理论	9

篇名	日期	作者	版名	版面
民法典具有深厚历史文化底蕴（新知新觉）	2020-11-24	柴荣	理论	9
多方面推进民法典实施工作（人民时评）	2021-01-06	徐隽	评论	5
民法典实施助力全面依法治国（新论）	2021-01-07	丁宇翔	评论	5
切实推动民法典实施（有的放矢）	2012-01-21	申卫星	理论	9

第三节　宣传与群众生产生活密切相关的法律法规

法律是人们生活的行为准则，也是调节社会、家庭、个人等关系的重要依据。法律保护公民的合法权利不受侵犯，是维系社会安定团结的重要准绳。"一五"到"八五"普法规划，普及与群众有密切关系的法律常识就是法治宣传教育的重要内容。通过宣传教育、安全、社会保障、社会救助等法律法规，使人民群众提升法治意识，充分运用法律维护和捍卫自身权益，从源头上预防社会不稳定因素，推进国家治理体系和治理能力现代化。

一、宣传维护社会和谐稳定的法律法规

习近平指出："维护国家安全，必须做好维护社会和谐稳定工作，做好预防化解社会矛盾工作。"① 当前，我国正处于转型的历史机遇期，贫富

---

① 习近平谈治国理政（第一卷）［M］. 北京：外文出版社，2018：204.

差距、医患矛盾、环境污染、劳资纠纷等影响社会和谐的因素依旧存在，在我国经济高质量发展的进程中尤为突出。随着我国民主法治建设的深入，法治宣传教育大大地提升了人们的法治意识，人民群众的维权意识也日益增强。"五五"普法规划中明确了要宣传维护社会和谐稳定的法律法规，通过加强对司法公正和法律权威的宣传教育，助推社会公平正义。

第一，开展"学法律、讲权利、讲义务、讲责任"（简称"一学三讲"）的公民法制宣传教育。在天津，"一学三讲"主题活动全面展开，并与法律知识进乡村、社区、学校、企业、单位相结合，以提升领导干部依法行政为重点，各地区、部门组织学法、开办讲座、进行法律知识考核，并编辑出版了《领导干部学法用法读本》，适当地组织处级干部参加法律知识考试，再就是全面落实《天津市企业民主法制建设实施意见》，着力将企业生产经营全过程纳入法治化轨道。① 在四川自贡，主要是组织"一学三讲"知识竞赛活动，对领导干部进行法制培训和开展讲座，并将《"五五"普法干部读本》纳入年度学法和目标考核。② 与此同时，四川阿坝县对僧人和广大牧民开展了为期三天的"一学三讲"活动，通过张贴法制图片，播放藏语法制讲座，发放藏语版的《中华人民共和国刑法》《中华人民共和国治安管理处罚法》等法律知识宣传书册，实现法制宣传的目的。③ 在新疆阿克陶县，"一学三讲"与"三下乡"相结合，通过发放宣传单、举办培训班、赠送法律书籍等形式，为群众答疑解惑，历时半年受教育群众就达24000多人次。④ 在陕西宝鸡，以"一学三讲"为法制宣传月主题，上千名法制工作者走上街头通过发放资料、展示法制宣传版面，

---

① "一学三讲"法制宣传教育活动启动［N］.天津政法报，2006-05-19.
② 确保"五五"普法开好局我市将广泛开展"一学三讲"主题活动［N］.自贡日报，2006-06-14.
③ 阿坝"一学三讲"进寺院［N］.阿坝日报，2007-04-13（3）.
④ 阿克陶县"一学三讲"推进依法治县［N］.克孜勒苏报，2007-07-19（2）.

为前来咨询劳动法律的群众答疑解惑。①

第二，开展基层民主自治宣传教育。基层群众自治制度是我国民主政治制度的重要组成部分。党的十七大将"发展基层群众自治制度"作为我国民主政治的重要组成内容。党的十九大进一步提出了"完善基层民主制度，保障人民知情权、参与权、表达权、监督权"②。1980 年 1 月，《人民日报》发表社论指出："要使我们的政权具有更广泛、更坚实的群众基础，还必须建立基层群众自治性组织，把人民群众组织起来，协助政权机关工作，自己管理和解决群众之间的事情和问题。"③ 1987 年 11 月，彭真指出："把村民委员会、居民委员会办好，真正实行群众自治，是最广泛的民主，是国家政治体制的一项重大改革，对扫除封建残余影响，发展社会主义民主有重要的、深远的意义。"④ 1989 年 8 月，时任民政部部长的崔乃夫在对城市居委会组织法草案做说明时指出："使新的法律适合目前我国城市新情况，真正把居委会建成充分发扬民主，坚持群众路线，由群众进行自我管理、自我教育、自我服务的基层群众性自治组织。"⑤ 1995 年 11 月，姜春云指出："基层政权是我国社会主义政权的基础，基层群众性自治组织是党和国家联系人民群众的桥梁和纽带。"⑥ 2000 年 8 月，姜春云出席全国人大常委会执法检查组第一次会议时指出："要积极探索新形势下城市基层群众自治和基层工作的新路子，以促进居委会组织法的贯彻

---

① 街头涌动普法热——我市"一学三讲"法制宣传活动侧记［N］. 宝鸡日报，2008-04-16.
② 习近平谈治国理政（第三卷）［M］. 北京：外文出版社，2020：29.
③ 健全基层群众自治组织 加强政权建设［N］. 人民日报，1980-01-16（1）.
④ 彭真在人大常委会联组会上说 把村民委员会和居民委员会办好 实行群众自治发扬基层直接民主［N］. 人民日报，1987-11-24（1）.
⑤ 崔乃夫就城市居委会组织法草案作说明 居委会是基层群众性自治组织 由群众进行自我管理教育服务［N］. 人民日报，1989-08-29（2）.
⑥ 姜春云与全国城乡基层代表座谈时强调加强基层政权和群众性自治组织建设［N］. 人民日报，1995-11-22（3）.

实施，完善城市基层群众自治制度。"① 2007 年 10 月，胡锦涛在党的十七大报告中指出："实现政府行政管理与基层群众自治有效衔接和良性互动。发挥社会组织在扩大群众参与、反映群众诉求方面的积极作用，增强社会自治功能。"② 2012 年 5 月，浙江省实现了村级监督组织"全覆盖"，基层群众自治的民主形式从"一村一地"试验到全国推广，基层群众自治制度已经成为我国民主政治的重要组成部分。③ 2013 年 6 月，《人民日报》发文"合理利用乡约能够推进基层群众自治，化解基层矛盾纠纷，促进乡村和谐稳定"④。到 2016 年底，全国各类社区服务机构和设施达 38.6 万个，基层群众组织达 66.2 万个。⑤

第三，开展依法维权、依法信访宣传教育。2005 年 5 月，国务院第 76 次会议通过的《信访条例》正式施行。"依法维权、依法信访"是依法治国的基本要求，信访法治化是推进国家治理体系和治理能力现代化的重要内容。因此，信访法规也是法制宣传教育的内容。2002 年 4 月，山东东营举办信访集中宣传周活动，通过散发宣传品、设立宣传栏、现场解说、文艺演出等形式，有针对性地在主要街道和公共场所宣传信访法律法规。⑥ 2005 年 4 月，山西大同将 4 月作为《信访条例》宣传月，集中开展《信访条例》宣传教育，以增强行政机关工作人员的法律意识，使广大群众以合法的方式表达利益诉求，依法维护自身合法权益。⑦ 在山东济宁，全市开展《信访条例》宣传贯彻活动，以报纸、电视、广播、开辟专栏等形式，以乡、村为重点，向群众普及《信访条例》知识，以强化行政机关责任为

---

① 完善基层群众自治 促进两个文明建设 全国人大常委会部署居委会组织法执法检查 [N]．人民日报，2000-08-29（3）．
② 胡锦涛文选（第二卷）[M]．北京：人民出版社，2016：636.
③ 村党支部委员会、村民委员会、村务监督委员会基层群众自治："三委"并行（深化改革攻坚克难）[N]．人民日报，2012-05-14（5）．
④ 合理利用乡约推进基层群众自治 [N]．人民日报，2013-06-06（7）．
⑤ 全国基层群众自治组织达 66.2 万个 [N]．人民日报，2017-12-15（9）．
⑥ 我市开展信访法规集中宣传教育活动 [N]．东营日报，2002-04-16.
⑦ 政文．做好《信访条例》宣传教育工作 [N]．大同日报，2005-04-09.

重点，妥善处理群众的信访问题。① 云南高度重视《信访条例》的宣传教育，成立了专门的"宣传周"组织机构，组织宣讲团，实现《信访条例》进街道、进社区、进村组、进农户，使群众做到"三个明白"，更好地引导群众理性、合法地表达利益诉求。② 在湖南，开展了以《信访条例》为主题的宣传日活动，省、市、区三级信访部门发放《信访条例》及宣传材料 2 万余份，接受群众咨询 200 余人次。③ 在甘肃，全省各级信访部门举办了相应的培训班，加大《信访条例》的宣传力度，坚持做到"三个坚持"，确保信访工作制度化、规范化和程序化。④ 在北京，开展了《北京市信访条例》主题宣传日活动，全市近万名信访工作人员走上街头，向广大市民分发《北京市信访条例》及相关宣传材料，信访工作人员向群众讲解新条例并接受群众的咨询，宣传信访新政策。⑤ 2020 年 4 月，在《信访条例》修订实施十五周年之际，全国各地开展了多元化的宣传活动，进街道、进社区、进农村，进一步推进法治信访，夯实群众依法信访观念，营造良好的信访氛围。

第四，开展刑事法律法规宣传教育。刑事法律法规是界定什么是犯罪及对犯罪进行惩处的一种法律制度，是维护社会制度的工具。刑事法律主要包括刑法、刑事诉讼法、司法解释。1997 年 4 月，中宣部、司法部下发通知，要求各级党委、司法行政系统、普法机关做好刑法宣传普及工作，并将刑法纳入"三五"普法规划工作重点，向人民群众宣传刑法修订的新情况、新特点，使人民群众了解刑法的基本内容；通过全国普法办编写的刑法普及讲话、刑法条文释义，在全国突出宣传"法律面前人人平等""罪刑法定"等原则，通过对刑法的宣传教育，预防和减少违法犯罪行为

① 李广生. 学习宣传贯彻《信访条例》推动信访工作再上新水平 [N]. 济宁日报，2005-04-19.
② 刘欣. 认真开展《信访条例》宣传 [N]. 云南日报，2005-04-25.
③ 省信访局开展《信访条例》集中宣传日活动 [N]. 湖南日报，2005-04-29.
④ 省城举行新《信访条例》大型宣传活动 [N]. 甘肃日报，2005-04-30.
⑤ 万人走上街头宣传新信访条例 [N]. 北京日报，2006-09-24（1）.

的发生。随后，在全国开展了刑法宣传热潮。在山东东营，全市检察机关出动上百名检察机关工作人员，以法律咨询、发放宣传材料、广播等形式，向当地群众普及刑法法律知识。① 2011 年 5 月，《中华人民共和国刑法修正案（八）》正式施行，吉林朝阳区检察院与其他司法部门联合现身街头宣传宪法修正案，为人民群众提供法律咨询，对群众市民关注醉驾、食品安全等问题，结合刑法修正案相关法律条文作了现场解读。② 2015 年 11 月，《中华人民共和国刑法修正案（九）》正式实施，全国各地交通主管部门开展了对《中华人民共和国刑法修正案（九）》的宣传。例如，河南永城市公安局交警大队通过电视、广播、报纸、微博、微信，在农村基层组织，利用宣传栏、黑板报等形式，向机动车驾驶员宣传普及刑法修正案（九）中的交通安全条款。③ 2016 年 2 月，鉴于全国各地交警仍查获了不少涉嫌危险驾驶的典型案件。《人民公安报》撰文加大力度宣传《中华人民共和国刑法修正案（九）》，使群众了解危险驾驶所要承担的刑事责任，使不同年龄、层次的群众学法、懂法、守法，切实遏制危险驾驶行为的发生。④ 2017 年 11 月，十二届全国人大三次会议通过了《中华人民共和国刑法修正案（十）》，在减少死刑罪名、反腐惩处、公民人身保护、暴力恐怖犯罪惩治等方面作了修改。2020 年 12 月，十三届全国人大常委会审议并通过了《中华人民共和国刑法修正案（十一）》，新增了 13 条，修改条文 34 条，新增及修改了一些罪名，如下调刑事责任年龄、加大对未成年人的保护力度、加强疫情防控刑事法律保障、严惩金融乱象等。

第五，宣传与社会治理现代化密切相关的法律法规。社会治理现代化是

---

① 全市检察机关举行新《刑法》宣传活动［N］. 东营日报，1997-10-06.

② 检察官走近百姓宣传"刑法修正案（八）"［N］. 北方的法制报，2011-05-02（1）.

③ 永城大力宣传刑法修正案（九）［N］. 人民公安报·交通安全周刊，2015-10-20（2）.

④ 刑法修正案（九）的宣传还应加大力度［N］. 人民公安报·交通安全周刊，2016-02-23（3）.

推进国家治理体系和治理能力现代化的重要基石。社会治理体系的滞后，会引发诸多社会矛盾，甚至影响社会的长治久安。"八五"普法规划中强调法治宣传教育常态化，并首次提出要宣传社会治理的法律法规。重点强调在严峻的外部形势下，国家安全教育的重要性，在内容上要求强化对国安法、反分裂国家法、国防法、反恐怖主义法、生物安全法、网络安全法[①]等法律的宣传，通过向广大群众普及国家安全或自身权益的法律知识，使人民群众树立"正义可期"的意识，营造风清气正的社会氛围。

表3-17　《人民日报》涉及安全的相关立法

篇名	日期	版名	版面
《反分裂国家法》	2005-03-14	要闻	3
《中华人民共和国国家安全法》	2015-07-01	综合	15
《中华人民共和国反恐怖主义法》	2015-12-28	文件	7
《中华人民共和国网络安全》	2016-11-07	文件	14
《中华人民共和国香港特别行政区维护国家安全法》	2020-07-01	文件	5
《中华人民共和国生物安全法》	2020-11-27	文件	15
《中华人民共和国国防法（修订）》	2020-12-26	文件	11
《中华人民共和国海上交通安全法》	2021-04-49	文件	20
《中华人民共和国数据安全法》	2021-06-10	要闻	7

---

① 中央宣传部、司法部关于开展法治宣传教育的第八个五年规划（2021—2025年）[N].人民日报，2021-06-16（1）.

二、宣传保障和改善民生的法律法规

习近平指出："增强发展的全面性、协调性、可持续性，加强保障和改善民生工作，从源头上预防和减少社会矛盾的产生。"① 中华人民共和国成立以来，我国的民生建设以渐进式改革的方式稳步推进，尽管在社会主义道路探索时期经历过曲折，但通过七十多年的不断探索，我国已经进入全面小康社会。在立法上，民生立法已经成为我国依法治国的重要环节，特别是在收入分配、医疗、卫生、住房、教育、就业、环境等领域的立法。这些民生立法使得人民的切身权益有法可依、有法可循。科学的民生立法有利于降低社会治理成本，维护社会的安定团结。"六五"普法规划明确提出要宣传民生的法律法规，推动形成学法、守法、用法的社会氛围。

首先，宣传收入分配、社会保障、医疗卫生、社会救助等相关的法律法规。（1）关于收入分配法律法规。2003 年 1 月，时任劳动部副部长的王东进指出："深化收入分配制度改革必须加紧制定和完善收入分配法律法规，特别是完善获得合法的非劳动收入的法律法规，要在法律上明确界定收入的合法与非法。"② 2012 年 11 月，全国政协十一届常委会第十九次会议民革代表发言时呼吁："建立健全收入分配的体制机制和法律法规体系，从根本上确立公平合理的分配制度。"③ 目前，我国涉及收入分配的立法主要有劳动法、劳动合同法、社会保险法以及民法典的部分条款，除此之外，还包括企业最低工资规定、工资支付暂行规定等法律法规。（2）关于社会保障法律法规。除宪法、劳动法、劳动合同法等综合性法律外，还包括社会保险法律法规、医疗保险法律法规、工伤保险和生育保险等法规，如劳动争议仲裁法、职业病防治法、就业促进法、国务院关于工人退休和

---

① 习近平谈治国理政（第一卷）［M］. 北京：外文出版社，2018：204.
② 劳动和社会保障部副部长王东进提出 收入分配法律法规亟待完善［N］. 人民日报，2003-01-28（6）.
③ 建立收入分配法律体系［N］. 法制日报，2012-11-24（3）.

退职的暂行办法、国务院关于安置老弱病残干部的暂行办法、失业保险条例、工伤保险条例、残疾人就业条例等。2007 年 6 月，对劳动合同法进行了修订。同年 8 月，《人民日报》刊发了全国人大、劳动和社会保障部、全国总工会等部门负责人的专题文章，深入宣传《劳动合同法》，切实维护劳动者的自身权益。同年 11 月，劳动和社会保障部下发了 12 月 1 日在全国各地开展劳动合同法宣传月的通知，要求全国各地劳动部门以宣讲、访谈、现场咨询等形式，结合就业促进法的实施，向人民群众宣传劳动合同法以及就业促进法的主要内容，解答人民群众关心的热点问题，要深入企业、单位、社区、学校等部门或基层进行广泛宣传。① （3）关于医疗卫生的法律法规。我国已经颁布的涉及医疗卫生的法律法规，根据法律效应主要分为：法律，如药品管理法、卫生检疫法、传染病防治法、执业医生法、母婴保健法等；行政法规，如医疗机构管理条例、医疗事故处理条例、医疗纠纷预防和处理条例等；再就是规章，如临床技术操作规范、病历书写规范等。除此之外，根据法律关系又涵盖了医疗卫生机构及组织管理法律法规、生命健康权益保护法律法规、疾病预防与控制法律法规、公共卫生管理法律法规等。2019 年 12 月 28 日，十三届全国人大十五次会议通过了《中华人民共和国基本医疗卫生与健康促进法》，标志着我国卫生健康领域自此有了一部"牵头管总"的法律，从内容上着力"保基本"、着力"强基层"、着力"促健康"、着力"促改革"。② 基本医疗卫生与健康促进法颁布后，各地医疗卫生部门开展了《基本医疗卫生与健康促进法》的宣传活动，通过宣传栏、知识问答、法律知识竞赛等方式，使医务工作者及群众更好地了解医疗方面的法律知识。（4）关于社会救助法律法规。1997 年 9 月，国务院颁布了《城市居民最低生活保障条例》，推动了城市居民最低生活保障制度建设。2007 年 7 月，国务院颁布了《关于在全国建立农村居民最低生活保障制度的通知》，2014 年 2 月，国务院公布了

① 劳动合同法宣传月活动今起展开［N］.人民日报，2007-12-01（2）.
② 为全面实施健康中国战略提供法治保障［N］.法制日报，2020-01-14（5）.

《社会救助暂行办法》，这也是我国第一部统筹各项社会救助的行政法规，随后在全国掀起了学习《社会救助暂行办法》活动。在湖南，将5月9日至6月9日定为"法治救助惠民生"宣传月，重点宣传《社会救助暂行办法》，扎实推进《社会救助暂行办法》的宣传普及和落实工作。① 在安徽来安县，开展为期一周的《社会救助暂行办法》宣传活动，工作人员通过发放资料、现场讲解、展板宣传等形式向群众普及《社会救助暂行办法》相关政策知识。② 在西藏墨竹工卡县开展了为期一周的宣传活动，通过宣传栏、展板、横幅培训班等形式，宣传《社会救助暂行办法》，通过宣传活动提升社会救助工作的透明度，确保社会救助资源运用在需要救助的群众身上。③ 2020年9月，民政部、财政部起草公布了《中华人民共和国社会救助法（草案征求意见稿）》。

其次，宣传土地征收征用与补偿、土地承包经营权流转、国有企业改制等方面的法律法规。（1）关于土地征收征用与补偿的法律法规。其中的法律主要有建筑法（2019年修正）、城市房地产管理法（2019年修正）、城乡规划法（2019年修正）、行政强制法（2012年施行）、土地管理法（2019年修正）等；行政法规主要有土地管理法实施条例（2014年修订）、闲置土地处置办法（2012年施行）、土地储备管理办法（2018年施行）、国有土地上房屋征收与补偿条例（2011年施行）等。（2）关于土地承包经营权流转的法律法规。主要有农村土地承包法（2018年修正）、农村土地承包经营权流转管理办法（2021年施行）。（3）关于国有企业改制的法律法规。除公司法、证券法外，包括企业国有资产监督管理暂行条例（2003年施行）、企业国有产权转让管理暂行办法（2017年12月废止）、关于企业兼并的暂行办法（2018年2月废止）等基本法律法规，以及企业重组、股权转让法律法规，如企业公司制改建有关国有资本管理与财务处

① 社会救助暂行办法宣传月启动［N］.湖南日报，2014-05-10（2）.
② 宣传社会救助暂行办法［N］.安徽法制报，2014-05-16（3）.
③ 开展社会救助暂行办法宣传活动［N］.西藏日报，2014-06-19（9）.

理问题的暂行规定（2002 年 7 月）、企业国有产权转让管理暂行办法
（2003 年 12 月）、金融资产管理公司吸收外资参与资产重组与处置的暂行
规定（2020 年 1 月废止）等。

再次，宣传食品药品安全、安全生产、抗灾救灾、公共卫生等方面的
法律法规。（1）关于食品药品安全法律法规。我国食品相关的主要法律有
进出境动植物检疫法（2009 年 8 月修正）、药品管理法（2019 年 8 月修
正）、食品安全法（2021 年 4 月修正）、农产品质量安全法（2021 年 9 月
修正）等。食品安全法规主要有食品安全法实施条例（2019 年 12 月实
施）、农业转基因生物安全管理条例（2017 年 10 月修改）等。（2）关于
安全生产法律法规。法律主要有矿山安全法（2009 年 8 月修订）、劳动法
（2013 年 7 月修订）、职业病防治法（2018 年 12 月修正）、消防法（2021
年 4 月修订）、安全生产法（2021 年 9 月施行）等；部门法规包括工厂安
全卫生规程（1956 年 5 月施行）、微波辐射暂行卫生标准（1979 年 1 月修
订）、工业企业噪声卫生标准（1979 年 8 月批准）、矿山安全监察条例
（1982 年）、防暑降温措施管理办法（2012 年 6 月施行）、化工系统健康监
护管理办法（1988 年 7 月修订）、乡镇企业安全生产和工业卫生管理规定
（1992 年 8 月施行）、工业企业设计卫生标准（2010 年 8 月施行）、职业病
范围和职业病患者处理办法的规定（2013 年 12 月发布）等。（3）关于抗
灾救灾法律法规。我国自然灾害主要立法有突发事件应对法（2007 年 11
月施行）、防震减灾法（2008 年 12 月修订）、防洪法（2016 年 7 月修正）、
气象法（2016 年 11 月修正）、防沙治沙法（2018 年 10 月修订）、自然灾
害救助条例（2019 年 3 月修改）等。相关的法规条例有破坏性地震应急条
例（1995 年 4 月施行）、人工影响天气管理条例（2002 年 5 月施行）、地
质灾害防治条例（2004 年 3 月施行）、自然保护区条例（2004 年 3 月施
行）、防汛条例（2011 年 1 月修订）等。关于公共卫生法律法规。我国公
共卫生法律有突发事件应对法（2007 年 11 月施行）、传染病防治法（2013
年 6 月修正）、国境卫生检疫法（2018 年 4 月修正）、职业病防治法（2018

年 12 月修正）等；相关的法规有突发公共卫生事件应急条例（2011 年 1 月修订）、尘肺病防治条例（1987 年 12 月施行）、国家自然灾害卫生应急预案（2016 年 3 月修订）等。

最后，宣传维护未成年人、妇女、老年人、残疾人权益等方面的法律法规。（1）关于未成年保护法律法规。主要的法律有青少年保护法（1992 年 1 月施行）、未成年人保护法（2020 年 10 月修订）、预防未成年人犯罪法（2021 年 6 月施行）、义务教育法（2018 年 12 月修订）等；法规有未成年工特殊保护规定（1995 年 1 月修订）、公安机关办理未成年人违法犯罪案件的规定（1995 年 10 月公布）、禁止使用童工规定（2002 年 12 月施行）等。（2）关于老年人的法律法规。我国宪法、婚姻法、刑法、民法典都涉及老年人权益保护，除此之外，主要有老年人权益保障法（2018 年 12 月修正）。（3）关于妇女权益保护的法律法规。主要的法律有反家庭暴力法（2016 年 3 月修订）、母婴保健法（2017 年 11 月修订）、妇女权益保障法（2018 年 10 月修订）、人口与计划生育法（2021 年 8 月修订）等。相关法规有全国人民代表大会常务委员会关于严惩拐卖、绑架妇女、儿童的犯罪分子的决定（1991 年 9 月施行）、女职工劳动保护特别规定（2012 年 4 月施行）等。（4）关于残疾人权益法律法规。除刑法、刑事诉讼法两法，高等教育法和收养法都涉及残疾人权益外，主要的法律有残疾人保障法（2008 年 7 月施行）等；法规有残疾人就业条例（2007 年 5 月施行）、残疾人教育条例（2017 年 5 月施行）等。

第四节　宣传党内法规

习近平在庆祝中国共产党成立 100 周年大会上的讲话中指出："坚持

依规治党、形成比较完善的党内法规体系，战胜一系列重大风险挑战。"①
党内法规是治党管党的重器，是党内制度的一部分。根据《中国共产党党
内法规制定条例》，党内法规主要分为党章、准则、条例、规则、规定、
办法、细则七大类，以党章、准则、条例为主。"截至 2021 年 7 月 1 日，
全党现行有效党内法规共 3615 部。其中，党中央制定的中央党内法规 211
部。"② 2016 年 4 月，"七五"普法规划中首次将宣传党内法规作为重要内
容，要求将党章的宣传教育作为党内法规宣传教育的重点，以此教育广大
党员尊崇党章，把党的纪律和规矩放在首位。2017 年 8 月，中组部、中宣
部等部门印发了《关于加强党内法规学习宣传的通知》，要求各地区、各
部门教育和引导广大党员学习和宣传党内法规，以领导干部作为重中之
重，实现领导干部学习党内法规的经常化、制度化。③

一、宣传党章及相关法规

党章即党的章程。从中共二大通过第一个党章，到党的十九大党章的
修订，党章始终是全体共产党员必须遵循的党的章程，是最根本的党内法
规。目前，党章及相关的法规主要有：《中国共产党章程》（2017 年 10 月
修改）、《关于党内政治生活的若干准则》（1980 年 2 月通过）、《关于新形
势下党内政治生活的若干准则》（2016 年 11 月实施）、《中国共产党党内
法规制定条例》（2019 年 8 月修订）等。中华人民共和国成立后，从中共
八大至今，党章的每一次修改都是为了更好地适应发展的需要，充分吸收
和总结中国共产党人在国家治理和社会治理能力的经验教训的基础上，从
党的章程出发，不断完善党的政治建设。

---

① 习近平. 在庆祝中国共产党成立 100 周年大会上的讲话［M］. 北京：人民出版社，
2021：7.
② 中共中央办公厅法规局. 中国共产党党内法规体系［N］. 人民日报，2021-08-04
（4）.
③ 中组部中宣部司法部全国普法办联合印发加强党内法规学习宣传通知［N］. 法制
日报，2017-08-03（4）.

表3-18　《人民日报》关于党章修改的相关报道

中华人民共和国成立后党章修改	报道日期	修改内容
中国共产党章程（中国共产党第八次全国代表大会通过——一九五六年九月二十六日）	1956-09-27	执政党建设、民主集中制、指导思想表述、党员权利和义务上有所改动，强调党的团结
中国共产党章程（中国共产党第九次全国代表大会一九六九年四月十四日通过）	1969-04-29	删去了八大党章中一些正确的内容，将"无产阶级专政下继续革命的理论"写进总纲，并取消了党员的权利的规定①
中国共产党章程（中国共产党第十次全国代表大会一九七三年八月二十八日通过）	1973-09-02	修改了总纲部分，保留了九大党章原有的内容，结构和内容做了一些调整。条文部分改得不多
中国共产党章程（中国共产党第十一次全国代表大会一九七七年八月十八日通过）	1977-08-24	恢复了八大关于把中国建设成四个现代化的社会主义强国的提法。在内容上做了较多的修改，如在总纲及有关条款中增写了关于民主集中制的内容等。但十一大党章依旧沿用了"文化大革命"的错误理论、政策和口号

---

① 汪文庆.使命·旗帜·人物.中共一大至十八大纪事［M］.成都：四川人民出版社，2013：155.

续表

中华人民共和国成立后党章修改	报道日期	修改内容
中国共产党章程（中国共产党第十二次全国代表大会一九八二年九月六日通过）	1982-09-09	清除了十一大党章中的"左"倾错误，恢复了党的工人阶级的属性，对党的干部在思想上、政治上和组织上的要求更加严格，强调了党的民主集中制原则和党的纪律。十二大党章规定，中共中央只设总书记，不设主席
中国共产党章程部分条文修正案（中国共产党第十三次全国代表大会通过）	1987-11-02	对部分条文进行了修正。规定实行差额选举制度，重视发展党内民主和党的基层组织的作用
中国共产党章程（中国共产党第十四次全国代表大会通过）	1992-10-22	十四大党章内容、结构和框架上依旧沿用十二大党章内容，重点是对总纲、部分段落、一些条文进行完善和充实
中国共产党章程（中国共产党第十五次全国代表大会部分修改，1997年9月18日通过）	1997-09-23	十五大党章对指导思想作了修改。将"解放思想，实事求是"写入党章
中国共产党章程（中国共产党第十六次全国代表大会通过）	2002-11-19	十六大党章将"三个代表"重要思想写入党章。明确"中国共产党是中国工人阶级的先锋队，同时是中国人民和中华民族的先锋队"，在入党标准问题上做出了新的规定等

续表

中华人民共和国成立后党章修改	报道日期	修改内容
中国共产党章程（中国共产党第十七次全国代表大会通过）	2007-10-22	十七大党章总纲中增写了科学发展观的相关内容，同时把"四位一体"总体布局写入党章。增写了发展社会主义市场经济和构建社会主义和谐社会的内容等
中国共产党第十八次全国代表大会关于《中国共产党章程》的决议——（2012 年 11 月 14 日中国共产党第十八次全国代表大会通过）	2012-11-15	十八大党章对总纲进行了修改，对科学发展观做出新的定位和阐述。将"四位一体"新增为"五位一体"。对中国特色社会主义重要成就进行了完善
中国共产党章程——（中国共产党第十九次全国代表大会通过）	2017-10-29	十九大党章做出了 100 多处修改，如将习近平新时代中国特色社会主义思想写入党章，将中国特色社会主义文化写入党章，将实现中华民族伟大复兴的中国梦写入党章等

1980 年 2 月，党的十一届五中全会通过了《关于党内政治生活的若干准则》，系统概括了历史整顿党的作风即处理党内关系的经验，全文共 12 条，坚持党的政治路线和思想路线是最根本的一条。同时还包括坚持党的集体领导、严格遵守党的纪律、坚持党性、保障党员的权利不受侵犯等内容。《关于党内政治生活的若干准则》对于解决党在建设中的各项问题提供了纪律保障。1980 年 3 月，《关于党内政治生活的若干准则》由人民出版社出版发行，蒙文、藏文、维吾尔文、哈萨克文版本相继发行。2016 年 10 月，党的十八届六中全会通过了《关于新形势下党内政治生活的若干准则》

和《中国共产党党内监督条例》。11 月 3 日，习近平对新发布的《关于新形势下党内政治生活的若干准则》和《中国共产党党内监督条例》进行说明，针对文件的起草指出："这是完善'四个全面'战略布局的需要……这是深化全面从严治党的需要……这是解决党内存在突出矛盾和问题的需要。"①2017 年 4 月 20 日，《人民日报》发文强调，新老准则"两者都是当前和今后一个时期党内政治生活必须遵循的，是一脉相承、与时俱进的关系"②。

二、宣传党的组织法规

党的组织法规是规范党的组织活动和工作的法规，是党内法规的重要组成部分。党的组织法规就内涵和作用，主要是"用以规范党的各级各类组织的组成与职责"③；覆盖各级基层组织，以党的选举法规为例，从中央到地方基层党组织、各级人大都必须遵循党的选举工作条例。2018 年 2 月，在党内法规第二个五年规划中，关于党的组织法规强调要"全面规范党的各级各类组织的产生和职责，夯实管党治党、执政治国的组织制度基础，为坚持和加强党的全面领导、实现党在新时代的历史使命提供坚强组织保证"。④ 党的组织法规明确了要制定以及修订中央到地方党的各项工作条例以及中央及基层组织工作条例中国共产党党和国家机关基层组织工作条例以及各级党支部工作条例等。当前，中国共产党党内法规体系已经初步形成，并在不断的完善中，尤其表现在党的组织法规在制度建设上逐步健全和完善，尤其是通过颁布或修订党的组织法规，对于规范党委工作理念、完善地方基层组织架构、强化地方权力运行体制机制发挥了重要作

---

① 习近平.《关于新形势下党内政治生活的若干准则》和《中国共产党党内监督条例》的说明［N］. 人民日报，2016-11-03（2）.
② 烧旺锤炼党性的"大熔炉"——如何把握《关于新形势下党内政治生活的若干准则》的基本精神［N］. 人民日报，2017-04-20（9）.
③ 武汉大学党内法规研究中心. 中国共产党党内法规制度建设年度报告（2016）［M］. 北京：人民日报出版社，2017：113.
④ 中共中央印发中央党内法规制定工作第二个五年规划（2018—2022 年）［N］. 人民日报，2021-02-24（2）.

用，尤其是党的各级工作机关作为党的各项决策的第一责任人，其组织运行效能直接关系着党的政策的贯彻执行，各级党委工作条例的颁布，明确了各级党委的职权责任，也夯实了党内组织法规制度。

表 3-19　2019 年以来制定和修改的党的组织法规（部分）

党的组织法规名称	日期	发布机关
《中国共产党农村基层组织工作条例》	2019-01（施行）	中共中央
《中国共产党支部工作条例（试行）》	2019-01（施行）	中央政法委员会
《中国共产党党组工作条例》	2019-04（修订）	中共中央
《中国共产党机构编制工作条例》	2019-08（施行）	中共中央
《中国共产党党和国家机关基层组织工作条例》	2019-11（修订）	中共中央
《中国共产党国有企业基层组织工作条例》	2019-11（修订）	中共中央
《中国共产党基层组织选举工作条例》	2020-07（施行）	中共中央
《中国共产党中央委员会工作条例》	2020-10（施行）	中共中央
《中国共产党地方组织选举工作条例》	2020-12（施行）	中共中央
《中国共产党地方委员会工作条例》	2021-01（修订）	中共中央政治局
《中国共产党普通高等学校基层组织工作条例》	2021-04（修订）	中共中央

三、宣传党的领导法规

中国共产党的领导制度主要包括政治领导、思想领导、组织领导制度。"党的领导法规制度主要是指调整党政关系、政党关系和党群关系，调整党与国家政权、民主党派、群众团体之间关系的法规制度。"① 党的领导工作法规也可以分为党的政治领导工作、党的组织领导工作以及思想领导工作。其中，党的领导工作法规覆盖了各个领域，如政法、立法、人大、外事工作等都是在党的领导下展开的。党的思想领导工作包括意识形态领域，涵盖意识形态、新闻舆论、思想政治、宣传工作等方面。党内法规第二个五年规划关于党的领导法规提出："坚持党对一切工作的领导，完善党的领导体制机制，改进领导方式，提高执政本领。"② 第二个五年党内法规规划重点在于制定和完善党内领导法规，如完善党员重大事项请示报告条例，落实党政机关第一责任人的相关法规，规范党员的主体责任，不断完善和改进党对各项工作的领导，以党内法规约束将"权力"关进制度的笼子里，完善党内法规体系的同时，使遵守党纪、恪守国法成为党员的道德遵循。党的领导法规通常以中共中央或以党政形式联合发文，目的在于更高效地解决基层中政治、经济及社会事务。

表 3-20　2016 年以来制定和修改的党的领导法规（部分）

党的领导法规名称	日期	发布机关
《健全落实社会治安综合治理领导责任制规定》	2016-02（施行）	中共中央办公厅、国务院办公厅
《信访工作责任制实施办法》	2016-10（施行）	中共中央办公厅、国务院办公厅

---

① 李斌雄．扎紧制度的笼子 中国共产党党内法规制度的重大发展研究［M］．武汉：武汉出版社，2017：49．
② 中共中央印发中央党内法规制定工作第二个五年规划（2018—2022 年）［N］．法制日报，2021-02-24（2）．

续表

党的领导法规名称	日期	发布机关
《党政主要负责人履行推进法治建设第一责任人职责规定》	2016-12（施行）	中共中央办公厅、国务院办公厅
《中国共产党工作机关条例》	2017-03（施行）	中共中央
《中国共产党支部工作条例（试行）》	2018-10（施行）	中共中央
《中国共产党政法工作条例》	2019-01（施行）	中央政法委员会
《中国共产党重大事项请示报告条例》	2019-01（施行）	中共中央
《中国共产党党组工作条例》	2019-04（修订）	中共中央
《中国共产党宣传工作条例》	2019-08（施行）	中共中央
《中国共产党农村工作条例》	2019-08（施行）	中共中央
《中国共产党中央委员会工作条例》	2020-09（施行）	中共中央
《中国共产党统一战线工作条例》	2021-01（修订）	中共中央政治局
《军队政治工作条例》	2021-02（施行）	中共中央、中央军委

四、宣传党的自身建设法规

党内法规"二五"普法规划中，强调以政治建设为主导，推进党的各项建设贯穿其中。中国共产党作为执政党，如何永葆党的纯洁性和先进性，是党的自身建设法规的立法基础。党的十八大以来，通过开展反腐败斗争，提升了党在人民群众中的威望，也提升了中国共产党治国理政的质量。党的十九大报告对党的自身建设也提出了新要求，根据党自身建设的涵盖内容，党的自身建设可以划分党的制度建设、政治建设、组织建设、思想建设、执政能力建设、作风建设等内容。而健全和完善党的自身建设法规，必须坚持以人民为中心，提高执政能力，时刻保持党的先进性、纯洁性，制定和配套中央或地方基层党内政治生活的相应准则和条例。党的执政能力建设法规主要是强化科学执政、民主执政、依法执政能力建设法规；党的先进性和纯洁性建设法规包括党内生活准则、廉洁自律准则、纪律处分条例、永葆先进性等法规；党的政治建设法规指党内政治生活准则及其配套法规；党的思想建设法规主要包括党员学习、干部教育培训、党内思想政治教育、党组中心组学习等法规；党的组织建设法规主要包括党员的选拔任用、岗位任期、基层组织建设、干部队伍建设等法规；党的作风建设法规包括厉行节约反对浪费制度、干群关系以及干部待遇等法规；党的纪律建设法规包括廉洁自律准则、党纪处分条例、领导干部报告个人事项规定等法规。

表3-21 2013年以来制定和修改的党的自身建设法规（部分）

党的自身建设法规名称	日 期	发布机关
《党政机关厉行节约反对浪费条例》	2013-11（施行）	中共中央、国务院
《中国共产党发展党员工作细则》	2014-05（施行）	中共中央办公厅
《中国共产党廉洁自律准则》	2015-10（施行）	中共中央
《关于新形势下党内政治生活的若干准则》	2016-12（施行）	中国共产党第十八届中央委员会
《县以上党和国家机关党员领导干部民主生活会若干规定》	2016-12（施行）	中共中央
《中国共产党党委（党组）理论学习中心组学习规则》	2017-01（施行）	中共中央办公厅

党的自身建设法规名称	日期	发布机关
《高等学校领导人员管理暂行办法》	2017-01（施行）	中宣部、教育部、科技部、国家卫生计生委
《中共中央政治局贯彻落实中央八项规定的实施细则》	2017-01（施行）	中共中央政治局
《党政领导干部选拔任用工作条例》	2018-03（修订）	中共中央办公厅
《中国共产党纪律处分条例》	2018-10（施行）	中共中央
《干部人事档案工作条例》	2018-11（施行）	中共中央办公厅
《社会主义学院工作条例》	2018-12（施行）	中共中央
《干部教育培训工作条例》	2019-01（施行）	中央政法委员会
《中国共产党党务公开条例（试行）》	2019-01（施行）	中共中央
《中国共产党党员教育管理工作条例》	2019-04（施行）	中共中央政治局
《党政领导干部考核工作条例》	2019-04（施行）	中共中央办公厅
《关于新形势下党内政治生活的若干准则》	2021-01（修订）	中共中央政治局

五、宣传党的监督保障法规

2016 年 12 月，中共中央公布了《关于加强党内法规制度建设的意见》，党的监督保障法规制度作为以"1+4"为基本框架的党内法规制度体系的重要组成部分之一，旨在确保人民更好地行使权利，确保党内法规制度能够有效运行。党的十八大以来，党中央不断健全和全方位完善党的监督保障机制，着力构建党内监督体系。在党的监督保障法规中，《中国共产党党内监督条例》居于统领地位，其监督主体和监督层级范围广泛，明确了各级机关党内监督的体制机制，为党的监督保障法规制度设计提供了现实依据。党内法规第二个五年规划中指出："切实加强对党组织和党员干部的监督、奖惩、保障，建立健全相关法规制度。"① 党的监督法规充分体现了个体权利和组织权利的相互博弈，既对党员的行为准则进行了严格的规范，同时也给党员留出申诉和矫正错误的渠道。

党的监督保障法规主要由党内监督、党内考核评价、党内奖励、党内处罚、党内保障五方面的构成。其中党内监督法规包括党内监督条例、巡视工作条例、督促检查工作等法规；党内考核评价法规包括领导干部考核、党员民主评议等法规；党内奖励法规包括党内功勋荣誉、优秀共产党员、先进基层组织表彰等；党内处罚法规包括纪律处分、通报、问责、追究等；党内保障法规主要包括运行保障、容错纠错、监督执纪、党员申诉、检举、控告等。

表 3-22　2015 年以来制定和修改的党的监督保障法规（部分）

党的监督保障法规名称	日期	发布机关
《关于领导干部干预司法活动、插手具体案件处理的记录、通报和责任追究规定》	2015-03（施行）	中共中央办公厅、国务院办公厅
《党政领导干部生态环境损害责任追究办法（试行）》	2015-08（施行）	中共中央办公厅、国务院办公厅
《省级党委和政府扶贫开发工作成效考核办法》	2016-02（施行）	中共中央办公厅、国务院办公厅
《生态文明建设目标评价考核办法》	2016-12（施行）	中共中央办公厅、国务院办公厅

① 中共中央印发中央党内法规制定工作第二个五年规划（2018—2022 年）［N］. 法制日报，2021-02-24（2）.

续表

党的监督保障法规名称	日期	发布机关
《中国共产党工作机关条例》	2017-03（修订）	中共中央
《中国共产党巡视工作条例》	2017-07（修订）	中共中央组织部
《防范和惩治统计造假、弄虚作假督察工作规定》	2018-08（施行）	中共中央办公厅、国务院办公厅
《干部人事档案工作条例》	2018-11（施行）	中共中央办公厅
《中国共产党党内监督条例》	2019-01（施行）	中央政法委员会
《中国共产党纪律检查机关监督执纪工作规则》	2019-01（修订）	中共中央办公厅
《干部选拔任用工作监督检查和责任追究办法》	2019-05（修订）	中共中央办公厅
《法治政府建设与责任落实督察工作规定》	2019-05（施行）	中共中央办公厅、国务院办公厅
《中央生态环境保护督察工作规定》	2019-06（施行）	中共中央办公厅、国务院办公厅
《中国共产党问责条例》	2019-09（修订）	中共中央
《中国共产党党员权利保障条例》	2020-12（修订）	中共中央

第四章

法制宣传教育的基本对象

从1986年开始，全国人大通过了普及法律常识的决议，决议中提出对有接受教育的公民普及法律常识，从"二五"到"七五"普法规划对象要求在表述上明确为"一切有接受教育能力的公民"①，"八五"普法规划做了全新的调整，表述为"实行公民终身法治教育制度，把法治教育纳入干部教育体系、国民教育体系、社会教育体系"②。这一表述不仅强化了法制宣传教育在国民教育中的重要性，也体现了我国构建法治社会、法治国家、法治政府的坚强决心。

第一节　对国家工作人员开展法制宣传教育

"八五"普法规划在普法对象上，从领导干部到国家工作人员，扩大了法制宣传教育的覆盖面。根据刑法第93条："国家工作人员，指国家机关中从事公务的人员。"③ 包括政府、司法、行政、部队，国有企业、事业单位、社会团体从业人员等，通俗而言，有正式定岗定编的从业人员，都属于国家工作人员的范畴。2016年7月5日，司法部和最高人民检察院共同公布了《关于完善国家工作人员学法用法制度的意见》，以制度的形式

---

① 中国法律年鉴编辑部. 中国法律年鉴 [M]. 北京：中国法律年鉴社，1990：108.

② 中共中央国务院转发《中央宣传部、司法部关于开展法治宣传教育的第八个五年规划（2021—2025年）》[N]. 人民日报，2021-06-16（1）.

③ 陈国庆. 中华人民共和国刑法最新释义 [M]. 北京：中国人民公安大学出版社，2016：83.

确立了国家工作人员学法用法的范畴。

一、国家工作人员开展法制宣传教育的主要内容

领导干部、执法人员、公务员都属于国家工作人员，从"一五"到"八五"普法规划，国家工作人员始终作为普法重点。国家工作人员作为国家机器的掌舵者，带头学法、守法，为人民群众做法制楷模义不容辞。作为国家机关管理主体，国家工作人员的素质关系到国家机关的效能，关系到能否更好地落实党和国家政策，破解行政事务中的难题，保证国家行政工作的平稳运行。因此，国家工作人员必须除德才兼备外，还应兼备法律知识，并将法律知识与专业相结合，才能更好地完成本职工作。综合"一五"到"八五"普法规划内容，国家工作人员法制宣传的内容主要有以下五方面：

第一，学习宪法。现行宪法是中华人民共和国成立以来的第四部宪法，我国对宪法的五次修改，都是基于现行宪法的基础上。宪法是国家治理的总章程，适用于全体公民。在世界范围内，不论是资本主义社会还是社会主义社会，宪法都是一个国家根本法。我国宪法中明确了公民权利与义务、国家的制度安排、机构设置及任务等内容，任何公民都不能践踏宪法的权威。普法教育开展至今，宪法学习始终是重点内容之一。2014 年国家将每年的 12 月 4 日定为宪法宣传日，2018 年 3 月，十三届全国人大一次会议选举新一届国家机构领导人，习近平全票当选国家主席、中央军委主席后，首次进行了宪法宣誓，这也凸显了宪法在我国政治生活中的重要性。三十多年的法制宣传教育（普法教育），宪法始终是国家工作人员的必修课，学习宪法提高国家工作人员的宪法意识，通过宣传的内容、制度和任务等内容，使国家工作人员增强宪法意识，树立依宪治国、依宪执政的宪法观。

第二，学习与国家工作人员密切相关的法律常识。法律知识是国家工作人员必备的素质，国家工作人员作为执法者，其活动必须在法律准绳下进行，除学习宪法外，必须学习与自身工作相关、与人民群众利益相关的法律知识，在行使职权中能够熟练地运用到本职工作。学习组织法、选举法、保密法、廉政的法律法规、党内法规等涉及国家工作人员的法律知识，及时关注国家最新法律法规，如新颁布的民法典，作为中华人民共和国成立以来第一部综合性的法律，被认为是"人民权利的法典"，也是"八五"普法的内容之一，是国家公务人员及全社会都必须学习的一部法律。作为综合性的法典，国家工作人员通过民法典的学习，可以提升法律素养，更好地化解社会矛盾，提高社会治理能力，促进社会的安定和谐。

第三，学习与经济发展和民生福祉密切相关的法律法规。"三五"普法规划其中一项内容就是普及社会主义市场经济法律知识，以便国家工作人员运用法律处理市场经济中存在的乱象，以保障我国市场经济的顺利运行；"四五"普法规划延续了对市场经济法规的学习，同时新增了对西部大开发、世贸组织相关的法律法规的学习；"五五"普法规划中强调要加强对市场经济的原则和制度进行宣传，国家工作人员要学会运用法律手段进行社会管理。在民生福祉上，新增了对安全生产、社会救助、知识产权及拆迁等法律法规的学习宣传，对于从事专业性较强的国家工作人员，及时学习专业法规，也可以更好地服务于本职工作；"六五"普法规划，在经济发展方面新增了金融、投资、财税等方面的法律法规，在民生福祉方面，新增了收入分配、医疗卫生的法律法规，旨在推进社会的法治建设。"七五"普法规划时期，法治宣传教育的内容增加了宣传社会主义法律体系的内容，涉及社会主义现代化建设的方方面面的法律法规，甚至包括了互联网的法律法规；"八五"普法规划新增了"十四五"规划执行期间所制定和修改的法律法规，强调新发展理念和知识产权方面的法律法规，首次提到涉外法规的学习宣传。

第四，学习党内法规。党内法规包括党章、条例、准则等内容。其中，党章是制定其他党内法规的依据，是最为核心的党内法规。2012年5月，中央政治局通过了《中国共产党党内法规制定条例》（2019年修订），这也是中国共产党首次进行党内"立法"，规定了中央以及各级地方党委的权限，也强化了党内监督职能。党内法规是"七五""八五"普法规划的内容之一。因此，国家工作人员尤其是党员，要学习党章、《中国共产党纪律处分条例》、《中国共产党廉洁自律准则》等党内法规，注重党内法规与其他法律的衔接，引导广大党员遵守党规、法规。国家工作人员作为党员规模较大的群体，学习党内法规是每一位党员的职责，也是党员坚守党性的体现，中国共产党作为一个学习型政党，党员只有学好党内法规，才能够更好地守好党员的底色。

第五，学习与社会治理相关的法律法规。"五五"普法规划要求深入学习宣传维护社会和谐稳定、促进社会公平正义的相关法律法规。深入开展以"学法律、讲权利、讲义务、讲责任"为主要内容的公民法制宣传教育；"六五"普法规划开始，增加了学习国家安全、社会治理的法律法规；"七五"普法规划强调多层次领域依法治理，以法律条文作为推动社会发展的基本准则，与法治实践相融合，引导基层群众自我管理。"八五"普法规划在社会治理的层面上，主要学习宣传国家安全法、生物安全法、网络安全法以及反分裂国家法和反恐怖主义法等，这些领域的法律法规与我国所处的国内外局势密切相关。国家工作人员是社会治理的主体，也是社会治理的执法者，只有加强法律知识的学习，才能够形成法治思维，成为公平正义的执法者。

二、对国家工作人员开展法制宣传教育的意义

全民学习法律知识，是实现全面依法治国的基本路径。改革开放以来，法制宣传教育（全民普法）工作已经推行了三十多年，随着国民受教育程度的提升，法制宣传教育在全民中取得了显著的成果，公民法治意识、法治理念明显增强，社会法制化程度明显提升。国家工作人员是联系群众的纽带，是人民公仆。因此，对国家工作人员的法制宣传教育尤为重要，只有执法者懂法、守法，才能够营造风清气正的社会氛围。

第一，法律知识是国家工作人员必备的文化素质。国家工作人员是依法治国的实施者，其一切活动都是在法律基础上展开的，国家工作人员只有具备较高的法律素质，才能够更好地胜任本职工作。对法律的认知程度，决定了国家工作人员依法办事的水平。法律意识和依法执政的能力，体现了国家工作人员的法律素质。国家工作人员作为社会主义各项事业的决策者和执行者，必须要善于运用法律解决社会矛盾、管理社会事务。如果不懂法，就会在竞争日益激烈的社会中被淘汰，甚至踩到法律红线，走上违法犯罪的道路。加强对国家工作人员的法制宣传教育，提高各级国家工作人员的法律素质，有利于督促各级、各部门国家工作人员坚守党员以及职业的底线思维，从源头上预防国家工作人员的违法犯罪，更好地履行人民公仆赋予的权力。

第二，对国家工作人员进行法制宣传教育，是社会主义市场经济的现实需要。改革开放以来，随着市场经济的不断完善，政府与市场之间存在着千丝万缕的联系，而这种联系处理不好就会影响我国全面深化改革的大局。从党的十四大提出市场在资源配置中的作用，时至今日政府与市场之间的博弈，依旧是我国全面深化改革的关键。市场的自发性，政府除了进行宏观调控外，还需要法律手段和行政手段进行调节，以稳定市场波动。改革开放以来，市场经济法制的不断完善，也使得我国市场经济运行朝着健康的方向稳步前进，伴随着经济全球化、一体化步伐加快，在金融、投资等行业，国内一些企业积极上市，与国际接轨。对无形市场的监管，将是国家工作人员的重中之重，只有充分学习市场经济的相关法律法规，才能够维护市场经济的正常秩序。

第三，对国家工作人员进行法制宣传教育，是构建法治政府的现实需要。2021 年 8 月，在中共中央、国务院印发的《法治政府建设实施纲要（2021—2025 年）》（以下简称《纲要》）中，明确了全面依法治国的重点任务是法治政府建设，而法治政府建设的前提是要深入推进依法行政。其中，提到决策公信力和执行力，强调依法决策意识，确保决策内容符合规定以及要全面推进严格公正执法。①《纲要》对于国家工作人员的决策和执法做了具体要求，两者都要在法律的框架下运行，使人民群众感受到公平正义。国家工作人员是法治政府建设的推动者，必须通过对国家法律法规的学习，提高运用法治化解决社会矛盾，推动社会发展的能力。建立法治政府的前提是国家工作人员依法行政和政府守法，使权力受到约束和监督并在法定程序下运行，只有执法者的权力受到法律制约，才能更好地保证公民在宪法和法律中所赋予的权利，加快我国法治政府建设的步伐。

第四，对国家工作人员进行法制宣传教育，是推动全社会尊法学法守法用法的需要。普法教育历经三十多年的发展，国家工作人员作为普法的重点对象，具有一定量的法律知识储备，但是在处理行政事务中，依旧存在执法不严、有法不依、"权大于法"的现象，主要还是国家工作人员，尤其是领导干部、执法者对法的认知偏差，以及混淆"法治"和"人治"的界限。一个法治政府必须要在法律规定下活动，依法行使公权力，而公权力的运用，只有权力执行者尊法、学法，才能守法、用法。事实证明，要提高政府的公信力，就必须提高国家工作人员的法律素养，使国家工作人员在处理国家行政事务的过程中依法行政、依宪执政，抵制"官本位""权大于法"的错误思想，认真学习法律法规，不断增强法律意识。

第二节　对青少年开展法制宣传教育

青少年是国家未来的接班人。预防犯罪，最行之有效的方法是完善教育。青少年违法行为的发生，家庭、学校、社会都有不可推卸的责任。普法规划施行以来，青少年作为普法重点对象，体现了国家对青少年法制宣传教育的重视。实践表明，加强青少年法制宣传教育，可以抑制青少年犯

---

① 法治政府建设实施纲要（2021—2025 年）［N］.人民日报，2021-08-12（1）.

罪心理，预防和遏制青少年犯罪的发生，增强青少年对法律的敬畏之心。

一、对青少年开展法制宣传教育的主要内容

1986 年，"一五"普法规划将青少年作为法制宣传教育的重点对象，向青少年普及法律常识，要求全国各大中小学开设法治教育课程；"二五"普法规划要求完善法制教育体系，使法制教育系统化；"三五"普法规划把法制教育列为大中小学必修课，保证课时的前提下，配备教学大纲、教材以及专任教师；"四五"普法规划提出"四落实"，即计划、课时、教材、师资，要求在义务教育期间完成普法；"五五"普法规划提出要开展"法律进学校"活动，充分发挥"第一课堂"的主渠道作用，完善法制宣传教育计划、教材、课时和师资配备；在"四落实"的基础上，要求大中小各级学校完善法治教育的内容，创新方式方法，明确法制教育的定位。"七五"普法规划将法治教育纳入国民教育体系，要求制定和实施青少年法治教育大纲（2016 年 6 月已发布），确保中小学生得到基本法治知识教育。"八五"普法规划以青少年作为重点对象之一，作了更为细致的安排部署，贯彻《青少年法治教育大纲》的同时，将"习近平法治思想融入学校教育，纳入高校法治理论教学体系，做好进教材、进课堂、进头脑工作"①。在全国范围内开展青少年"学宪法讲宪法""国家宪法"及学法用法活动。普法教育实施以来，对青少年开展分学段的法制宣传教育。

首先，义务教育阶段的法制宣传教育。小学低年级主要以普及法律常识为主，使青少年对国家、国籍、国旗等常识有初步的认知；建立初步的规则意识，遵守竞争规则、交通规则等。到三年级以后学习宪法的基本知识，如人民代表大会制度，对于国家机构、主权有一定的认知；了解宪法所赋予公民的权利和义务、生活中常用的法律，如消防安全、消费者权益、禁毒、环境保护等常用法律规则；对违法犯罪行为有初步认知。初中

---

① 中共中央国务院转发《中央宣传部、司法部关于开展法治宣传教育的第八个五年规划（2021—2025 年）》[N]．人民日报，2021-06-16（1）.

阶段则是在前一阶段的基础上，增加法制教育内容的深度和广度，如继续深化宪法教育，增加了国家基本制度、政府行政原则、国家机构职权、公民的权利和义务等内容。并开始学习民事法律的基本原则，涵盖了与青少年生活实践相关的法律；再就是了解政府的法治原则，包括国家安全、教育、公共卫生、治安等法律原则；通过了解社会常见违法犯罪行为，强化青少年的守法观念；最后是了解我国的司法制度，树立尊重司法的意识。

其次，高中教育阶段的法制宣传教育。这一阶段包括社会主义法治体系、民事活动的基本准则及其概念、民事、形式、行政的法律责任，以及国际法等内容。高中阶段拓展了法律知识和法律制度以及重要的法律常识。总体上内容更加全面，在前两个阶段基础上，更多强调的是理解、了解，而不再是简单的认知。例如，需要理解法治的内涵与精神，了解选举相关的重要法律，了解宪法实施及其监督等；民事活动，如"了解知识产权保护的意义和法律规则、犯罪构成以及罪刑法定原则及保障人权的重要性及其含义"[1] 等内容。在民事、刑事等方面，再次强调要深化守法意识，树立正当程序原则的认识，依法维护权益，合理表达诉求。除此之外，还要求了解我国司法机关的机构设置及其职能等内容，以及国际法、国际公约的基本原则和基本内容。

最后，大学教育阶段的法制宣传教育。大学教育阶段，针对非法律专业的学生，要求学生了解全面推进依法治国的战略目标，了解法治国家的基本原理、渊源及其道路选择，了解社会主义法治体系建设的构成，了解我国的基本国情，以及宪法、民法、刑法和新颁布的民法典等中国特色社会主义法律体系内的基本法律规范，以及与自身权益的相关法律规范，积极参与法治实践，在法治实践中不断提升解决现实问题的能力。与此同时，在教育系统"七五"普法规划中提出，要培养一大批法治课专任教师，并鼓励法学本科专业毕业生担任法治课教师，以此提升普法队伍的专

---

① 中国政策汇编 2016 编写组 . 中国政策汇编 2016 ［M］. 北京：中国言实出版社，2017：3193.

业性。

二、对青少年开展法制宣传教育的意义

"八五"普法规划指出："实行公民终身法治教育制度，把法治教育纳入干部教育体系、国民教育体系、社会教育体系。"① 青少年作为社会主义事业的中坚力量，肩负着国家和民族的期望。新时代青少年的法制宣传教育从教材内容、法制课教师的培训，到法律人才培养、法制宣传活动要求，都体现了国家对青少年法制宣传教育的重视。

首先，加强青少年法制宣传教育，可以抑制青少年犯罪心理和减少犯罪率。法制宣传教育要从小抓起，当前我国正处在转型时期，作为世界上第二大经济体，市场内在的逐利性、竞争性、开放性、无序性，在利益的驱使下社会的一些不法行为，会使青少年无形中成为受害者或走上犯罪的道路，如近年来传销、网络诈骗、校园贷，使得一些大学生成为受害者，有些人为了利益甚至成为不法行为的参与者，严重背离了青少年应有的担当和责任。因此，必须抓好青少年法制宣传教育，从小抓起，培养青少年的法制观念和法律意识，培养青少年从小对于法律知识的学习，以法律知识干预和抑制青少年犯罪心理，一定程度上可以有效控制青少年未来的犯罪发生率。因此，必须对青少年进行法制宣传教育，引导青少年树立正确的价值观，做新时代遵纪守法的新青年。

其次，加强青少年法制宣传教育，是素质教育的内在要求。青少年的素质教育体现在德智体美劳全面发展。我国的素质教育旨在提高国民素质。法制宣传教育作为国民教育的重要组成部分，也是素质教育的环节之一。青少年素质教育涵盖了道德理想、文化修养、专业技术以及身心健康。法制宣传教育介于文化与道德素质之间，之所以属于文化素质是因为法制宣传教育内容包含宪法、民法、刑法以及民法典等法律原则的学习；

---

① 中共中央国务院转发《中央宣传部、司法部关于开展法治宣传教育的第八个五年规划（2021—2025年）》[N]．人民日报，2021-06-16（1）．

之所以也属于道德素质，是因为法制宣传教育的目的是使青少年甚至全民尊法学法懂法用法，在处理矛盾中利用法律理性地维护自身权益；法律与道德之间相互联系，道德是法律的基础，而法律是道德制度化的体现。从某种程度来说，法制宣传教育也是青少年的必修课，是推进全民普法教育的重要步骤。

最后，加强青少年法制宣传教育，是建构法治社会、法治国家的重要环节。2020年12月，中共中央印发了《法治社会建设实施纲要（2020—2025年）》，重申了2035年建成法治社会的目标。全民守法是法治社会建设的基础内容，青少年作为法制宣传教育的重点对象之一，学习法律知识，不仅可以树立法治理念、提升法律素养，也能更好地服务于法治社会建设。与此同时，法治社会是一个全局性工程，青少年、国家工作人员、农民等群体都必须参与进来，法治社会的前提在于"法律至上"，是"法治"而非"人治"，根据执法者的不同，即便在法律程序公平公正的情况下，也需要配套的监督机制，只有全社会学法懂法，才能使整个社会形成法律面前人人平等、公平正义的氛围。青少年作为国家未来的主人翁，只有具备法律素养，将来才能更好地在岗位上依法行政、依宪执政，为法治社会的构建贡献力量。

第三节　对其他人员分层分类开展法制宣传教育

"八五"普法规划以国家工作人员和青少年作为法治教育的重点，还提出"分层分类开展法治教育"，加强基层组织负责人学法用法工作，包括基层干部、基层行政人员、非公有制经济组织、社会组织管理和从业人员、媒体从业人员。结合不同群体特点进行有针对性的分层分类，制定宣传内容和策划宣传形式，可以有效地提升法制宣传教育的成效。基层干部、行政人员都属于国家工作人员，公办的传媒单位——报社、电视台属于事业单位，其从业人员也在国家工作人员的范畴中，私营的传媒单位从业人员则不在国家工作人员的范畴中。"非公有制经济组织从业人员"是"八五"普法规划的新提法，"三五"普法规划到"七五"普法规划则用"企业经营管理人员"这一提法，还新增了社会组织管理人员。这些共同构成了分层分类法制宣传教育的对象，这里以农民、非公经济从业人员为主进行阐述。

一、对农民开展法制宣传教育的主要内容

"三农"主要指农业、农村、农民。农民是农村的主体。"五五"普法规划首次将农民列入法制宣传教育的对象。2005年10月，党的十六届五中全会通过的《中共中央关于制定国民经济和社会发展第十一个五年规划的建议》中提出"推进社会主义新农村建设"。建设社会主义新农村是一项长期而艰巨的任务，农民作为新农村建设的主体，提高农民素质，尤其是法律素养尤为重要。法制宣传教育将农民作为普法对象，也顺应了新农村建设的大趋势。

一是学习宪法和基层组织法。从"一五"普法规划开始，宪法就是法制宣传教育的重要内容之一，农民了解宪法，有助于农民了解我国公民的权利和义务等宪法知识。学习基层组织法，可以使农民更好地参与基层自治。"五五"普法规划中强调要加强农民参与基层自治的积极性，培养农民社会管理能力。农民作为农村的主体，只有切实融入农村的方方面面建设，才能改变农村的落后面貌，村民自治是人民当家作主的体现，可以增强农民的主人翁意识，充分调动群众参与农村治理的积极性，使农民更好地发挥主观能动作用，投身建设新农村。

二是学习与农民利益相关的法律法规。农村尽管在发展上远不及城市，但只有农村发展了，才能真正实现全面小康社会。2021年是全面小康社会的收官之年，农村的减贫目标基本实现，新农村建设、城镇化的目标依旧任重而道远。农民法律素养的提升，需要通过法制宣传教育实现。我

国第一部《中华人民共和国婚姻法》颁布后，在全国进行了广泛宣传，改变了很多女性的命运，基本消灭了封建婚姻制度。与此同时，农民通过对刑法、婚姻法、刑事诉讼法、人口与计划生育法、未成年人保护法、信访条例等法律法规的学习，在解决矛盾纠纷时，懂得了理性维权。

三是宣传农村的基本政策性法律法规。"五五"普法规划中，在全国范围内宣传社会保障、医疗卫生等方面的法律法规，并开展农村土地征用、承包地流转法律法规的宣传教育；"六五"普法规划新增了农村土地管理制度、基本经营制度、金融制度、民主管理制度、城乡经济社会发展一体化制度等法律法规；"七五"普法规划要求全国创建民主法治示范村，筹划创立乡村法律顾问制度，以满足人民群众的法律援助需求。"八五"普法规划针对乡村，主要是深化乡村法治建设，通过法治宣传教育，提升乡镇基层干部学法用法水平，提高乡镇基层干部依法治理的能力和依法办事的能力，切实做到为人民群众办实事。

四是向农民工宣传依法维权等法律知识，引导农民依法维权。"五五"普法规划提到，要加强对进城务工人员的法制宣传教育和法律服务。"六五"普法规划在"五五"普法规划上，明确用工单位责任，在农民中开展法制宣传教育，强化农民工的遵法、守法意识，提升依法维权的能力。"七五"普法规划除继续对农民工开展法制宣传教育外，增加了引导和帮助农民工群众运用法律手段解决矛盾纠纷。近年来，大批农民工进城为城市建设贡献了力量，但是拖欠工资、欠薪事件时有发生。农民工属于社会的弱势群体，文化水平较低，观念保守，缺乏依法维权意识。从"五五"普法规划开始就强调开展农民工法制宣传教育，重点在于引导农民工依法维权。当前我国农民工数量有近1.7亿人，2018年仅在浙江省立案的欠薪案件就有1493件，涉及劳动者数量1.69万人次。①欠薪案件通常具有群体性，劳资矛盾的恶化，使得大量农民工集体上访，造成极其恶劣的社会

---

① 拖欠农民工工资问题高发多发态势得到遏制［N］.工人日报，2019-07-05（1）.

影响。2019 年 3 月，国务院成立了根治拖欠农民工工资工作领导小组，提出了具体方案和根治举措。为保障农民工按时获得工资，2019 年 12 月，国务院通过了《保障农民工工资支付条例》，从源头上明确了清偿主体，切实维护了农民工薪资权益。2021 年春节前，国务院下发了《关于开展根治欠薪冬季专项行动的通知》，强力督促"2020 年发生的政府投资工程项目、国企项目以及各类政府与社会资本合作项目拖欠农民工工资案件在 2020 年底前全部清零，其他欠薪案件在 2021 年春节前动态清零"[①]。当前，农民工欠薪问题已经得到基本解决，但也说明农民工法律意识和法律素养有待提升。因此，法制宣传教育应该积极引导农民工培养权利意识，当正当权利受损时，拿起法律武器捍卫自身的合法利益。

二、对企业管理人员开展法制宣传教育的主要内容

从"三五"普法规划开始，法制宣传教育的对象增加了企业经营管理人员。从"三五"普法规划到"七五"普法规划，对企业经营管理人员都有具体要求。企业管理人员在企业运营中，主要起到指挥、协调、激励作用，根据层次可以分为基层、中层、高层管理，根据层级的高低分管不同的业务。随着我国市场经济地位的确立，对企业的要求更高，尤其是企业管理人员，除了要有扎实的专业知识外，还应该具备法律素养，在我国加入 WTO 后，随着对外贸易的增多，一些贸易摩擦与纠纷只能通过法律解决。因此，对企业管理人员开展法制宣传教育也是我国市场经济发展的内在要求。在"八五"普法规划中，将企业管理人员调整为"非公有制经济组织管理和从业人员"（以下简称"非公经济从业人员"），强调要"落实经营管理人员的学法用法制度"[②]。

---

① 国务院明确拖欠农民工工资案件 2021 春节前动态清零 [N]. 甘肃工人报，2020-11-16（1）.
② 中共中央国务院转发《中央宣传部、司法部关于开展法治宣传教育的第八个五年规划（2021—2025 年）》[N]. 人民日报，2021-06-16（1）.

　　首先，学习与企业管理相关的法律法规。2020 年 8 月，《财富》发布了世界五百强名单，中国第一次超越美国，成为五百强企业最多的国家。其中，京东、阿里巴巴、腾讯、小米四家互联网公司上榜，中石油化工集团公司、国家电网和中石油天然气集团三大国企占据榜单二、三、四名；中国工商银行、中国建设银行、中国农业银行等共计 10 家中国银行上榜。① 由此可见，无论是国营还是私营企业，在资本金融市场的推波助澜下，企业的国际化、全球化势头尤为迅猛。这也对企业管理人员提出了更高的要求，只有综合素质过硬的企业管理人员，才能掌握企业发展的命脉。从"三五"普法规划开始，就明确企业管理人员要重点学习企业管理法律法规知识，学习与企业组织、经营、内部管理、外部环境就业纠纷等相关的法律知识，如涉及债权制度、物权制度的合同法、担保法、物权法等；学习涉及市场主体的公司法、个人独资企业法、商业银行法等；学习市场监管的反垄断法、产品质量法、反不正当竞争法等。除此之外，还有公司法、劳动法、劳动合同法、保险法、证券法、促进科技成果转化法等法律法规。

　　其次，学习与社会主义市场经济密切相关的法律法规。"四五"普法规划提到企业管理人员要学习国际经贸法律知识，这也是市场经济的内在要求。市场经济是以资源配置为基础的一种经济形式。企业的迅速发展与市场经济密切相关，市场经济的开放性要求企业经营管理人员了解相关法律，以应对市场竞争无序性带来的利益纠纷。学习规范市场竞争和保护消费者权益的反垄断法、反不正当竞争法、消费者权益保护法、产品质量法；学习企业所得税法、中小企业促进法等宏观调控法律；学习专利法、著作权、商标法等知识产权保护法律；学习中外合资经营企业法、外资企业法、对外贸易法、外商投资法等对外贸易法律制度。

　　最后，学习与高质量发展密切相关的法律法规。党的十九届五中全会

---

　　① 吴羽. 世界 500 强最新出炉！中国首次超越美国，华为逆势提升！[EB/OL]. 中国经济网，2020-08-10.

对我国"十四五"规划作了"高质量发展"的基调，高质量发展将涵盖我国各部门现代化建设的方方面面，"八五"普法规划也将宣传高质量法律法规纳入宣传内容之一。"七五"普法规划中强调宣传市场经济法规，以促进经济健康平稳发展。"八五"普法规划在法治宣传内容中，提出要学习"高质量发展"密切相关的法律，尤其是重点领域、涉外领域、新兴领域的法律法规。以新发展理念为指导，学习有利于公平竞争、防范市场风险的法律法规，加大对知识产权法的宣传，用法律营造良好的营商环境。在国内国际双循环政策的推动下，学习涉外法律法规，如2020年颁布的外商投资法、2021年颁布的反外国制裁法。这些法律适应了当前我国国内经济和国际局势的需要，对维护国家安全、保障人民利益具有重要的战略意义。再就是法制宣传教育以国家以及区域发展战略为蓝本，用区域性普法带动依法治理。

三、对其他人员分层分类地开展法制宣传教育的意义

普法教育开展至今，已经完成了七个五年普法规划。从"七五"普法规划开始，法制宣传教育以领导干部和青少年为重点，要求从不同群体特点出发，开展形式多样的法制宣传教育。在"八五"普法规划中，除国家工作人员、青少年外，"分层分类"地开展法制宣传教育，这更符合法制宣传教育对象的初衷，普法对象涵盖"一切有接受教育能力的公民"。

首先，有利于建构群体的守法心理。法制宣传教育的对象的守法心理，指在接受法制教育后，"所形成的支配人们实施合法行为和约束违法行为的心理趋势和观念"①。法制宣传教育不仅是宣传法律知识，更多的是使人们养成法律思维，提升法律素养，形成遵纪守法的习惯。从法制宣传教育的对象来看，由社会地位、工作性质、地域、政治地位等因素划分出重点对象或一般对象，都是指的某一群体或一类人，这些群体都具有某些

---

① 戴勇才. 法制宣传学［M］. 重庆：重庆大学出版社，1992：176.

共通性，存在某些共同心理特性。在普法规划中，以群体来划分，回避了一些群体知识水平相对较低的短板，结合有针对性的法制宣传教育的内容，可以在群体中产生共情，建构起群体守法的心理。

其次，拓展了法制宣传教育的对象范围。分层分类开展法制宣传教育，"八五"普法规划新增了对媒体从业人员、社会组织从业人员，以及老人、妇女、残疾人等群体的法制宣传教育，扩大了群体覆盖面，但在法制宣传教育内容上，没有具体明确新增对象的学习内容。媒体从业人员的法治素养体现在能否在新闻报道中坚持实事求是，依法监督，不歪曲事实，不捕风捉影，正确地引导舆论，媒体从业人员的素质包括法律素养决定了主流媒体的公信力和影响力。社会组织大体分为营利和非营利的组织，在我国有一些耳熟能详的社会组织，如中华全国总工会、共青团、全国妇联、中国残联、中华慈善总会等，这些社会组织属于公共关系的主体，有一定的社会影响力。"八五"普法规划将其纳入法制宣传教育的对象，是推进全民普法的内在要求；再就是妇女、残疾人、老年人、农民工，这些群体一定程度上拓展了法制宣传教育的范围。

最后，有利于维护社会主义的公平正义。公平正义是法治社会、法治国家的基本特征。法律的归宿在于实施，捍卫人民的正当权利。普法规划施行以来，始终以宪法作为宣传内容的重点，宪法不只是规定国家的根本制度、组织原则，宪法最可贵之处在于规定了公民的基本权利和义务，包括人权、选举权、人身自由、人格尊严以及宗教信仰，这些在宪法中都有体现，其中从法治层面而言，最重要的是公民基本权利当中的平等权，即在适用法律和守法上都一律平等。因此，法制宣传教育作为国民教育的一项重要内容，不只决定了全面依法治国的发展进程，也关系着法治社会、法治国家、法治政府的实现，只有全社会形成遵法守法的氛围，才能真正实现社会主义的公平正义。

第五章

法制宣传教育的主要载体

罗素认为："法律如果没有舆论的支持几乎毫无力量。作为有效力量的法律，它依赖舆论甚至要比依赖警察的权力为多。"① 法制宣传教育作为法制宣传工作的一项重要内容，在法制宣传教育实践中必须借助传播媒介，才能达到宣传教育的目的。随着传播媒介的飞速发展，在法制宣传教育过程中，传统与现代媒介正发挥着极为重要的作用，从传统的电视、广播、报刊、文字等传统媒介，到互联网、自媒体平台、手机 APP 的广泛应用，法制宣传教育正借助这些新载体，让广大人民群众更充分地了解国家的最新法律法规，了解我国社会主义法制化进程。

第一节　以传统大众媒体为载体

法制宣传教育是要将国家制定的法律法规传递给群众，这就需要通过一些媒介展开。改革开放以前，主要以党报、党刊、标语、口号等传统媒介开展法制宣传教育工作。改革开放后电视、广播等现代的新闻媒介被更多地运用，法制宣传教育主体可以通过媒介宣传相应的内容，媒介作为宣传载体，为法制宣传主体和法制宣传对象建起了桥梁。

一、传统大众媒体概述

一般来说，报刊、广播、电视等都是传统的大众媒体的重要组成部

---

① ［英］伯特兰·罗素. 权力论［M］. 吴友三，译. 北京：商务印书馆，1991：25.

分，是新闻传播的工具，其共同的作用是可以及时传递新闻资讯。

报纸是出现时间最久的传统大众媒体之一，具有影响力大、价格低廉、发行量最大、受众面最广的特点。有数据统计，"从 1979 年到 1999 年二十年间，我国公开发行的报纸从 400 多种增加到 2200 种，发行量从 4500 多万份增加到 1.2 亿份"①。就文化层次来看，党员知识分子看报纸的比例也远高于其他群体。与其他传统大众媒体相比，报纸主要以文字来传播信息，内容包括新闻、社论、评论、专栏等内容，与其他传统大众媒体相比，报纸可以包罗万象，以《人民日报》为例，作为机关报，登载中央各机关部门的政策、决议、法律条文等内容外，也涵盖经济、国际、社会等内容，可以对社会现实进行揭示，也可以高度抽象地概括新闻现象，或是预测某些事件走向，对一些不好的行为进行揭示，使读者能够及时学习国家的大政方针，也能够引导读者对新闻进行思考。除此之外，阅读报纸在时间和空间上可以灵活安排，甚至可以根据个人偏好有选择地阅读，不像广播、电视受制于固定时间，这也是报纸在传统大众媒体中的优势，再就是一份年代久远的报纸往往存贮了不同时期的信息，这些"白纸黑字"为研究某一时期的历史提供了便利。因此，报纸也被誉为"历史的百科全书"。

杂志相较于报纸而言，出版周期较长，最长的为季刊或不定时长，就新闻的即时性而言，杂志远远落后于报纸，且杂志根据学科、行业分类细致且专业，因此每一种杂志针对某一类群体，如《红旗》《求是》主要面向全国各机关，这也决定杂志内容的专业化、学术化，具有反复阅读的价值。

广播，通俗地讲主要指声音广播，包括"无线广播"和"有线传播"两种，具有覆盖面广、时效性强、有群众基础的特点。早在陕甘宁时期，中国共产党就成立了延安新华社广播电台，随后在张家口、邯郸、东北相

---

① 魏超．大众传播通论［M］．北京：中国轻工业出版社，2007：127.

继成立了新华广播电台，不论任何地区，"无线广播"都能有效覆盖，其电波的速度每秒 30 万公里，能够把信息及时地传递给人民群众，且对于听众没有文化水平的要求，通俗易懂，能够使人们快速地捕捉信息。

电视主要以图像和声音为媒介，通过声音、图像展现新闻事件，以形象、直观地传递信息，具有强烈的感染力。电视比起报纸、杂志、广播，其涵括的题材更加多样，新闻、教育、文化、影视等综合性内容，视听兼备，通过旁白、语言、文字、音乐，极大地丰富了电视的表现手段，使电视成为"媒介之首"。但电视更多见于动态报道，除专门频道或专题节目外，新闻大多停于表面，趋于简单化。

随着法制宣传教育的深化，传统大众媒体依旧是法制宣传教育的重要载体，有着独特的优势。首先，媒介即信息。传统大众传媒在时效上更具有优势，可以及时地传递信息也可以尽快地反馈，使法制宣传主体适时地调整内容、宣传方式方法。其次，传统大众传媒受众面较广。以往的报纸、书籍、杂志等文字的宣传方式，对于教育受众有阅读和文化要求，广播、电视虽也作为传统大众传媒，却打破了文化壁垒，利用声音或视听影像向受教育受众传递信息，即便身处偏远地区，都可以获取信息，是宣传法律法规、传递法治理念的重要媒介。再次，传统的大众媒体具有权威性。世界范围内，各个国家都有主流新闻媒体，如英国 BBC、美国 CNN、日本 NHK，在我国《人民日报》《光明日报》《求是》《红旗文稿》都属于党报党刊，《人民日报》发布的新闻最具权威性，也代表了舆论走向，因为法制宣传教育必须以主流的党报党刊为载体，利用平台在公众观念中的权威性，做好法制宣传教育主体的有力后盾，使法制宣传教育更具说服力。最后，传统的大众媒体具有重复性。传统的大众媒体对于一些重要新闻的报道往往具有连续性，通过重复报道的方式，以吸引人民群众的注意，如中华人民共和国成立初期，对于宪法草案的讨论，全国范围的讨论持续了近三个月，媒体持续关注，报纸持续登载，潜移默化地引发了人民群众的关注。

二、传统大众媒体在法制宣传教育中的特点

从"五五"普法规划开始，开展非营利法制宣传教育成为新闻媒体的社会责任之一。普法规划中明确广播、电视、刊物要增设法制专栏，开展形式多样的法制宣传教育。以传统大众媒体为载体，向受教育者传递法制宣传教育的内容。各平台法制宣传教育的方式不同，通常报纸以社论、专栏、回复群众来信等形式为主；广播、电视通常以专栏节目为主，电视相对多元，在法制宣传教育过程中，有些电视平台开设"法律超市"专栏，包括法律常识、法律讲堂、以案释法等子栏目，使人民群众能更好地参与法律相关的互动。

第一，传统大众媒体在法制宣传教育中具有媒介性。法制宣传教育是一个普及法律知识、培养法治思维的教化过程，重点在于向宣传的客体传递法律相关知识，通过传统大众传媒，使法制宣传教育客体（受教育者）将法制宣传教育的内容内化于心（养成法治思维），并养成遵纪守法的习惯（外化于行），正因如此，法制宣传教育离不开载体，无论是传统还是现代大众媒体，离开载体平台，法制宣传教育就难以达到宣传的目的。此外，传统大众媒体作为法制宣传教育的媒介，更多的是传递法制宣传的内容，使法制宣传教育的主客体之间实现良性互动，在法制宣传教育的过程中，主体能够凭借主观意愿选择载体，再借助这个载体使法制宣传教育落地落实；再就是法制宣传教育的宣传内容通常与传统大众媒介所传递的信息基本一致，使得传统大众传媒起到喉舌作用。

第二，传统大众媒体在法制宣传教育中具有可控性。无论是拓展传统大众媒体法制宣传教育的广度还是深度，还是提升传统大众媒体在法制宣传教育的准确性，法制宣传教育的目的性、组织性和计划性都决定了法制宣传教育过程中的可控性。传统大众传媒作为载体，法制宣传教育主体始终处于主导地位，除在宣传内容、原则、目标以外，在法制宣传教育策略上可以适当进行调整，为了更好地实现法制宣传教育的目标，传统大众媒

体无论是以通俗易懂的实例启发大众，抑或是选择新奇的材料去吸引受众的关注，还是以多角度树立典型，以案例警醒广大群众，都表明法制宣传教育在策略上或环节上具有自主性。

第三，传统大众媒体在法制宣传教育中具有教化性。传统大众传媒在法制宣传教育过程中注重法制与新闻内接的融合，法制宣传教育更多的是一种对法制观念的宣传，这种观念借助传播的载体才能被感知。从某种意义上讲，传统大众媒体不只是承载理念和精神的载体，也是法制宣传教育的载体，是传播、储存、沟通情感的纽带。其中，始终以正向的舆论引导人是其主要特征，无论是对法律法规的宣传，还是对社会案件的正向正确引导，抑或是对关系群众自身利益的司法案件追踪报道，还是宣传国家的法律法规，其目的都是为了向受教育者传递法治的"正能量"，使法制宣传教育达到潜移默化的教育引导效果。

第四，传统大众媒体在法制宣传教育中具有导向性。传统大众媒体在开展法制宣传教育过程中，始终顺应社会主义民主法制建设发展的需要，法制宣传教育的内容作为国家政治生活的一部分，直观地反映了社会主义建设的方向。例如，中华人民共和国成立初期，法制宣传教育围绕镇压反革命、婚姻法、"三反""五反"、"五四"宪法等内容展开。从"一五"普法规划中普及法律常识，到"八五"普法规划提出宣传民法典、推动高质量相关法规等，都充分体现了法制宣传教育内容的导向性，这种导向性也决定了传统大众媒体必须与时俱进，应该改变过去不计效果的灌输式输出，增强主客体之间的互动，提升传统大众媒体的媒体深度和宣传实效。当前，我国已经进入互联网时代，传统大众媒体随着互联网的发展，正在发生翻天覆地的变革，传统大众媒体正遭遇网络媒体的巨大挑战。

第二节　网络媒介

网络媒介也被称为第四传媒，是美苏冷战的产物，最早起源于 20 世纪

60 年代末美国阿帕网（ARPAnet），最初是保护美军系统免于遭受外来袭击。到 1983 年，TCP/IP 协议成为这种互联网络标准通信协议，这也促成了全球互联网的诞生。1991 年，万维网出现，它由无数含有超文本链接网页组成，可供用户自由浏览。自此，互联网逐步开始普及。① 1993 年，我国第一个网站建立并开通电子邮件业务，到 1994 年，随着中国区域名"cn"的开通，标志着中国正式步入互联网的行列。随着互联网的广泛应用，网络媒体迅速涌现，根据 eMarketer 的统计，截至 2021 年 4 月，中国的网民数量达 10.32 亿人，比上一年增长了 2.6%，其中，我国城镇地区互联网普及率为 81.3%②，显然，网络媒介已经成为宣传工作的主阵地。

一、网络媒介概述

网络媒介尽管起步时间晚，但发展速度最快。"网络是一种即时化、个人化、交互化、多媒体化的全新媒介。"③ 网络媒介的出现，促进了全球信息的传播，在空间上拉近了国与国、人与人之间的距离。但相较于传统大众媒体，网络媒介综合了传统大众媒体的诸多优势。

一是异步性和全球性。传统大众媒体在传递信息的过程中，尤其是通过广播、电视，观众需要在特定的时间捕捉信息，而网络媒介则不受这一限制，新闻受众者可以自行地通过网络浏览信息，不需要在指定的时间进行，这就使受众摆脱了时间的局限性。从传播的范围来看，网络媒介具有全球性，互联网对于信息的传播没有地域限制，即使地方新闻通过网络媒介进行传播，也能迅速地扩散到全国甚至海外，而传统大众媒体受地域限制，即便是电视，传递信息的覆盖面也不及网络媒介，尤其是电子设备的广泛运用，本国和全球的网民数量不断增加，也将加速信息资讯的全球化程度。

---

① 王文科 . 传媒导论［M］. 杭州：浙江大学出版，2006：319.
② 数据来源：CNNC 前瞻产业研究院。
③ 牛客，刘玉民 . 法制宣传学［M］. 北京：人民法院出版社，2003：178.

二是实时性和交互性。实时性主要指网络媒介可以随时发布各种信息，不像传统媒介需要受发行、出版以及时间的限制，信息发布相对灵活，一条消息即可编辑上传，其更新周期甚至可以精确到秒，而报纸通常以天计算，电视、广播通常也是以天计算，在应对突发事件方面，网络媒体信息传播实时，甚至快于电视传播，结合图文消息或视频影像，网络媒介传播高效，使其成为人们获取信息的重要媒介。交互性指借助网络媒介实现传播者与受众之间的互动。传统大众传媒与受众之间的沟通交流相对有限，以问卷、读者来信等方式的沟通，难以及时获取受众的意见看法。但网络媒介却开辟了"交互式"的传播方式，网民在网络上获取信息的同时，可以发表自己的看法，这种反馈比起传统的问卷或回信更加便捷，也能实现网络媒介对受众的传播。

三是综合性与海量性。网络媒介是一种依托网页技术的新型媒介，网络媒介包含了图片、声音、文字、视频等多种形式，是具有综合性能的媒介，也可以收听广播或观看电视，甚至浏览报纸、杂志、书籍等纸质读物，网络媒介克服了传统大众传媒的弱点，降低了传播媒介和受众的运营及获取信息的成本，同时相较于纸质媒介，电子媒介相对便携，且易保存和查阅。关于网络媒介的海量性。相较于传统大众媒体，网络媒介的存储和转运能力较强，不受空间限制。传统大众传媒，报纸、电视、广播的存储都需要占据一定的空间，而网络媒介即便每日发布成百上千条新闻，都不存在存储问题，对海量信息的容纳满足了人们日常对信息资讯的需求，但某种程度上，海量的信息极易造成信息泛滥，过量的信息会让人消耗太多的时间，甚至于养成对网络的依赖成瘾。

二、网络媒介在法制宣传教育中的特点

一是网络媒介开辟了法制宣传教育的新渠道。改革开放以来法制宣传教育的传统形式通常包括广播、电视、报刊、书籍、标语、口号等形式，以及戏剧、影视、音乐等形式。为了更好地普及法律常识，一些媒体应时

而生，如《法制日报》《法律与生活》《人民法院报》《检察日报》《中国纪检监察报》，开设了法制类专业频道的中央 12 台，主要设有《法律讲堂》《庭审现场》《普法栏目剧》等栏目，还有央视一套的《今日说法》，传统大众传媒主要通过法制新闻、法制言论进行法制宣传，以严密的逻辑分析某一案件，阐述法律规范，引导受众遵循法律。再就是通过对典型案例的报道，评述案例背后的法律准绳，这也是传统媒体最常用的方式。而网络媒介打破了时间和空间的限制，在法制宣传教育过程中，新闻媒介可以更加及时便捷地捕捉信息和发布信息，其传播速度和影响力也更为优越，网络媒介可以充分发挥法制宣传客体的主观能动性，以相对低廉的成本，把法制宣传教育的内容传递给更多受众。

二是网络媒介丰富了法制宣传教育资源。网络的传输方式决定了网络媒介的开放性，对于信息的兼容和更新，是其他媒介所不能及的，网络媒介的交互性也决定了人们是法制宣传教育的主体、客体，即传播者和受众者都要以网络媒介为载体才能实现，除了法制宣传教育的内容，大量的信息也开拓了受众者的视野，为法制宣传教育提供了丰富的素材。与此同时，为了更好地开展法制宣传教育，全国普法办于 2001 年创立中国普法网，旨在提升全民的法律素养，展现法制宣传教育的成果，是法制宣传教育的重要载体，网站主要囊括了法治资讯、普法动态、依法治理、在线学法、法治文化、普法集群等版块，专业的普法网站整合了法制宣传教育资源，对于宣传内容、形式或方式方法都提供了借鉴。

三是提高了法制宣传教育的成效。法制宣传教育的目标、内容、任务、形式、方法都立足于法制宣传教育客体。网络媒介在法制宣传教育的过程中，向法制宣传客体传递社会关注的宣传形式和方法日益多样，除了图文、视频外，一些法制漫画或影视等形式也提升了人们对法制的认知；在宣传过程中，通过对受众的喜好研究或是对不同群体进行分类，网络媒体通过反复宣传类似的信息来加深受众对法律的印象。例如，"一五"普法规划，就将宪法的宣传教育作为法制宣传教育的重点，直到"八五"普法规划依旧是将宪法宣传教育作为内容之一，现行宪法施行以来进行了五次修改，因此宪法的宣传内容都有所变化。与此同时，"宪法宣传日"的设立，也加深了受众对宪法的认知，这些创新的宣传方式在一定程度上提升了人们对法的认知。

尽管网络媒介相较传统大众媒体具有特定的优势，但网络媒介也存在一些需要克服的问题。一方面，法制宣传教育网络媒介的部分内容重量轻质，即使有些内容较为粗糙，网站信息更多是流水账的记录，一些理论文章更多的是就现象谈现象，就理论谈理论，一些指导意见的可行性也不强。另一方面，以网络媒介开展法制宣传教育，以国家公职人员参与法治在线测验为例，作为国家公职人员的年度考核之一，有上级部门的动员，以网络平台为依托，参与程度较高，但类似的法制宣传教育活动也要避免形式主义。再就是网络信息泛滥，一些信息的真实性和可信度亟待去伪存真。一些网络媒介甚至于个人，为了"博眼球"不经取证、肆意散布虚假信息，混淆视听，误导舆论，大大地降低了网络媒介的可信度，除官方媒体外，"可信度低"已经成为网络媒介的掣肘。

第三节　社交网络平台

移动社交主要以手机、平板为载体，以移动网络进行社交的应用功能。[①] 与计算机网络媒介相比，移动社交能够使用户不受时间空间限制，最大限度地服务于个人生活。随着移动互联网的发展，手机功能的不断升级，移动社交继承了网络媒介的功能与内容，更加便利人们的生活。中国互联网络信息中心发布的《中国互联网络发展状况统计报告》显示，"截至 2021 年 6 月，我国网民规模达 10.11 亿，较 2020 年 12 月增长 2175 万，

---

① 汪钰斌，朱新英. 大学信息基础 [M]. 北京：中国铁道出版社，2017：267.

互联网普及率达 71.6%"。这表明我国已经形成数字社会，社交网络平台已经是信息传播的主渠道。

一、社交网络平台概述

社交网络平台起源于 20 世纪 90 年代的美国，主要是为用户提供联络、交流、分享资讯的平台。依据六度分割理论，在网络社交平台的交友具有随机性。① 1997 年，美国出现了最早的社交网络平台，它具有添加好友、收发信息以及新建账号的功能。1999 年韩国也出现了一家社交网络平台，但没有完全盛行。进入 21 世纪，美国引领了社交媒体平台的潮流，Facebook、MySpace 两大社交网络平台风靡美国，其中 Facebook 自 2004 年创办以来，迅速覆盖全世界，2012 年 Facebook 完成纽交所上市，正式地开始全球化进程。截至 2021 年 4 月，Facebook 应用（Facebook、Messenger、Instagram、WhatsApp）用户数量达 34.5 亿人，占地球人口的 46% 左右，具有巨大的影响力。2001 年创立的 Twitter 与 Facebook 并驾齐驱，并成为美国的两大社交网络品牌，截至 2021 年年底，Facebook 全球活跃用户人数约 29.1 亿，Twitter 的全球活跃用户达 3.1 亿，其中，政客的入驻提升了 Twitter 的影响力。除此之外，Google 在 2011 年推出了以朋友、熟人为主要客群的社交服务项目，并建构有完整的网络虚拟社区，但就社交网络平台而言，不及 Facebook 和 Twitter 的覆盖面和影响力。

相较于美国社会网络平台的发展，国内社交网络平台起步较晚，但发展势头迅猛。1999 年腾讯研发的 QQ，是最早的社交网络平台之一，用户可以通过语音、文字、视频等方式与人交流，并且在基本业务下，还增加了 QQ 空间、QQ 邮箱、QQ 音乐等附加业务。截至 2021 年 6 月，用户数量共计 5.9 亿。微信是腾讯应用程序之一，创建于 2011 年 1 月，主要为智能终端提供通信服务，具有聊天、微信支付提现、朋友圈、公众号等功能，

① 张燕，王苏，刘虎. 电子媒介经营与管理［M］. 北京：中国传媒大学出版社，2016：180.

在我国被广泛使用。截至 2021 年 6 月底，我国微信用户数量达到 12. 51 亿人次，微信在海外覆盖了 200 多个国家，超过 20 种语言的人在使用微信，影响力较大。① 再就是新浪微博，成立于 2009 年 8 月，是中国第一家提供微博的社交网络平台，是新浪网于 2009 年推出的网络社交服务，与美国 Twitter 相似，用户可以最高上限 140 字发文，及时与好友分享新鲜事，截至 2021 年 3 月，新浪微博月活跃用户达 5. 3 亿，其中移动终端占 94%。② 据人民网舆情统计，疫情期间，超 3. 7 万个政府官方微博发布了 379 万余条微博，120 多个中央部委及下级机构的官方微博总共发布 3. 5 万余条 "抗击疫情" 微博。全国有 4300 多个地方政府、基层组织官方微博，累计发布疫情、防控措施约 105 万条。③ 政务机构的大量入驻，极大地提升了新浪微博的影响力。除此之外，2016 年 9 月 20 日，抖音软件上线，它是主要以短视频为主的社交媒体传播平台，以年轻群体为主，用户可以运用歌曲原创自己的作品。与此同时，抖音还增加了 "朋友聊天室" 的社会功能，并于 2021 年 3 月推出了服务老年用户的 "老友计划"，据统计，抖音用户已经超过 6 亿人次，其中各级政府抖音号就有近两万个。在海外，以美国为例，据市场调查机构预测，抖音海外版（Tik Tok）在美国的用户数量将超过 5000 万。

二、社交网络平台在法制宣传教育中的特点

①微博在法制宣传教育中的运用。一是司法部官方微博，粉丝数量为 148. 8 万人，在其官方微博首页也可以看到 "普法课堂" 栏目，更多地以短视频的方式宣传法律知识，如结合具体的案件宣传民法典新规，小到生

---

① 微博在法制宣传教育的运用。一是司法部官方微博，粉丝数量为 148. 8 万人，在其官方微博首页也可以看到 "普法课堂" 栏目，更多地以短视频的方式宣传法律知识，如结合具体的案件宣传民法典新规，小到生活维权大到对社会造成恶劣影响的案件都可以进行释法解读。二是中国普法网。

② 数据来源：微博发布的截至 2021 年 3 月 31 日的第一季度未经审计的财务业绩报告。

③ 《2020 年政务微博影响力报告》发布 [EB/OL]. 光明网，2021-01-26.

活维权大到对社会造成恶劣影响的案件都可以进行释法解读。二是中国普法网。2013 年 7 月 1 日，全国普法办公室的官方微博——中国普法网进驻微博，这也是法制宣传教育与新媒体融合的集中体现，有益于扩大法制宣传教育的影响力，中国普法网主要下设热点、关注、热剧普法、快讯、走进民法典几个版块，粉丝数量有大约 323.4 万人，全国各地司法部门也纷纷开设普法官方微博，如北京普法、浙江普法、湖北普法、安徽普法、辽宁普法等。三是央视一套《今日说法》官方微博，粉丝数量达 359.6 万人，主要有今日说法、法律之眼、民法典 vlog、我为群众办实事四大版块，以社会法制点滴记录中国的法制化进程。四是专业性较强的《法制日报》官方微博，粉丝数量达 202.4 万人，其中专门开设了"普法课堂"的重点词条，主要以文字和视频的方式对社会案件进行解读。五是中央政法委官方微博中国长安网，粉丝数量达 1591.3 万人，其视频累计播放量就高达 7.61 亿次，是政法官方微博的顶流，在其主页可以看到"安哥说法"专栏，其主旨是以政法故事弘扬法治精神。各地的政法机关都已进驻微博，如北京政法、上海长安网、天津政法、江苏政法、广西政法、四川长安网、山东长安网等。除此之外，《人民日报》《光明日报》也是法制宣传教育的重要媒介，其官方微博粉丝数量众多，《人民日报》的粉丝数量达 1.39 亿，《光明日报》也有 2483.6 万粉丝关注度，作为党的机关报，记录了中国共产党社会主义建设七十多年的奋斗历程，其报道具有权威性。作为综合性的报纸，其官博也涵盖了法制宣传教育的内容，如"八五"普法规划新增民法典的内容的宣传，《光明日报》所设置的"光明时评"对社会道德、社会现象、法治事件等进行点评，这些都是新媒体下法制宣传教育的实现路径。

②微信在法制宣传教育的运用。相较于微博，微信更多的功能是一种社交网络媒介，官方媒体进驻微信通常以公众号的形式，用户选择关注后由订阅号每日推送图文、视频影像等内容，公众号推送信息更多以文章形式编辑，微博大多是文字附上一张图片或一段视频，格式上和布局上有很

大不同。中国普法微信公众号分为查资讯、找服务、齐参与三个部分，查资讯包括智慧普法平台、全国普发微信集群、普法产品库、法律服务机构查询，找服务包括民法典公开课、即时问答咨询、疫情法律咨询、智能法律咨询，齐参与包括有奖竞答、党内法规专项答题、民法典云展馆、法治故事写作大赛。每个版块都能够点链接相对应的内容，知识非常全面。三个部分所涵盖的 12 个部分的内容，是"八五"普法规划的集中体现。而法制网、各省份、地方普法公众号主要是以推送文章为主，联动中国普法网或地方省、市普法网站，不及中国普法网全面，以贵州司法厅普法公众号黔微普法为例，主要分为专栏、民法典、法律咨询三个部分，专栏包括中国普法网、贵州司法行政网、贵州 12348 法网、微矩阵、数字普法；民法典以万人大培训为主；再就是法律咨询涵盖法律咨询、以案释法两方面的内容，与普法网站联系密切，是用户通过公众号进入普法门户网站的窗口。再就是《人民日报》《光明日报》《法制日报》的微信公众号，粉丝数量或阅读量都不及微博，大多以文章推送为主，以《人民日报》为例，尽管微博粉丝上亿，微信公众号推文阅读量都能过十万，但微信留言通常几十条不等，整体关注度不及微博。

　　③抖音在法制宣传教育中的运用。抖音是以短视频为主的"重传播"社交网络平台。抖音迎合了时代发展的需要，短视频囊括社会发展的方方面面，可以观看也可以进行原创，且门槛较低，没有文化层次要求，尤其是对于中老年人，已经成为手机必备的社交网络 APP。因此，抖音不只受到年轻群体的欢迎，也博得中老年群体的青睐。根据 2021 年短视频行业分析，抖音用户占中国短视频用户的 45.2%，其次是快手，占 17.9%。[①] 根据 2020 年 QuestMobile 统计预测，46 岁以上的抖音用户有 1.53 亿，未来中老年抖音潜在用户预计还有 2 亿—3 亿。[②] 正是基于抖音的群体覆盖面，自

---

① 　数据来源：IMedia Research（艾媒咨询）。
　　注：数据来自艾瑞指数。
② 　数据来源：QuestMobile GROWTH 用户画像标签数据库（2020 年 3 月）。

抖音问世以来，中央及地方政府机关相继入驻，以政法系统为例，"中国长安网"在进驻抖音后，360 个省市一级的政法机关相继开通抖音官方账号，省级政法抖音账号比市、县明显活跃。其中，以河北、甘肃、江苏表现最为突出，以抖音账号获赞数量来看，江苏地区拔得头筹，在全国政法机关抖音账号热门评选中，江苏就占了 4 个，这都反映了网民对政法讯息的关注。在内容上，包括日常普法、案件评述、救援的情节、办案过程等内容，通过抖音平台，政法机关一改往日严肃的风格，视频在情节、拍摄、音乐等方面都迎合了用户的视觉体验，使人们能够对传播内容有记忆点，也拉近了政法机关与用户的距离。再就是司法部下属的各级司法机关所创建的普法抖音账号，粉丝数量从上千万到几百人不等，在内容安排上，中国长安网作品合集包括豫子同袍、安哥看世界、安哥锐评、点亮平安之星、安哥说法、戏精"老赖"行为大"赏"六个部分，内容上跳出了政法的局限性，内容和形式上与时俱进，与国际接轨，获得了广大用户的关注。对于地方普法，关注度较高的有阜阳普法，拥有 261.8 万关注度，其内容包括法律文书模板、以案释法、科普合集、根治拖欠农民工工资、"配音"普法；这些版块从某种程度上满足了不同群体对于法的求知欲，在内容上也具有针对性；再就是拥有 215.8 万关注度的广州普法，在内容上设置了民法典、婚姻急诊室、战"疫"说法、短新闻五个系列，也是延续和借鉴了中国长安网的风格，内容上更接地气，以满足人们日常的法治需求为主。

微博、微信、抖音作为社交网络平台，在法制宣传教育中的运用已经十分普及，官方机构的入驻也提升了平台自身的公信力。作为新媒体平台，覆盖面、传播速度、影响力是传统大众媒体所难以比拟的，但也存在一些问题。

首先，社交网络平台存在过度娱乐化风险。我国于 1985 年启动第一个普法规划，在宣传的路径上不断创新，从传统大众传媒到以自媒体为主导的社交网络平台，宣传路径的转变也意味着宣传内容形式也正在发生改变，从最初的灌输式到交互式信息传递，微博、微信中官方账号推送消息时，推送信息多以文字图片或搭配视频为主，微博发布内容较短，而微信公众号更多的是以文章的形式进行推送，在获取信息上，微博更为便捷；相比前两者，抖音短视频的宣传形式完全颠覆了机关部门的刻板形象，尽管政务、普法的短视频在内容上权威且严肃，但为了迎合用户的观感，会适当地做一些创意挑战，如以说唱、情景剧、配音等创新形式普法，这种娱乐化的形式，一旦越过界限，就会适得其反。因此，尤其是官方抖音，在选择素材或是创新普法形式之前，必须把握好分寸与尺度。

其次，中央与地方法制宣传教育的自媒体平台运营存在差异。从法制宣传教育三大自媒体平台进行评估，中央一级的官方微博、官方微信公众号、官方抖音的关注度和点击量都高于地方，省市普法和政法部门优于基层，除抖音能打破这种规律外，微博、微信基本都呈现了这一特点。以抖音为例，少数市一级的普法抖音账号，用户关注度甚至远高于省级普法，如阜阳市普法（261.8万关注度），就大大超过了湖南普法（8.3万关注度）、浙江普法（8.4万关注度）、贵州黔微普法（1.6万关注度），关注度直观地反映了各级机关在抖音账号上的运营程度。值得一提的是，不论是官方普法抖音平台，还是地方基层微博、微信平台，在运营上都有巨大的差距，省市一级的尽管关注度不高，但基本能保证每日更新推送，而县一级自媒体受制于日常工作繁杂、精力有限，没有专业运营人才，对自媒体的运营也缺乏经验，运营相对薄弱。尽管在中央号召下，全国各机关部门纷纷入驻自媒体平台，"抢滩"微博、微信、抖音，但在实际运营上，除中央一级的自媒体在质和量上双管齐下外，地方一些自媒体平台也成为应付上级检查的形象工程。

最后，自媒体平台碎片化的话语风格，容易消解法制宣传教育的效果。自媒体作为新兴的传播平台，其平台属性可以不受宣传者个体差异的影响。因此，在发布信息上，官方媒体在发布内容上有严肃性，但发布方式上，依据不同的平台作相应的调整，三大自媒体平台在法制宣传教育的路径、方式、方法上存在差异，微博的长短对阅读量有影响、微信公众号的文章冗长，阅读量也会减少，短视频因其视频内容而定，三五分钟甚至时长较短的更受用户青睐，现代社会人们更倾向于快餐式的资讯，在有限的时间浏览更多的资讯成为一种主流。因此，作为宣传的主体，为了迎合用户，在机关或个人创作中，都潜意识地践行"内卷"，宣传内容的碎片化，用户接受信息也呈现碎片化的趋势。因此，自媒体普法需要克服碎片化的报道，对微博、微信、短视频内容都应该做好分类，使用户能够系统地获取所需的法律知识，保护自身权益以及维护社会的公序良俗。

第六章

法制宣传教育的启示及当代意义

　　法制宣传教育是一个长期而艰巨的工程。从"一五"普法规划到"八五"普法规划，在中国共产党的领导下，在总结以往的宣传经验的基础上，中国共产党开辟了具有中国特色法制宣传教育之路，从"以法治国"到"依法治国"，从"法制建设"到"法治建设"，从"普及法律常识"到"弘扬法治精神"，从"法制宣传教育"到"法治宣传教育"，每一次转变都是社会主义建设的写照，法制宣传教育随着国家政策方针的走向，在目标上、原则上、内容上、方法上不断地进行调整，顺应新时代社会主义法治建设，为法治社会、法治政府、法治国家建设贡献力量。

第一节　改革开放以来法制宣传教育的启示

　　法制宣传教育的发展是一个承上启下的历程。在"一五"普法规划中首次使用了"法制宣传教育"这一概念，在改革开放以前，更多的是使用法纪或法治宣教，再后来是法制教育、普法教育。法制宣传教育是一种传播法律知识、法律信息的活动，主要以法律作为特定内容，在传播过程中进行广泛的社会动员。自"一五"普法规划以来，法制宣传教育作为国民教育的重要内容，潜移默化地提升了受教育者的法律意识，从传统到现代、显性到隐形、灌输到交互式宣传方法的转变，也决定了法制宣传教育在未来的宣传工作中应做出相应的调整。

一、处理好继承与创新的关系

从"一五"普法规划到"八五"普法规划，我国法制宣传教育不断在前者的基础上总结经验，制定新的普法规划。从"一五"普法规划到"八五"普法规划，内容上有很明显的共同之处。如宪法宣传教育，从"五四"宪法、现行宪法到现行宪法的五次修改，在普法规划的内容上，每一次都强调学习宪法，从内容上体现了法制宣传教育的继承性；再就是宣传对象，领导干部和青少年贯穿了八个普法规划，企业管理人员则是"三五"普法规划新增的内容。从"八五"普法规划开始，将领导干部改为国家工作人员，将企业管理人员改为非公经济从业人员，都是随着我国经济社会的发展而对普法对象进行的调整。

改革开放以来，法制宣传教育从制定宣传内容、安排宣传对象、使用宣传媒介、运用宣传方法上，为我国法制宣传教育提供了宝贵的经验。创新不是否定过往的经验，而是要使法制宣传教育获得实质性的效果。法制宣传教育就是要让人们知法懂法守法，只有知法懂法，才能守法用法执法。法律知识作为法制宣传教育的内容，决定了宣传者通过法制宣传教育向受教育者所要传达的思想、主张，从我国的普法规划中可以看到，也正是因为内容反映了宣传者想要达到的目的，因此，法制宣传教育的内容具有严肃性和权威性，主要以国家的法律法规为主，而对于重点法律法规的宣传，主要基于法律在整个社会生活中所处的地位和作用来决定法制宣传教育的内容，如宪法；根据不同社会群体与法律的关系来确定宣传内容，如刑法、民法等；由法制宣传教育对象确定法制宣传教育的内容，如婚姻法、反不正当竞争法、公司法等；依据我国社会建设中重点或多领域立法，并根据重要性来确定宣传内容。这些要素共同构成了我国法制宣传教育在内容选择上的出发点，而对于法制宣传教育内容的表现形式，法制宣传教育的材料有法律或法令如单行本、汇编、书籍等，电视、广播、报刊、社交网络等媒介上的法制报道，法制类的艺术作品以及与法制、法律相关的海报、图片等。

随着互联网的普及，法制宣传教育内容的表现形式也逐渐多元化，纸质宣传形式都可以在网络平台上得以呈现。从"五五"普法规划开始，我国开始进入网络普法时期，内容上依旧保持着法制宣传教育的严肃性，继承行之有效的宣传方法和工作措施，并在此基础上依据受教育者的接受能力以及不同社群之间的特点，选择最适合的宣传方法，其中宣传媒介可以分为口头宣传、文字法制宣传、形象法制宣传、网络媒体及社交网络平台宣传。口头宣传，顾名思义是运用人的声音传递法制信息，如座谈会、讲课、报告等，它是最常见且一直沿用至今的法制宣传教育形式，其优点在于适用面广、简便灵活、感染力强，但这种宣传方式记忆难，且很难评判成效。文字宣传相较于口头宣传，权威性强、准确力高、影响力大，是其他法制宣传教育方式的基础，但文字宣传直到现在依旧有短板，适用范围有限，主要在于要求受教育者要有阅读能力，甚至文字内容的深浅也会影响受教育者的学习体验。与此同时，文字宣传从制作到出版发行的周期，使得文字宣传方式改变不了被互联网或新兴媒体取代的命运。形象法制宣传是一种结合了文字、语言、形体表演的法制宣传形式，如电视、电影、戏剧等形式，以宣扬"正能量"为主。再就是网络媒体、社交网络平台结合文字、语言、图片、视频可以通过网络媒介海量传播，尽管公信力和真实性不及传统大众传媒，但也将是法制宣传教育最主要的宣传媒介。

二、处理好内容与形式的关系

法制宣传教育必须以媒介为载体，才能实现法制宣传教育的目的，而只有宣传媒介与法制宣传教育的内容相结合，才能使法制宣传教育的效果最大化。不同于媒介传播，为了实现法制宣传效果和受众最优化，法制宣传教育在部署上不断完善。"二五"普法规划主要以面授为主，充分发挥舆论宣传的作用，除了传统文化媒体外，运用群众文化阵地，如文化馆、青少年宫及乡镇文化中心等，在农村，规定有条件的要通过夜校或法制学校向干部普及法律常识；各级干校、团校以及党校要将法治教育作为必修课。"三五"普法规划增加了组织宣传活动，如在全国举办法制展览、知识竞赛、文艺汇演或法律咨询等进行普法；实行分类指导两项内容，要求各级普法机关结合自身特点，确立目标任务方法，提高法制宣传教育的成效。"四五"普法规划实行普治并举，注重法治教育、法治实践、依法治理相结合，全国各地区、各部门在同级政府、党委的领导下，在人大、政协的监督下联合互动，形成工作合力，充分发挥典型作用，通过多途径开展法制宣传教育。"五五"普法规划期间互联网平台开始运用，各地政府门户网站陆续开辟法制宣传专栏，利用便民服务场所，为群众提供法律服务；加强园地建设和基地建设，在公共场所建立法制宣传设施，在各类学校开展法制宣传教育。"六五"普法规划，主要是完善各地公共场所的法制宣传教育设施，传统文化媒体或新媒体通过创办法制栏目或频道，结合法治实践，采取以案说法的形式开展法制宣传教育，并组织出版法制宣传教育读物。

"七五"普法规划在内容上、形式上作了新的突破，首先是"法制"到"法治"的概念上的转变，内容上学习习近平总书记全面依法治国重要论述、党内法规以及中国特色社会主义法律体系，内容上更加系统、全面；在工作措施上，推进法制宣传教育工作创新，健全普法宣传教育机制和责任机制，并推行公益普法制度，要求传统文化媒体和自媒体必须履行普法责任，积极引领社会风尚。与此同时，开展"法律六进"，创新载体阵地，在有条件的公共场所、政务机关以及社会服务机构组建法律教育中心，利用电子屏、触摸屏、手机屏等，推送法治宣传教育信息。加快各省、市、州、县智慧建设普法云平台，推进互联网法治宣传融媒体投放运营。"八五"普法规划从内容上与时俱进，与我国社会发展息息相关，在工作举措上，法治宣传教育的方法更加智能化。要求拓展网络平台，深耕智慧普法，力图建立一个法律、法规、司法解释、党内法规、法院庭审判决一体化平台，实现全媒体的普法矩阵和集群，发挥"学习强国"等平台优势，利用传统与现代行之有效的传播方式，建成全媒体法治传播体系。除此之外，还设置了专栏，如"美好生活 民法典相伴"、乡村（社区）"法律明白人"培养工程。普法规划施行三十多年，法制宣传教育工作措施的演变、法制宣传教育在内容上的变迁更多地体现了我国法治化建设的内在要求，尤其是全面依法治国目标的提出，法制宣传教育显得更加重要。法制宣传教育的内容具有权威性和严肃性，如果只是单纯地宣传内容，受制于社会不同群体的特点，实效性不高。因此，法制宣传教育只有更多地追求方法创新，结合宣传内容，才能达到法制宣传教育的效果。

三、处理好宣传效果与长效机制的关系

法制宣传教育的目的在于以法律来塑造人，通过显性或隐性的教育方式来培养人们的法律意识，提升人们的法律素养。法制宣传教育也是一种有目的、有计划地影响受教育者意识的社会传播行为。法制宣传教育作为一种社会传播行为，必须要考察其传播效果（宣传效果）。一般来说，主要有以下几个因素影响了法制宣传教育的效果：法制宣传教育主体（教育者），法制宣传教育客体（受众）、法制宣传教育媒介、法制宣传教育内容及环境。

法制宣传教育主体从制定宣传规划到以显性或隐性教育的方式进行传播就决定了法制宣传教育的效果；影响法制宣传教育内容效果的主要因素取决于法制宣传教育主体采取何种手段呈现内容，在于内容是否与受教育者或受众的生活息息相关；法制宣传教育媒介的宣传效果影响宣传媒介的选择与运用。法制宣传教育在宣传媒介的选择上，更多的是将传统文化媒体与现代网络自媒体相结合，宣传媒介的选择对于内容的呈现及效果都有一定的影响，如以传统报纸、电视作为宣传媒介，所呈现的效果就会有差异；即便是互联网中各个自媒体平台，作为法制宣传教育的媒介，取决于受众接受的程度和受青睐度，还取决于各个自媒体平台的用户量，其次是内容是否对受众有吸引力；再就是法制宣传教育的对象即受众，是影响法

制宣传教育效果的关键，其影响宣传效果的因素主要还是取决于受众自身的个性特征，还有认知能力、价值观、群体归属。法制宣传教育的环境影响因素主要指法制宣传教育的背景以及硬件或软件条件。在法制宣传教育中，这个因素是经常被忽视的，更多的是强调宣传媒介。环境因素更多是一种地方的社会、文化氛围，从普法进入互联网平台后，通过对各类官方普法平台的观察可以发现，中央、省、市、县、乡镇一级，法制宣传教育的自媒体平台的运作，呈现出由高走低的态势，这也衬托了环境的影响因素。

法制宣传教育作为国民教育的一部分，是一项长期而艰巨的工程。法制宣传教育通过媒介或一些活动，提升人们的法律素养，间接地实现对社会的治理。正因为其长期性和艰巨性，也决定了法制宣传教育必须完善长效机制，使法制宣传教育在政策上长期运行并发挥稳定的作用。法制宣传教育的长效机制可以通过分类宣传、创新形式、细分受众、强化服务来实现。分类宣传可以扩大受众面，创新宣传形式可以提升受众的关注度；细分受众，可以根据不同群体的特点，开展有针对性的法制宣传教育，提高弱势群体的维权意识。总的来说，法制宣传教育已经实现了"经常化、制度化"，就工作措施而言，法制宣传教育的经常性应该体现在向受众普及法律知识，为受众提供线上或线下的法律服务；法制宣传教育的制度化体现在，从"一五"普法规划到"八五"普法规划，都是由中共中央、国务院总体部署，已经形成一项长期的基本国策。因此，必须重视法制宣传教育的效果，法制宣传主体应该提高传播技巧，打破传统生硬的宣传痕迹，在法制宣传教育中及时地改进和调整影响宣传效果的不利因素，创新宣传形式，重视内容、受众和环境因素，形成稳定可行的法制宣传教育体系。

第二节　改革开放以来法制宣传教育的当代意义

法制宣传教育是我国民主法制建设的集中体现。中国共产党在长期的法制宣传实践中已经积累了许多经验。新民主主义革命时期，中国共产党就采取一整套宣传措施，制定和颁布法律法规，利用报纸、刊物、广播电台，刊载法制文章和报道根据地的法律法规，采取人民调解、巡回审理等方式开展法制宣传教育。中华人民共和国成立后，我国的法制宣传工作经历了一个发展、破坏、恢复的过程，"文革"结束后，我国的立法工作重新开启：法制建设重新被提上了国家的议程，现行宪法颁布，法制宣传教育工作全面开启。1986年"一五"普法规划颁布，法制宣传教育正式成为我国民主法治建设的重要组成部分。

一、改革开放以来法制宣传教育的实践意义

法制宣传教育从"一五"到"八五"普法规划，随着我国法治建设在内容上不断地与时俱进，从普及法律常识，学习宪法、学习党内法规到学习民法典，法制宣传教育正潜移默化地引导全社会增强法律意识、树立法治观念，成为法治政府、法治社会、法治国家建设的重要推手。

首先，人才队伍建设是法制宣传教育的关键因素。新时代法制宣传教育工作，迫切需要建立一支专业化程度高、业务能力好、技术娴熟的人才队伍。没有专业化的人才队伍做引导，就会影响法制宣传教育工作的成效。中国共产党建立苏维埃政权后，就开始探索法制宣传的路径，这一时期，法制宣传的骨干主要来自司法机关、业余法律学校、大学司法系、司法办培养的干部；中华人民共和国成立后，设立了法制宣传机构将法制宣传教育定义为"法纪宣教"，由司法部牵头开展"法纪宣教"。从1950年开始，一些法律院校和法律系相继成立，如北京、华东、西南政法学校相继成立。"文革"时期，我国执法部门遭到巨大破坏，人民法院也被裁撤。拨乱反正后，法制宣传正式纳入法制建设的重要一环。从"一五"到"八五"普法规划，国家已经将法制宣传教育作为全面依法治国的重要内容。自高考恢复后，国家在法律人才培养上取得了巨大的成就，法学专业已经成为高校本科人数最多的专业之一，但就现状而言，全国从中央到地方基

层，从事普法工作具备专业背景、业务能力的专职人员占比较低，更多是通过培训学习来机械地执行任务。从"五五"普法规划开始，互联网、自媒体广泛运用，对于法制宣传教育或是普法人员提出了新要求，不仅是专业、业务能力甚至要具备运用自媒体进行创作的能力。因此，法制宣传教育必须要抓人才队伍建设，作为国家法治建设和提升国民法律素质的长期工程，大专院校应该设立对应的专业，培养专门的法制宣传人才，各高校应该与各地的普法办公室联动，在法学大类设置相应的学科，培养专业的普法人才。

其次，创新是法制宣传教育接续发展的不竭动力。从"一五"到"八五"普法规划，在工作措施上，从"二五"普法规划开始，法制宣传教育都以"学用结合"为主，"六五"普法规划提出推进法治文化建设，"七五"普法规划在工作措施上明确提出要创新方式方法，创新载体阵地，包括实体和虚拟，实体如在公共场所开展法制宣传教育，虚拟主要是新媒体的运用。在工作原则上，"八五"普法规划提出坚持党的全面领导、以人民为中心、服务大局、与法治实践深度融合，言简意赅地道明了"八五"普法规划工作的基本遵循，目的是使法制宣传教育融入全面依法治国的全过程。在宣传媒介上，从传统文化媒体到新媒体，三十多年的普法教育，宣传媒介也日益多元化，互联网的普及使自媒体在法制宣传教育中被广泛运用，也使得法制宣传教育进入数字化时代，智慧普法平台将会全视角地融合法律、法规、行政文件、党内法规等法制类的信息；根据受众需求，制作优秀的普法短视频将会更好地应用在法制宣传教育中，满足不同群体对法律的需求。"八五"普法规划首次提出了"普法责任制"，明确"谁执法谁普法"，压实各级单位的普法责任；落实媒体公益责任，使媒体公益普法制度化、常态化。"八五"普法规划在法治文化建设上，明确清晰地进行部署，推进文化阵地建设、繁荣法治文艺、实现传统优秀法律文化的转化与创新发展、加强对红色法治文化的保护、宣传、继承，以及加强法治文化国际传播和国际交流。① 总的来说，从"一五"到"六五"普法规划尽管在宣传内容上不尽相同，但更多的是在前者的基础上，总结经验接续发展，从"七五"普法规划开始，可以看到国家层面的政策设计，更加重视法制宣传教育的成效。到"八五"普法规划中"普法责任制""普法责任清单"，尽管"八五"普法规划刚刚出台，但从国家政策设计上，基本上找到了法制宣传教育长期存在的症结，可以说"八五"普法规划打破了过去普法规划的承上启下的密切关系，结合了我国经济社会发展、国际国内形势，做到了全方位的极具创新型的部署。因此，"八五"普法规划将是法制宣传教育的一个全新里程。

　　再次，充分的社会动员是法制宣传教育实现全覆盖的有力保障。作为全民普法活动，法制宣传教育需要不同群体的参与。"一五"普法规划中，普法对象规定为"一切有接受教育能力的公民"。20 世纪 80 年代，公民受教育程度相对较低，更多的是干部、军人等具有学习能力的团体。随着我国公民受教育程度不断提升，法制宣传教育也不再局限于某几个团体，作为一项基本国策，更多的是实现全民普法的宏伟目标。就普法对象的群体覆盖面而言，"八五"普法规划做了明显的调整，用"国家工作人员"的提法取代了"领导干部"，以国家工作人员与青少年为重点对象，其他社会群体开展分层分类的法治教育，在提法上基本上实现了社会群体的全覆盖。社会群体的全覆盖并不代表法制宣传教育就能实现全覆盖，因此必须进行充分的社会动员。一般而言，社会动员分为传媒动员、竞争动员、参与动员。法制宣传教育更多的是参与动员，参与动员具有广泛性和现实性，人们参加社会活动往往抱有现实目的。法制宣传教育作为国家推行的一项长期性工程，对于国家工作人员群体是一项必须完成的行政指令；对于青少年是一项校园必修课，而对于其他的社会群体没有强制性。因此，社会动员必须采取分层分类的方式，根据不同群体的特点，充分发挥新媒

---

① 中共中央国务院转发《中央宣传部、司法部关于开展法治宣传教育的第八个五年规划（2021—2025 年）》［N］．人民日报，2021-06-16（1）．

体的作用，通过微博、微信、短视频等社交网络媒体平台，广泛动员更多的社会群体参与到普法教育中，使普法教育与人民群众法治需求之间实现高质量的动态平衡。

最后，要打破社会环境对法制宣传教育的制约。法制宣传教育的宣传环境，是由不同层次、结构相互联系的有机体。广义上讲，法制宣传教育所关联的对象包括个人、政体、社会、家庭，他们构成了法制宣传教育的外部环境因素。某种程度上，法制宣传教育更多地受社会环境的制约。法制宣传教育的环境，从构成上，包括文化环境、心理环境及经济环境三种类别，共同制约着法制宣传教育的成效。法制宣传教育的成效在于使人们尊法学法用法守法，形成法治思维，这也是法制宣传教育的出发点。再者，在法制宣传教育过程中，最直观的环境影响因素主要取决于不同地区的文化氛围及经济条件，这些要素决定了法制宣传教育在阵地建设、普法平台建设上以及在组织活动中的差异。因此，社会环境因素也折射出基层在法制宣传教育的过程中出现的人才短缺或不足、经费有限等问题，直接造成了法制宣传教育的差异性。社会环境作为影响法制宣传教育成效的其中一环，相较各群体社会动员，其应对策略也相对容易，一是通过基层选拔具有专业素养的人才定期维护自媒体平台，或是进行创作以提升官方媒体社交网络平台的活跃度；二是中央或地方省下拨专项普法经费，保障一些活动，如宪法宣传日、国家安全教育日等普法宣传活动的展开，落实"普法责任制"，使各地区党委、政府机关、政协、人大之间形成共同监督普法的合力，为法制宣传教育营造出更好的社会氛围。

二、改革开放以来法制宣传教育的理论意义

第一，法制宣传教育是全面依法治国的内在要求。在党的十八届四中全会中，党中央对全面依法治国作了战略部署，要求"推动全社会树立法治意识，深入开展法治宣传教育，把法治教育纳入国民教育体系和精神文

明创建内容"①。在"七五"普法规划中，法制宣传教育从"法制"进入到"法治"，内涵和外延更加广泛，明确"要通过深入开展法治宣传教育，传播法律知识，弘扬法治精神，建设法治文化，充分发挥法治宣传教育在全面依法治国中的基础作用"②。在"七五"普法规划中，要求完善国家工作人员学法用法制度，切实提高领导干部的法治观念和法治素养；而对于青少年开展法治宣传教育的目标，主要是要引导青少年提高法治意识，培养法治观念，养成守法的习惯。"八五"普法规划提出："全民普法是全面依法治国的长期基础性工作。"③"八五"普法规划的制定以加大全民普法力度为出发点，在"七五"普法规划成果的基础上，继续推动普法责任制的全面施行。全民普法是一项长期性、系统性的教育工程，作为全面依法治国基础性的工作，我国的法制宣传教育已经走进第八个五年普法规划，从中央到乡镇，从机关到学校、工厂、企业，从领导干部、青少年，到老人、妇女、农民等群体，法制宣传教育的对象已经遍布各行各业，由于各行业、群体特点的不同，也决定了法制宣传教育成效的不同。全面依法治国，"全面"二字主要指在依法治国工作部署中的每一环节都不可或缺。这也与法制宣传教育即普法教育的范围一致，法治、法治宣传教育要遍及社会的方方面面。而落实全面依法治国，关键在于干部，只有领导干部依法行政、依宪执政、依法执政，才能真正使全面依法治国目标落细、落实。从"一五"普法规划实施以来，领导干部始终作为法制宣传教育的重点对象。三十多年的普法实践，已经形成领导干部学法用法制度，领导干部通过法制宣传教育，提升了法律至上、权依法使等法治观念，强化了依法办事和依法治理能力。总之，法制宣传教育是一项以法育人的全民教

---

① 中国共产党第十八届中央委员会第四次全体会议文件汇编［M］．北京：人民出版社，2014：11.
② 中国政策汇编2016编写组．中国政策汇编2016（第3卷）［M］．北京：中国言实出版社，2017：2648.
③ 中共中央国务院转发《中央宣传部、司法部关于开展法治宣传教育的第八个五年规划（2021—2025年）》［N］．人民日报，2021-06-16（1）．

育工程，旨在提升全体公民法治，营造风清气正的社会氛围；而依法治国重点在于领导者，作为立法者和执法者，只有权力真正被监督和被制约，才能克服徇私枉法、知法犯法、以权代法等错误行为的发生，维护法治的尊严。

第二，法制宣传教育是推进国家治理能力现代化的重要依托。一般而言，国家治理指国家各级权力机关通过行政、立法、司法，对社会进行控管的全过程。而国家治理体系，顾名思义，是国家治理中国家制度体系的总称，包括政府、市场和社会治理三方面。市场治理旨在推动经济有序、高效、可持续发展；政府治理是要提高政府行政效能；社会治理即治理社会，是权力主体对社会的管理。无论是政府治理、市场治理还是社会治理，都离不开法治，尤其是社会主义市场经济体制确立后，政府主要借助行政手段、法律手段、经济手段对市场进行宏观调控，使市场经济平稳运行。因此，国家治理能力和国家治理体系现代化的实现，必须要以法治为依托，这也是文明社会所遵循的基本准备，法律是衡量社会规范的准绳，法治依靠法律发挥作用。在我国国家治理中，法治集中体现在权力机关依法执政、依法行政以及公民的法治意识、法律素养。两者之间的关键都在于执法者或公民的法治思维、法治观念，只有全社会形成"法律至上"的法治理念，才能推动国家治理能力和国家治理体系现代化。全民普法教育开始以来，每一个普法规划在内容上都能体现国家治理的重点。"一五"普法规划的目的在于巩固和安定团结的局面，以普及宪法、婚姻法、刑法、继承法等（"十法一条例"）基本法律为重点，强调"要用法律管理经济、管理科学文化教育事业以及各项事业"①。"二五"普法规划延续"一五"普法规划的内容，学习宪法、国旗法、行政诉讼法等普法机关要求的法律，要求各地区选学业务工作需要的法律；"三五"普法规划在国家治理层面，开始普及社会主义市场经济法律知识，以及涉外的法律法

---

① 戴勇才. 法制宣传学［M］. 重庆：重庆大学出版社，1992：416.

规；"四五"普法规划在国家治理上，主要是除社会主义市场经济法律法规外，还新增了西部大开发、世贸组织的法律知识；"五五"普法规划主要涉及经济发展、群众生产生活、市场经济秩序的整顿与规范、维护社会和谐、实现社会公正公平的法律法规。"六五"普法规划以经济发展、保障和改善民生的法律法规为主。"七五"普法规划将中国特色社会主义法律体系作为普法内容，规划了国家治理经济、社会、文化、国家安全等方方面面的法律法规；"八五"普法规划，以民法典作为法制宣传教育的重要内容，这被认为是"法治健全完善的重要标识，也契合了推进国家治理体系和治理能力现代化的时代发展需要"。① 除此之外，还有高质量发展以及社会治理现代化的法律法规。"一五"到"八五"普法规划中，重要的法律知识、法律法规是我国社会主义现代化建设的缩影，人们对于法律法规的学习与掌握，也夯实了我国国家治理体系和治理能力的根基。

第三，法制宣传教育是建立法治国家、法治政府、法治社会的基础性工程。国家、政府、社会三位一体的法治建设，其最为核心的就是"法治"，主要利用法律或法律制度进行治理。由此可见，法治国家、法治政府、法治社会的基本前提是懂得运用法律处理矛盾和应对风险。懂法的前提是学法，学习国家治理、政府治理、社会治理的法律法规，尤其是国家工作人员，作为执法者如果不懂法，就会全凭主观处理行政工作，甚至违法犯法；而对于普通公民，法律是约束个人行为的准则，法律从文本上为守法与违法行为设定了界限，如果公民不学法、不懂法，就会触及犯罪的红线。从宏观层面而言，法治国家包括法治政府、法治社会，也可以理解为法治政府、法治社会的目标实现后，法治国家也必然会建成，前提是全社会形成宪法至上、崇尚法治的氛围，全民尊法、守法，政府依法行政，执政党依法执政，社会组织依法自治，形成适度型的社会形态。法制宣传教育之所以是国家、政府、社会法治建设的基础性工程，是因为宪法和法

---

① 民法典助力国家治理现代化 ［N］. 人民日报，2020-06-30（5）.

律是我国法治建设的基本遵循。"我国宪法是对国家机构设置及其职权的设定予以规制"①，因此，国家工作人员能否依法行政、党员干部能否依法执政，直接关系到法治政府、法治社会的建成，更确切地说，各级领导干部即广大国家工作人员能否更好地履行宪法和法律赋予的职责和义务，是法治政府、法治社会、法治国家建成的前提，没有依法行政、依法执政，就不可能实现法治政府、法治社会的目标，更不可能建成法治国家。因此，只能强化对党员在内的国家工作人员的法治宣传教育，开展以宪法为中心的事关群众生产生活、事关社会经济发展、事关国家长治久安、事关社会民生福祉的法律法规的学习，尽可能动员社会各个群体，依据不同群体特点，有针对性地开展法治宣传教育，使全社会潜移默化地形成尊法、守法的社会心理，为建成社会主义法治国家奠定基础。

第四，法制宣传教育是我国国民教育体系的重要环节。"七五"普法规划中提出"切实把法治教育纳入国民教育体系"②。国民教育体系就是由各级各类学校构成的能够彼此衔接满足社会教育需求的系统。③"一五"普法规划对法制宣传教育制定了严格的考核方法，其中单位考核规定："个人及格率应达到参加考核人数的60%以上，干部，特别是领导干部的及格率应该更高一些"④。1991年，"二五"普法规划为了增强学生的法制观念，提出在大、中、小学，"进一步完善学校的法制教育体系，努力实现法制教育的系统化"⑤。2007年，中宣部、教育部、司法部以及全国普法办公布了《中小学法制教育指导纲要》，对中小学法制教育作了具体部署，在课程上，小学阶段的法制课程包括"品德与生活""品德与社会"；初中阶段的法制课程为"思想品德""历史与社会""地理"；高中阶段的法制

---

① 范进学．"法治中国"析［J］．国家检察官学院学报，2014（4）：85-92.
② 中国政策汇编2016编写组．中国政策汇编2016（第3卷）［M］．北京：中国言实出版社，2017：2648.
③ 赵爽．教育政策合法性的理论与实践［M］．沈阳：辽宁人民出版社，2015：79.
④ 戴勇才．法制宣传学［M］．重庆：重庆大学出版社，1992：418.
⑤ 戴勇才．法制宣传学［M］．重庆：重庆大学出版社，1992：436.

课程为"思想政治""地理";大学阶段的法制课程主要以"思想道德基础与法律修养"为主。由此可见,法制宣传教育早已成为我国国民教育体系的重要内容。以青少年为例,从时间跨度上看,法制课程是小学到大学的必修课;从覆盖面上看,基本上覆盖了所有接受九年制义务教育的学生;从内容上看,主要结合了大、中、小学生的特点,没有硬核普法,更多的是与其他内容相结合,抑或是与其他课程相互渗透,潜移默化地引导学生了解法律的重要性,逐步养成法律观念,懂得用法律保护自身的权益。除此之外,在国家工作人员群体也已经形成了长效的学法用法制度。显然,随着我国法治建设的推进,法制宣传教育将不仅是国民教育体系的重要组成部分,也将是我国终身教育体系的必修课。

第五,法治宣传教育是促进民主法治建设的重要抓手。民主是人们参与国家事务的权利。在国际上,西方国家评判现代政治制度的优劣,其中一项就是制度民主。民主作为政治制度优劣的评判标准,是国家出现到一定阶段所形成的产物,民主往往晚于国家出现,而法治却早于民主出现,西方发达国家通常是先建立法治,然后才出现民主政治。从理论上而言,法治是民主制度的前提,法治区别于人治最大的特点就是以法治国、依法治国。而民主更多的是建构在法治基础上的政治程序。例如,我国的政权组织形式是人民代表大会制度,以民主集中制作为根本的组织原则,都是在宪法下履行职能,这也是我国民主政治的集中体现。除此之外,还有政治协商制度、基层民主区域自治制度,都是我国民主政治的表现。当然,这些都是制度层面的民主形式。一般而言,按照法治先于民主的逻辑,可以得出这样的结论:一个国家只有完善法治,才能够实现民主。简而言之,一个强大的国家由行而有效的法治以及民主问责体系构成。法治是建立健全社会主义民主的前提和基础。法治为民主提供了一个稳定的社会秩序,是实现社会公平正义的理性工具,两者相辅相成,但并不是所有国家都能兼顾民主与法治。纵观各国,"形式法治、名义民主"屡见不鲜,民主与法治成为政党政客操控民意的手段。因此,民主必须在法治下运行,才能使国家政治秩序稳定运行。法治宣传教育之所以是民主法治建设的抓手，是因为法治宣传教育是一项长期的普法教育。领导干部通过法治教育储备法律知识、强化法治思维、夯实民主理念，从法治教育中汲取人民至上、主权在民的民主意识，引导领导干部在工作中践行执法为民的工作理念，恪守法律的基本准则，在决策中充分发挥民主，规范依法行政的合理性，主动接受监督，从而实现公权力与法治相融。当然，法治宣传教育只是一项基础性工作，全民普法或是某一对象的普法，其实践意义大于现实意义，法律在于实施，无论是国家政治生活还是人民群众的日常事务，法律只有切实保护到人民群众的切身利益，才能真正使人民群众感受法的价值，才能真正体会到法治社会的优越性，才能真正建成民主法治国家。

后 记

　　本书是贵州省哲学社会科学规划结项成果，是在博士论文的基础上所做的延展性研究，也是笔者这几年研究的一个总结。

　　一是书稿选题的由来和难度。"法制宣传教育"的选题，是在查阅大量资料的前提下，与导师共同商议形成的。作为一个前人研究成果较少的选题，其研究难度相对较大。博士论文主要以《人民日报》为文本，梳理了从《人民日报》创刊到党的十八届四中全会前后，关于"法制""法治""法制宣传教育"的相关内容，大量的文献整理、统计及图表绘制，开启了对这一领域的探索。书稿的写作，大多避开了博士论文的主体框架，涵盖的范围也更加广泛，要思考的问题也更多。从开始着手"法制宣传"的研究，能够参照的书籍也就三本，主要由法制宣传一线工作者所作，两本同名的《法制宣传学》：其一主要对法制宣传学的概念和相关理论进行探讨，分析和论述了法制宣传的历史、本质、原则、主体、对象、内容、方法效果等问题，主要停留在对法制宣传学的初创探索阶段；其二从法制宣传学科建设、法制宣传管理、法制宣传实务、舆论监督、新闻侵权五方面，全面、系统地阐明了法制宣传学的基本原理，同时也奠定了"法制宣传教育"这一研究领域的跨学科属性。除此之外，《法制宣传教育全覆盖的理论和实践》一书以江苏为中心，对全面构建法制宣传教育全覆盖工作体系做了探索。笔者能够从此书中获得大量启发，尽管内容上有一定的局限性，但相较于前者，已经算是"法制宣传教育"研究领域有学术价值的著作。

二是书稿选题的思考与研究趋势。法度者，正之至也。中国共产党自成立之日起，就高度重视法治建设。新民主主义革命时期，中国共产党制定了《中华苏维埃共和国宪法大纲》和大量法律法令，创造了"马锡五审判方式"，通过报纸、刊物、电台、在人民中调解等方式开展法制宣传工作，为中华人民共和国法制宣传教育工作积累了宝贵经验。社会主义革命和建设时期，中国共产党领导人民制定了宪法和国家机构组织法、选举法、婚姻法等一系列重要的法律法规，通过出版刊物、开辟法律专栏、创建法律院校和法律系、开办展览、张贴典型判决书等方式开展法制宣传教育工作，通过多种多样的宣传形式，广泛地宣传了国家法律和党的政策。改革开放和社会主义现代化建设时期，中国共产党提出了"有法可依、有法必依、执法必严、违法必究"的方针，并确立依法治国基本方略，形成了以宪法为核心的中国特色社会主义法律体系。这一时期，"一五"普法规划开始实施，至今已经进入"八五"普法规划阶段，从"刀制"到"水治"充分表明了"法制宣传教育"与我国社会主义民主法治建设同频共振的决心与信念。党的十八大以来，中共中央把全面依法治国纳入"四个全面"战略布局，作出一系列重大决策部署，基本形成全面依法治国总体格局。习近平总书记反复提出"法治兴则民族兴，法治强则国家强"。当前，我国正经历世界百年未有之大变局，改革发展稳定的任务艰巨繁重，需要发挥法治固根本、稳预期、利长远的作用。法制宣传教育是全民守法的基础性工程，"八五"普法规划继续全面落实"谁执法谁普法"的普法责任制，这也意味着新时代法治宣传教育更注重实效性。通过推进普法与依法治理的有机融合，进而推进全面依法治国各项措施在基层落地生根。与此同时，随着互联网的普及，法治宣传教育的全媒体时代也已来临，在充分发挥传统媒介普法的基础上，全媒体时代法治宣传教育也将朝着互动式、服务式、场景式传播转变，这也将进一步拓展"法治宣传教育"研究的广度和深度。

三是书稿写作中的顾虑。在写作的过程中，有诸多的顾虑：一方面法制宣传教育相关研究必须有意识地采用跨学科的研究视角，本课题综合党史、法学、新闻传播学知识和方法来处理这一选题，结合笔者的研究专长，通过大量的报刊资料，以增添选题研究的学术含量，补充了当前党史框架下中国共产党社会主义法治体系建设中法制宣传教育的不足之处，但在论证和诠释方面也存在不精确之处。另一方面，选题以改革开放以来中国共产党法制宣传教育的发展脉络、主要内容、基本对象和主要载体为线索，分四章讨论其对中国特色社会主义法制建设的推动，通过文本梳理较为清晰地阐明了中国共产党法制宣传教育的全貌，诠释了中国共产党法制宣传教育的基本方法、实践路径和基本特点，在研究视角、理论探索和资料选用上有了一定的推进，但在法理学等非专业领域却浅尝辄止，缺乏深入细致的原因探索和对社会治理的深刻反思。

总而言之，书稿能够及时完成，首先要感谢我的博士生导师宋俭教授，作为博士论文的拓展研究，导师的悉心指导使我至今受益匪浅。其次，要感谢课题组赵亚男、张驰、朱妍、王会民四位博士同学兼好友的鼎力相助，他们从课题的申报、研究到结项的全过程，都给予了鼓励和支持。再就是感谢家人全心全意的付出，使我能够全身心地投入到书稿的写作中。最后，要特别感谢贵州大学马克思主义学院的资助，李传兵院长和郭红军院长对本书都给予了可贵的支持和帮助。

由于学识有限，书中错漏和不足在所难免，真诚希望各位专家、学者批评指正，帮助"法制宣传教育"领域相关研究不断深入，再上新台阶。

袁珠萍

壬寅·癸卯·庚辰于锦溪

参考文献

一、经典著作和文献汇编类

［1］毛泽东选集（第一卷）［M］．北京：人民出版社，1991．

［2］毛泽东文集（第一卷）［M］．北京：人民出版社，1993．

［3］毛泽东思想年编：1921—1975［M］．北京：中央文献出版社，2011．

［4］毛泽东年谱（一九四九—一九七六）第五卷［M］．北京：中央文献出版社，2013．

［5］毛泽东年谱（一九四九—一九七六）第六卷［M］．北京：中央文献出版社，2013．

［6］邓小平文选（第二卷）［M］．北京：人民出版社，1994．

［7］邓小平文选（第三卷）［M］．北京：人民出版社，1993．

［8］江泽民文选（第一卷）［M］．北京：人民出版社，2006．

［9］胡锦涛文选（第二卷）［M］．北京：人民出版社，2016．

［10］习近平谈治国理政（第一卷）［M］．北京：外文出版社，2014．

［11］习近平谈治国理政（第二卷）［M］．北京：外文出版社，2017．

［12］习近平谈治国理政（第三卷）［M］．北京：外文出版社，2020．

［13］习近平．在庆祝中国共产党成立100周年大会上的讲话［M］．北京：人民出版社，2021．

［14］张闻天选集［M］．北京：人民出版社，1985.

［15］董必武．董必武政治法律文集［M］．北京：法律出版社，1986.

［16］邓中夏全集（下）［M］．北京：人民出版社，2014.

［17］最高人民法院研究室．司法手册（第一辑）［M］．北京：人民法院出版社，1981

［18］中共中央文件选集（下册）［M］．北京：中共中央党校出版社，1983.

［19］中华苏维埃共和国法律文件选编［M］．南昌：江西人民出版社，1984.

［20］中华全国总工会政策研究室．中国企业领导制度历史文献［M］．北京：经济管理出版社，1986.

［21］中共中央文献研究室．十一届三中全会以来重要文献选读（上册）［M］．北京：人民出版社，1987.

［22］中共中央文献研究室．十一届三中全会以来重要文献选读（下册）［M］．北京：人民出版社，1987.

［23］中国法律年鉴编辑部．中国法律年鉴1991［M］．北京：中国法律年鉴社，1990.

［24］全国人民代表大会常务委员会法制工作委员会．中华人民共和国法律汇编（1985—1989）［M］．北京：人民出版社，1991.

［25］建国以来重要文献选编（第一册）［M］．北京：中央文献出版社，1992.

［26］建国以来重要文献选编（第九册）［M］．北京：中央文献出版社，1994.

［27］中国共产党第十四次全国代表大会文件汇编［M］．北京：人民出版社，1992.

［28］最高人民检察院法律政策研究室．中华人民共和国现行法律法规及司法解释大全（第1册）［M］．北京：中国方正出版社，2003.

［29］中共中央文献研究室．十六大以来重要文献选编（上）［M］．北京：中央文献出版社，2005.

［30］中共中央文献研究室．十六大以来重要文献选编（中）［M］．北京：中央文献出版社，2005.

［31］中共中央文献研究室．十七大以来重要文献选编（上）［M］．北京：中央文献出版社，2009.

［32］中华人民共和国史（1992—2002）［M］．北京：人民出版社，2010.

［33］中国共产党第十八次代表大会文件汇编［M］．北京：人民出版社，2012.

［34］中国共产党第十八届中央委员会第四次全体会议文件汇编［M］．北京：人民出版社，2014.

［35］全国人大常委会办公厅，中共中央文献研究室．人民代表大会制度重要文献选编（二）［M］．北京：中国民主法制出版社，2015.

［36］中国政策汇编 2016 编写组．中国政策汇编 2016（第 3 卷）［M］．北京：中国言实出版社，2017.

二、学术著作类

［1］韩延龙，常兆儒．中国新民主主义革命时期根据地法制文献选编（第 1 卷）［M］．北京：中国社会科学出版社，1981.

［2］苏区文艺运动资料［M］．上海：上海文艺出版社，1985.

［3］法学词典编辑委员会．法学词典·增订本［M］．上海：上海辞书出版社，1986.

［4］栗劲，李放．中华实用法学大辞典［M］．长春：吉林大学出版社，1988.

［5］［美］哈罗德·伯曼．美国法律讲话［M］．陈若桓，译．上海：三联书店，1988.

[6] [英] 伯特兰·罗素. 权力论 [M]. 吴友三, 译. 北京: 商务印书馆, 1991.

[7] 房成祥, 黄兆安. 陕甘宁边区革命史 [M]. 西安: 陕西师范大学出版社, 1991.

[8] 刘复之. 中华人民共和国法律大辞书 [M]. 吉林: 长春出版社, 1991.

[9] 戴勇才. 法制宣传学 [M]. 重庆: 重庆大学出版社, 1992.

[10] 孙琬钟. 中华人民共和国法律大事典 [M]. 北京: 中国政法大学出版社, 1993.

[11] 吉福林. 市场营销策略 [M]. 北京: 中国商业出版社, 1996.

[12] 喻毅, 赵英华. 法制宣传学 [M]. 北京: 中国民主法制出版社, 1996.

[13] 蒋建农. 世纪伟人毛泽东狂飙篇 [M]. 北京: 红旗出版社, 1996.

[14] 凌青, 邵秦. 从虎门销烟到当代中国禁毒 [M]. 成都: 四川人民出版社, 1997.

[15] 蔡定剑. 历史与变革——新中国法制建设历程 [M]. 北京: 中国政法大学出版社, 1999.

[16] 舒龙, 凌步机. 中华苏维埃共和国史 [M]. 南京: 江苏人民出版社, 1999.

[17] [美] N. 维纳. 控制论 [M]. 郝季仁, 译. 北京: 京华出版社, 2000.

[18] 徐秀义, 韩大元. 现代宪法学基本原理 [M]. 北京: 中国人民公安大学出版社, 2001.

[19] 彭勃. 中华监察执纪执法大典（第3卷）[M]. 北京: 中国方正出版社, 2002.

[20] 李伟民. 法学辞源 [M]. 哈尔滨: 黑龙江人民出版社, 2002.

［21］李希昆，张树兴. 中国法制史［M］. 重庆：重庆大学出版社，2002.

［22］牛客，刘玉民. 法制宣传学［M］. 北京：人民法院出版社，2003.

［23］牟延林，吴安新，李琦. 教育权利与素质教育关系的法理研究［M］. 重庆：重庆出版社，2003.

［24］孙晓楼. 法律教育［M］. 北京：中国政法大学出版社，2004.

［25］王文科. 传媒导论［M］. 杭州：浙江大学出版社，2006.

［26］魏超. 大众传播通论［M］. 北京：中国轻工业出版社，2007.

［27］张西坡，韩延龙. 中国革命法制史［M］. 北京：中国社会科学出版社，2007.

［28］夏锦文. 法学概论［M］. 北京：科学出版社，2007.

［29］董开军. 司法行政学［M］. 北京：中国民主法治出版社，2007.

［30］李步云. 论法治［M］. 北京：社会科学文献出版社，2008.

［31］彭光华，杨木生，宁群. 中央苏区法制建设［M］. 北京：中央文献出版社，2009.

［32］李学昌. 中华人民共和国事典 1949—2009［M］. 上海：上海世界图书出版公司，2009.

［33］严帆. 峥嵘岁月［M］. 北京：作家出版社，2009.

［34］陈金全. 新中国法律史［M］. 北京：人民出版社，2011.

［35］吴爱英. 改革创新司法行政 服务经济社会发展——党的十六大以来司法行政工作改革发展回顾（2002—2012）［M］. 北京：人民出版社，2012.

［36］梁星亮，杨洪，姚文琦. 陕甘宁边区史纲［M］. 西安：陕西人民出版社，2012.

［37］汪文庆. 使命·旗帜·人物 中共一大至十八大纪事［M］. 成都：四川人民出版社，2013.

［38］冀明武，罗宏阳．中国法制史［M］．长春：吉林大学出版社，2014.

［39］赵爽．教育政策合法性的理论与实践［M］．沈阳：辽宁人民出版社，2015.

［40］公安部政治部．禁毒学总论［M］．北京：中国人民公安大学出版社，2015.

［41］王美玉．中国民生建设研究1949—1956［M］．北京：知识产权出版社，2016.

［42］沈忆勇．法径寻理［M］．北京：新华出版社，2016.

［43］张燕，王苏，刘虎．电子媒介经营与管理［M］．北京：中国传媒大学出版社，2016.

［44］陈国庆．中华人民共和国刑法最新释义［M］．北京：中国人民公安大学出版社，2016.

［45］武汉大学党内法规研究中心．中国共产党党内法规制度建设年度报告（2016）［M］．北京：人民日报出版社，2017.

［46］李斌雄．扎紧制度的笼子：中国共产党党内法规制度的重大发展研究［M］．武汉：武汉出版社，2017.

［47］汪钰斌，朱新英．大学信息基础［M］．北京：中国铁道出版社，2017.

［48］徐光春．马克思主义大词典［M］．武汉：崇文书局，2018.

［49］张金才．中国法治建设40年（1978—2018）［M］．北京：人民出版社，2018.

［50］蒋成德．中国近现代作家的编辑历程［M］．北京：中国书籍出版社，2019.

三、期刊类

［1］刘一杰．法制宣传工作十年［J］．法制建设，1989（4）：20-23.

［2］王进义 . 法制宣传教育的性质、价值及创新初探［J］. 中国司法，2004（10）：65-68.

［3］王双群，余仰涛 . 法治教育与德治教育的内涵及意义［J］. 理论月刊，2006（7）：186-188.

［4］韩世强 . 法制教育机制及其现形态的理论框架［J］. 中国司法，2006（10）：76-79.

［5］司法部研究室 .《中共中央关于构建社会主义和谐社会若干重大问题的决定》有关司法行政工作的名词解释［J］. 中国司法，2007（3）：14-22.

［6］董国路 . 法制宣传教育应加强理论研究提高科学水平［J］. 中国司法，2009（2）：31-32.

［7］范进学 ."法治中国"析［J］. 国家检察官学院学报，2014（4）：85-92.

四、报纸类

［1］中华苏维埃共和国中央执行委员会布告（第一号）［N］. 红色中华，1931-12-11（2）.

［2］保护人民健康恢复与发展生产 政务院通令严禁鸦片毒品［N］. 人民日报，1950-02-25（1）.

［3］察省禁吸烟毒获成绩 去冬改造三万烟民［N］. 人民日报，1950-03-11（3）.

［4］史良部长谈婚姻法 指出基本精神是在实际上积极扶助妇女，保护儿童，摧毁封建残余［N］. 人民日报，1950-04-17（3）.

［5］不少地方司法机关和区村干部未能正确处理婚姻案件 亟应广泛开展对婚姻法的宣传［N］. 人民日报，1950-04-20（1）.

［6］全国妇联举行十七次常委会 决定大力宣传婚姻法［N］. 人民日报，1950-04-22（3）.

[7] 土地改革完成地区农村气象焕然一新 农民购买力提高工商业逐渐繁荣 [N] . 人民日报, 1950-07-05 (1) .

[8] 浙江具备土改条件 各界拥护土地改革法 农民认为是天大喜事 [N] . 人民日报, 1950-07-10 (2) .

[9] 西南区各地报纸欢迎土地改革法 号召今冬明春做好清匪、反霸和减租工作 组织农民力量培养干部准备将来实行土改 [N] . 人民日报, 1950-07-13 (2) .

[10] 迎接土地改革运动 华东将训练十万干部 湘鄂赣等省广泛学习土地改革法 [N] . 人民日报, 1950-08-06 (2) .

[11] 从中南区农村情况看土地改革法 [N] . 人民日报, 1950-09-06 (2) .

[12] 利用典型案件宣传婚姻法 [N] . 人民日报, 1951-10-22 (3) .

[13] 紧密配合"三反""五反"斗争 东北人民艺术剧院宣传工作有成绩 [N] . 人民日报, 1952-03-31 (3) .

[14] "三反""五反"运动取得光辉胜利 东北公私营工厂企业中普遍出现新气象 [N] . 人民日报, 1952-05-03 (2) .

[15] 介绍"三反""五反"运动新闻电影特辑 [N] . 人民日报, 1952-05-06 (3) .

[16] "三反"运动的伟大成果 南开大学教师教学态度正在转变 [N] . 人民日报, 1952-05-11 (2) .

[17] 工会组织在"三反""五反"运动中更加壮大了 [N] . 人民日报, 1952-05-13 (2) .

[18] 中共中央东北局举行扩大会议 高岗同志总结全区"三反""五反"运动 并提出加强经济工作和党的建设的任务 [N] . 人民日报, 1952-06-27 (1) .

[19] 上海市"三反" "五反"运动胜利结束 [N] . 人民日报,

1952-07-24（1）．

［20］中央人民政府政务院关于贯彻婚姻法的指示［N］．人民日报，1953-02-02（1）．

［21］中国共产党中央委员会关于贯彻婚姻法运动月工作的补充指示［N］．人民日报，1953-02-19（1）．

［22］加强宣传婚姻法的通俗书刊、图画的发行工作［N］．人民日报，1953-02-23（2）．

［23］坚决贯彻中共中央关于贯彻婚姻法运动月工作的补充指示［N］．人民日报，1953-03-23（1）．

［24］报纸上的镇压反革命宣传［N］．人民日报，1953-03-25（6）．

［25］深入开展镇压反革命的宣传教育工作［N］．人民日报，1953-04-04（3）．

［26］宪法草案的全民讨论结束［N］．人民日报，1954-09-11（1）．

［27］号召学习宪法和全国人民代表大会的报告 中华全国总工会发出通知［N］．人民日报，1954-10-09（1）．

［28］司宣．人民法院实行公开审判的意义［N］．人民日报，1955-02-19（3）．

［29］和睦家庭日益增多 婚姻纠纷案件显著下降 我国大部地区实现自主婚姻［N］．人民日报，1957-04-29（2）．

［30］叶剑英．关于修改宪法的报告——一九七八年三月一日在中华人民共和国第五届全国人民代表大会第一次会议上的报告［N］．人民日报，1978-03-08（1）．

［31］学习新宪法 宣传新宪法 遵守新宪法［N］．人民日报，1978-05-03（1）．

［32］江华．实施新宪法是人民法院的光荣职责［N］．人民日报，

1978-05-23（3）.

　　[33] 加强法制教育 严格依法办事——参加第八次全国人民司法工作会议的部分代表座谈学习新宪法的体会 [N] . 人民日报, 1978-05-24（2）.

　　[34] 宣传新宪法 贯彻新宪法 进一步加强社会主义法制 第八次人民司法工作会议确定新时期工作任务 李先念副主席作重要指示, 纪登奎同志讲话, 江华同志作报告 [N] . 人民日报, 1978-05-28（1）.

　　[35] 实施新宪法 加强社会主义法制 [N] . 人民日报, 1978-05-28（1）.

　　[36] 董必武在军事检察院检察长、军事法院院长会议上的讲话 [N] . 人民日报, 1978-10-19（1）.

　　[37] 根据新宪法规定和党中央指示 各级人民检察院正在迅速建立 [N] . 人民日报, 1978-11-28（1）.

　　[38] 健全基层群众自治组织 加强政权建设 [N] . 人民日报, 1980-01-16（1）.

　　[39] 为什么说宪法是国家的根本大法? [N] . 人民日报, 1980-03-21（5）.

　　[40] 人大常委会关于建议修改宪法第四十五条的议案 [N] . 人民日报, 1980-04-17（1）.

　　[41] 张友渔就宪法修改草案答新华社记者问 [N] . 人民日报, 1982-05-12（3）.

　　[42] 全民讨论宪法修改草案工作结束 [N] . 人民日报, 1982-09-06（1）.

　　[43] 关于中华人民共和国宪法修改草案的报告——一九八二年十一月二十六日在第五届全国人民代表大会第五次会议上 [N] . 人民日报, 1982-12-06（1）.

　　[44] 中共中央宣传部关于宣传新宪法的通知 要求高度重视和切实做

好宪法的宣传教育工作［N］．人民日报，1982-12-12（3）．

［45］人人学习宪法 人人掌握宪法［N］．人民日报，1982-12-24
（1）．

［46］全力以赴维护宪法尊严［N］．人民日报，1983-02-28（1）．

［47］邹瑜在全国法制宣传现场会上提出 用五年时间系统地向全体公
民普及法律知识 本溪市法制宣传教育做到经常化、制度化、系统化
［N］．人民日报，1984-06-09（4）．

［48］龙岩市积极普及法律常识 全市二十八万有学习能力的人已学完
宪法刑法婚姻法治安管理处罚条例［N］．人民日报，1986-01-07（4）．

［49］彭真在人大常委会十九次会议联组会上强调 四项基本原则是宪
法总的指导思想 委员们建议通过关于加强法制教育维护安定团结的决定草
案［N］．人民日报，1986-01-22（1）．

［50］司法部要求各级司法行政机关 宣传贯彻人大常委会的决定 加强
法制教育维护安定团结 宪法宣传是今年普法工作重点［N］．人民日报，
1987-01-26（1）．

［51］吉林开展普法教育检查1500万公民学完宪法等4部法律［N］．
人民日报，1987-08-26（4）．

［52］彭真在人大常委会联组会上说 把村民委员会和居民委员会办好
实行群众自治发扬基层直接民主［N］．人民日报，1987-11-24（1）．

［53］我国私营企业发展正方兴未艾 鼓励引导监督管理须有机结合
［N］．人民日报，1988-03-16（1）．

［54］崔乃夫就城市居委会组织法草案作说明 居委会是基层群众性自
治组织 由群众进行自我管理教育服务［N］．人民日报，1989-08-29
（2）．

［55］田纪云与首都部分新闻单位负责人座谈 加强宪法和执法宣传 对
违宪违法的典型案件可以通过舆论工具公之于众［N］．人民日报，1993-
04-04（4）．

[56] 全国法制宣传教育取得可喜成绩 目前共有一千二百多个县市开展了依法治理工作 [N]．人民日报，1994-08-26（3）．

[57] 人大常委会举行宪法和法律知识讲座 乔石要求把学法懂法用法放在重要位置 [N]．人民日报，1995-08-31（1）．

[58] 全国人大常委会举行宪法和法律知识讲座 乔石出席 田纪云主持 [N]．人民日报，1995-11-01（4）．

[59] 姜春云与全国城乡基层代表座谈时强调加强基层政权和群众性自治组织建设 [N]．人民日报，1995-11-22（3）．

[60] 李锡铭向人大常委会报告检查普法决议执行情况 各地开展"二五"普法工作扎实 [N]．人民日报，1995-12-27（4）．

[61] 第四次全国法制宣传教育工作会议召开总结"二五"普法成绩和经验部署"三五"普法工作 [N]．人民日报，1996-06-18（3）．

[62] 全国人大常委会举办首次法制讲座 李鹏强调实行和坚持依法治国有一个重要的前提就是要学好宪法和法律 [N]．人民日报，1996-06-17（1）．

[63] 李崇准．我为什么建议修改宪法关于个体私营经济的规定 [N]．人民日报，1998-03-08（9）．

[64] 王翔．抓紧完善宪法 [N]．人民日报，1998-03-09（3）．

[65] 社科院举行学习宪法报告会 李铁映讲话强调一定要学习好宣传好宪法，维护宪法权威 [N]．人民日报，1999-03-22（4）．

[66] 中宣部、司法部联合通知要求学习宣传宪法修正案 [N]．人民日报，1999-04-01（3）．

[67] 曹承锋，陈孝豪．中宣部、司法部联合通知要求 学习宣传宪法修正案 [N]．人民日报，1999-04-01（3）．

[68] 完善基层群众自治 促进两个文明建设 全国人大常委会部署居委会组织法执法检查 [N]．人民日报，2000-08-29（3）．

[69] 立法驶上快车道：以宪法为核心的社会主义法律体系框架形成

［N］. 人民日报，2001-01-10（11）.

［70］增强宪法观念推进依法治国——司法部部长张福森就第一个全国法制宣传日答记者问［N］. 人民日报，2001-12-03（6）.

［71］李鹏在全国法制宣传日座谈会上强调依法治国首先必须依照宪法治国［N］. 人民日报，2001-12-04（1）.

［72］增强宪法观念推进法治进程——为第一个全国法制宣传日而作［N］. 人民日报，2001-12-05（11）.

［73］劳动和社会保障部副部长王东进提出 收入分配法律法规亟待完善［N］. 人民日报，2003-01-28（6）.

［74］吴邦国在人大常委会第六次会议上强调 认真学习中央关于修宪工作的精神 把宪法修改好完善好［N］. 人民日报，2003-12-28（1）.

［75］刘延东在中央统战部举行的座谈会上表示 认真学习宪法和政协章程是统一战线的重要政治任务［N］. 人民日报，2004-03-17（4）.

［76］中央政治局常务委员会召开会议 对进一步学习和贯彻实施宪法进行研究部署［N］. 人民日报，2004-03-19（1）.

［77］沈路涛. 王兆国在全国人大机关干部大会上强调 认真组织学习宪法 自觉遵守和维护宪法［N］. 人民日报，2004-04-01（2）.

［78］加强组织领导 推动贯彻实施——三论进一步学习和贯彻实施宪法［N］. 人民日报，2004-04-03（1）.

［79］全国人大常委会关于加强法制宣传教育的决议［N］. 人民日报，2006-04-30（4）.

［80］劳动合同法宣传月活动今起展开［N］. 人民日报，2007-12-01（2）.

［81］胡康生. 学习宪法 忠于宪法 维护宪法权威［N］. 人民日报，2009-03-03（13）.

［82］徐显明. 论中国特色社会主义法律体系的形成和完善［N］. 人民日报，2009-03-12（11）.

［83］村党支部委员会、村民委员会、村务监督委员会基层群众自治：
"三委"并行（深化改革攻坚克难）［N］．人民日报，2012-05-14（5）．

［84］合理利用乡约推进基层群众自治［N］．人民日报，2013-06-
06（7）．

［85］塑造共同的宪法信仰［N］．人民日报，2014-12-04（1）．

［86］"深入开展宪法宣传教育 大力弘扬宪法精神"座谈会发言摘编
［N］．人民日报，2014-12-05（15）．

［87］普法办．全国举行宪法学习报告会、法治讲座200多万场
［N］．人民日报，2015-12-05（6）．

［88］司法部、全国普法办负责同志就关于在公民中开展法治宣传教
育的第七个五年规划（2016—2020年）答记者问［N］．人民日报，
2016-04-18（4）．

［89］习近平．《关于新形势下党内政治生活的若干准则》和《中国
共产党党内监督条例》的说明［N］．人民日报，2016-11-03（2）．

［90］国务院审改办．2013年以来国务院已公布的取消和下放国务院部
门行政审批事项［N］．人民日报，2017-02-10（9）．

［91］烧旺锤炼党性的"大熔炉"——如何把握《关于新形势下党内
政治生活的若干准则》的基本精神［N］．人民日报，2017-04-20（9）．

［92］全国基层群众自治组织达66.2万个［N］．人民日报，2017-
12-15（9）．

［93］关于中华人民共和国宪法修正案（草案）的说明（摘要）
［N］．人民日报，2018-03-07（6）．

［94］深入推进全面依法治国的重要举措——国际人士积极评价中国全
国人大审议通过民法典［N］．人民日报，2020-06-01（3）．

［95］习近平．充分认识颁布实施民法典重大意义 依法更好保障人民
合法权益［N］．人民日报，2020-05-30（1）．

［96］民法典助力国家治理现代化［N］．人民日报，2020-06-30

（5）.

［97］推动依法治国依宪治国提高到新水平——"深入学习宣传贯彻习近平法治思想，完善以宪法为核心的中国特色社会主义法律体系"座谈会发言摘编［N］.人民日报，2020-12-08（14）.

［98］认真总结民法典编纂经验 积极推动民法典贯彻实施［N］.人民日报，2021-04-16（2）.

［99］学习贯彻习近平法治思想 加快完善中国特色社会主义法律体系［N］.人民日报，2021-04-24（6）.

［100］中共中央国务院转发中央宣传部、司法部关于开展法治宣传教育的第八个五年规划（2021—2025年）［N］.人民日报，2021-06-16（1）.

［101］中共中央办公厅法规局.中国共产党党内法规体系［N］.人民日报，2021-08-04（4）.

［102］法治政府建设实施纲要（2021—2025年）［N］.人民日报，2021-08-12（1）.

［103］殷泓.法治中国 砥砺前行［N］.光明日报，2015-10-26（9）.

［104］最高法院巡回法庭晒出一周年成绩单［N］.光明日报，2016-01-31（3）.

［105］吴坤.学习宪法掀高潮 远程讲座手段新［N］.法制日报，2004-04-17.

［106］多管齐下，加强青少年宪法教育［N］.法制日报，2004-04-13.

［107］吴坤.切实加强宪法学习宣传［N］.法制日报，2006-05-23（2）.

［108］建立收入分配法律体系［N］.法制日报，2012-11-24（3）.

［109］法治宣传教育要抓重点抓落实［N］.法制日报，2016-05-27

（1）．

[110] 突出学习宣传宪法弘扬宪法精神 [N]．法制日报，2016-12-06（2）．

[111] 北京借力"互联网+"宪法宣传全覆盖 [N]．法制日报，2016-12-05（2）．

[112] 中组部中宣部司法部全国普法办联合印发加强党内法规学习宣传通知 [N]．法制日报，2017-08-03（4）．

[113] 全方位开展宪法学习宣传教育——司法部部长、全国普法办主任傅政华 [N]．法制日报，2018-04-03（9）．

[114] 苏州宪法宣传教育馆正式启用 [N]．法制日报，2018-04-18．

[115] 以高度的政治责任感组织开展好宪法学习宣传教育活动 [N]．法制日报，2018-04-25．

[116] 全国普法办印发关于组织开展宪法学习宣传教育活动的通知 [N]．法制日报，2018-04-27．

[117] 山东创新宪法宣传教育形式载体 [N]．法制日报，2018-05-10．

[118] 林志敏．结合辽宁实际开展宪法学习宣传教育 [N]．法制日报，2018-06-02．

[119] 蒲晓磊．运用新媒体开展宪法学习宣传教育工作座谈会发言摘登 [N]．法制日报，2018-06-04．

[120] 北京宪法宣传实现三个"全覆盖" [N]．法制日报，2018-12-05．

[121] 辽宁宪法宣传周扩展为宣传月 [N]．法制日报，2018-12-07．

[122] 安徽分设七个主题日开展宪法宣传 [N]．法制日报，2019-12-02．

[123] 广东人大常委会召开宪法宣传贯彻座谈会 [N]．法制日报，2019-12-04（3）．

[124] 大力弘扬宪法精神推进军队法治建设 全军部队开展 2019 年
"宪法宣传周"活动掠影 [N]. 法制日报, 2019-12-06 (8).

[125] 中宣部等八部门联合印发通知部署学习宣传民法典 [N]. 法
制日报, 2020-07-14 (2).

[126] 为全面实施健康中国战略提供法治保障 [N]. 法制日报,
2020-01-14 (5).

[127] 云南民法典巡回宣讲活动启动 [N]. 法制日报, 2020-08-18
(3).

[128] 把民法典精神贯穿普法宣传教育全过程 福建省司法厅"五个
带头"推动民法典落地生根 [N]. 法制日报, 2020-09-29 (11).

[129] 江苏明确政府及其部门贯彻实施民法典任务 [N]. 法制日报,
2020-11-06 (5).

[130] 中共中央印发中央党内法规制定工作第二个五年规划
(2018——2022 年) [N]. 法制日报, 2021-02-24 (2).

[131] 天津学习宣传民法典有力度 [N]. 法制日报, 2021-06-10
(8).

[132] 广东律协成立民法典律师宣讲团 [N]. 法制日报, 2021-06-
15 (2).

[133] 河南推动民法典普法宣传全覆盖 [N]. 法制日报, 2021-06-
17 (2).

[134] 北京出台实施意见 加强民法典学习宣传 [N]. 法制日报,
2021-06-18 (2).

[135] 周强作"人民法院大讲堂"民法典首场宣讲辅导强调扎实做好
民法典学习贯彻实施工作 [N]. 法制日报, 2021-06-30 (3).

[136] 时事社报道. 写上了新时代的总任务 叶剑英副主席作修改宪法
报告 [N]. 参考消息, 1978-03-03 (1).

[137] 美国巴尔的摩太阳报述评. 新宪法反映了雄心勃勃的经济目标

［N］. 参考消息，1978-03-04（1）.

［138］英报评叶副主席关于修改宪法的报告［N］. 参考消息，1978-03-04（1）.

［139］日报述评. 以实现现代化为目标的中国宪法［N］. 参考消息，1978-03-04（1）.

［140］日教授藤田勇的谈话 中国新宪法的特征［N］. 参考消息，1978-03-04（4）.

［141］宪法修改委员会举行首次会议［N］. 参考消息，1980-09-16（1）.

［142］日报评彭真关于宪法修改草案的说明［N］. 参考消息，1982-04-24（1）.

［143］中国新宪法为现代化路线奠定法律基础［N］. 参考消息，1982-12-06（1）.

［144］全市检察机关举行新《刑法》宣传活动［N］. 东营日报，1997-10-06.

［145］我市开展信访法规集中宣传教育活动［N］. 东营日报，2002-04-16.

［146］政文. 做好《信访条例》宣传教育工作［N］. 大同日报，2005-04-09.

［147］李广生. 学习宣传贯彻《信访条例》推动信访工作再上新水平［N］. 济宁日报，2005-04-19.

［148］刘欣. 认真开展《信访条例》宣传［N］. 云南日报，2005-04-25.

［149］省信访局开展《信访条例》集中宣传日活动［N］. 湖南日报，2005-04-29.

［150］省城举行新《信访条例》大型宣传活动［N］. 甘肃日报，2005-04-30.

［151］"一学三讲"法制宣传教育活动启动［N］. 天津政法报，2006-05-19.

［152］确保"五五"普法开好局我市将广泛开展"一学三讲"主题活动［N］. 自贡日报，2006-06-14.

［153］谱写新时期人民司法事业的华彩乐章［N］. 人民法院报，2009-06-16.

［154］万人走上街头宣传新信访条例［N］. 北京日报，2006-09-24（1）.

［155］阿坝"一学三讲"进寺院［N］. 阿坝日报，2007-04-13（3）.

［156］阿克陶县"一学三讲"推进依法治县［N］. 克孜勒苏报，2007-07-19（2）.

［157］街头涌动普法热——我市"一学三讲"法制宣传活动侧记［N］. 宝鸡日报，2008-04-16.

［158］检察官走近百姓宣传"刑法修正案（八）"［N］. 北方的法制报，2011-05-02（1）.

［159］社会救助暂行办法宣传月启动［N］. 湖南日报，2014-05-10（2）.

［160］宣传社会救助暂行办法［N］. 安徽法制报，2014-05-16（3）.

［161］开展社会救助暂行办法宣传活动［N］. 西藏日报，2014-06-19（9）.

［162］永城大力宣传刑法修正案（九）［N］. 人民公安报·交通安全周刊，2015-10-20（2）.

［163］刑法修正案（九）的宣传还应加大力度［N］. 人民公安报·交通安全周刊，2016-02-23（3）.

［164］拖欠农民工工资问题高发多发态势得到遏制［N］. 工人日报，

2019-07-05（1）.

［165］国务院明确拖欠农民工工资案件 2021 春节前动态清零［N］.甘肃工人报，2020-11-16（1）.

［166］于珍.6000 万学生晨读宪法［N］.中国教育报，2020-12-05（1）.

［167］加强宣传教育 推动宪法全面有效实施［N］.甘肃日报，2020-12-04（5）.

五、电子资源

［1］吴羽.世界 500 强最新出炉！中国首次超越美国，华为逆势提升！［EB/OL］.中国经济网，2020-08-10.

［2］《2020 年政务微博影响力报告》发布［EB/OL］.光明网，2021-01-26.

［3］最高人民法院发布 2020 年度知识产权十大案例、五十件典型案件［EB/OL］.中国法院网，2021-04-22.